# 幼儿教师实用教育教学技能

莫源秋　韦凌云◎等著

中国轻工业出版社

# 图书在版编目（CIP）数据

幼儿教师实用教育教学技能／莫源秋等著. —北京：中国轻工业出版社，2012.10（2022.1重印）

ISBN 978-7-5019-8953-9

Ⅰ.①幼…　Ⅱ.①莫…　Ⅲ.①幼教人员-师资培训　Ⅳ.①G615

中国版本图书馆CIP数据核字（2012）第197300号

总 策 划：石　铁
策划编辑：吴　红　　　　责任终审：杜文勇
责任编辑：吴　红　　　　责任监印：刘志颖

出版发行：中国轻工业出版社（北京东长安街6号，邮编：100740）
印　　刷：三河市鑫金马印装有限公司
经　　销：各地新华书店
版　　次：2022年1月第1版第13次印刷
开　　本：740×1050　1/16　印张：16.00
字　　数：164千字
印　　数：38001—40000
书　　号：ISBN 978-7-5019-8953-9　　定价：30.00元
读者热线：010-65181109，65262933
发行电话：010-85119832　传真：010-85113293
网　　址：http://www.chlip.com.cn　http://www.wqedu.com
电子信箱：1012305542@qq.com
如发现图书残缺请与我社联系调换

120744Y1X101ZBW

# 前　言

《幼儿教师实用教育教学技能》是一本力图在幼儿园教育教学理论与实践之间架设桥梁的书。本书为致力于通过幼儿园教育教学活动有效地促进幼儿发展的一线幼儿教师和大中专学校的学前教育专业学生而写。幼儿教育研究者和管理者也可参考使用。

全书的写作力求贯彻三个原则：①基础性原则——让一线幼儿教师具备基本的教育教学技能；②实用性原则——给一线幼儿教师提供具有操作性的指导，即他们按照有关技能要求去做就会有教育效果；③针对性原则——针对幼儿教师在教育教学过程中经常碰到的实际问题，提出解决问题的策略和具体措施。

幼儿园教育教学是一项创造性很强的工作，我们更倾向于将幼儿园教育教学视为一门艺术而不是一门技术，但我们不能否认幼儿园教育教学确实存在一定的"技术含量"。在幼儿园教育教学的某些领域、某些环节，只要你按"操作程序和操作细则"去做，它就会有效；你不按照这些要求去做，它就可能会低效甚至无效。正是基于这样的认识，我们将幼儿园教育教学工作中有"技术含量"的内容提取出来，编写成《幼儿教师实用教育教学技能》，期待它能为一线幼儿教师的教育教学实践提供行之有效的指导和具体操作上的帮助。

本书初稿由广西幼儿师范高等专科学校的莫源秋（第一章的第一、二、四、五、六节，第二章的第二、四、五、八节，第三章的第一、二、四节）、韦凌云（第二章的第一、三、六、七节）、刘揖建（第三章的第三节，第四章的第一节）、陈金菊（第一章的第三节，第四章的第二节）撰写，全书由莫源秋统稿、审稿和定稿。

本书是2010年广西教育厅教师教育重点课题"专科层次学前教育

专业学生教育教学技能培养研究"、2010年广西幼儿师范高等专科学校质量工程项目"专科层次学前教育专业学生教育教学技能培养研究"、2011年广西高校新世纪教改工程重点项目"学前教育专业技能标准及其考核方式研究与实践"等项目部分研究成果的反映。在此特别感谢广西教育厅和广西幼儿师范高等专科学校对上述课题与项目研究的支持。广西幼儿师范高等专科学校教育系学前教育专业为上述课题和项目的研究提供了实验场所与实验机会,在此对参与相关研究的老师和同学表示由衷的感谢!

  本书在编写的过程中借鉴和参阅了国内外同行大量的相关研究成果,在此对他们表示由衷的谢意!同时,由于种种原因,书中引用的部分资料,未能标明相关作者及资料的出处,在此对相关作者表示歉意!

  由于时间仓促,加上作者水平有限,书中一定存在着错误、缺漏和不当之处,敬请阅读和使用本书的老师和朋友批评指正。

莫源秋<br/>2012年7月

# 目 录

## 第一章 幼儿园教育活动设计技能／1

第一节 幼儿园教育活动内容选择与分析的技能……………………1
  一、选择幼儿园教育活动内容的基本要求………………………1
  二、幼儿园教育活动内容主题的生成点及其生成要求…………5
  三、把握教育活动内容重点、难点的技能…………………………8

第二节 学习者特征的分析技能………………………………………12
  一、学习者的起点水平分析………………………………………12
  二、学习者的个体差异分析………………………………………14
  三、学习者的一般特征分析………………………………………15
  四、学习者学习内容的特点分析…………………………………15
  五、分析学习者学习时可能遇到的困难…………………………16

第三节 幼儿园教育活动方法和组织形式的设计技能………………17
  一、幼儿园教育活动方法的设计技能……………………………18
  二、幼儿园教育活动组织形式的设计技能………………………25

第四节 幼儿园教育活动目标的设计技能……………………………32
  一、从幼儿的角度来表述教育活动目标…………………………32
  二、教育活动目标的内容要全面…………………………………33
  三、教育活动目标的表达要注意其准确性………………………33
  四、对某些教育活动目标的表述一定要慎重……………………38

第五节 幼儿园教育活动方案的编写技能……………………………39
  一、幼儿园教育活动方案编写的原则……………………………40
  二、幼儿园教育活动方案的内容与表格式教案…………………41
  三、幼儿园教育活动方案评价标准………………………………45

第六节　幼儿园教育活动资源的开发与利用技能 …………………… 54
　　一、教育活动资源开发与利用要遵循的原则 …………………… 54
　　二、各种教育活动资源开发与利用的操作要点 ………………… 55
本章主要参考文献 ………………………………………………………… 71

## 第二章　幼儿园教育活动组织与实施技能 / 73

第一节　幼儿园教育活动的导入技能 ……………………………………… 73
　　一、教育活动导入的原则 ………………………………………… 74
　　二、教育活动导入的方式及其操作要点 ………………………… 76
第二节　幼儿园教育活动的观察和倾听技能 ……………………………… 88
　　一、教育活动观察技能 …………………………………………… 88
　　二、教育活动倾听技能 …………………………………………… 93
第三节　幼儿园教育活动的结束技能 ……………………………………… 99
　　一、教育活动结束的原则 ………………………………………… 99
　　二、教育活动的结束技能及其操作要点 ……………………… 101
第四节　幼儿园教育活动的调控技能 …………………………………… 111
　　一、教育活动的调控方法 ……………………………………… 111
　　二、教育活动中幼儿注意力的调控技能 ……………………… 117
　　三、教育活动偶发事件的调控技能 …………………………… 124
第五节　幼儿园教育活动的提问与答问技能 …………………………… 129
　　一、教育活动中的提问技能 …………………………………… 129
　　二、幼儿教师应对幼儿提问的技能 …………………………… 146
第六节　幼儿园教育活动的讲解技能 …………………………………… 150
　　一、幼儿教师讲解的原则 ……………………………………… 150
　　二、幼儿教师讲解的类型与操作要点 ………………………… 152
第七节　幼儿园教育活动的演示技能 …………………………………… 159
　　一、幼儿教师演示的基本要求 ………………………………… 159
　　二、幼儿教师演示的类型与操作要点 ………………………… 161
第八节　幼儿教育活动中的表扬奖励和批评惩罚技能 ………………… 171

一、表扬奖励和批评惩罚的基本技能……………………………… 171

　　二、表扬奖励细则………………………………………………… 176

　　三、批评惩罚细则………………………………………………… 178

本章主要参考文献………………………………………………………… 183

## 第三章　幼儿园教研活动技能 / 185

第一节　说课的技能………………………………………………… 185

　　一、说课的原则…………………………………………………… 186

　　二、明确说课的内容……………………………………………… 186

第二节　听课和评课的技能………………………………………… 192

　　一、听课的技能…………………………………………………… 192

　　二、评课的技能…………………………………………………… 200

第三节　准备公开课的技能………………………………………… 206

　　一、准备教学内容的基本要求…………………………………… 206

　　二、教案设计的基本要求………………………………………… 208

　　三、试教的基本要求……………………………………………… 209

　　四、准备活动材料的基本要求…………………………………… 210

　　五、准备上课对象的基本要求…………………………………… 210

第四节　教育教学反思的技能……………………………………… 215

　　一、传统的教育教学反思形式…………………………………… 216

　　二、基于幼儿心理需要满足的教育教学反思…………………… 217

　　三、记录教育教学反思的技能…………………………………… 218

　　四、说"活动反思"……………………………………………… 220

本章主要参考文献………………………………………………………… 226

## 第四章　幼儿园家长工作技能 / 227

第一节　与家长个别沟通的技能…………………………………… 227

　　一、与家长个别沟通其孩子发展情况的技能…………………… 227

　　二、与家长个别沟通其孩子的教育问题的技能………………… 230

第二节 幼儿园亲子活动设计与组织的技能 234
 一、亲子活动的组织应符合幼儿的年龄特点 234
 二、亲子活动的设计应考虑家长的实际情况 235
 三、亲子活动的类型应丰富多彩 236
 四、亲子活动中应发挥教师的指导作用 237
 五、应恰当处理教师、家长、幼儿三者之间的关系 238
本章主要参考文献 245

# 第一章 幼儿园教育活动设计技能

**幼**儿园教育活动设计是教师以幼儿教育理论为指导，在了解社会发展和幼儿发展需要的基础上，确定教育活动目标、内容、方法，进而形成教育活动方案的过程。教育是一种有目的、有计划的工作，为了有效地促进幼儿的发展，幼儿教师必须掌握教育活动设计的各项技能。幼儿园教育活动设计技能包括教育活动内容选择与分析的技能、学习者特征的分析技能、教育活动方法和组织形式的设计技能、教育活动目标的设计技能、教育活动方案的编写技能、教育活动资源的开发与利用技能。

## 第一节 幼儿园教育活动内容选择与分析的技能

幼儿园教育活动内容是教师希望幼儿学且希望幼儿学会的东西，包括基本知识、基本态度、基本行为方式。幼儿园教育活动内容要回答的是"教什么或学什么"的问题。幼儿教师应该思考：什么内容最适合幼儿学习？学习哪些内容最有利于实现幼儿园教育目标，使幼儿达到预期的发展水平？

### 一、选择幼儿园教育活动内容的基本要求

教师在选择幼儿园教育活动时必须遵照以下六个基本要求：

(1) 教育活动内容必须与教育目标相符合。

教育活动内容的选择是为更好地实现教育目标服务的，在选择教育活动内容时应该考虑：选择这一内容是为了实现哪一个或哪几个教

育目标？这一内容还可能指向哪些教育目标？还有比这一内容更能促进相关教育目标实现的内容吗？同一教育目标，可以通过不同的教育活动内容来达成，关键看哪种内容更有利于教育目标的达成。

教师为幼儿选择学习内容，要考虑其对教育目标的意义，同时还要考虑在促成各领域目标的达成方面取得一种平衡，以利于幼儿健康、和谐地发展。

(2) 教育活动内容应该是幼儿现在或将来学习、生活所必需的，或者对幼儿基本素质的发展具有较大的价值。

幼儿教育活动内容应该是幼儿发展所必需的关键经验，幼儿期是学习这些内容的最好时机，错过了这个时机以后就没有这么好的发展机会了，虽然其他年龄阶段也可以发展，但要付出更大的代价。如果这个年龄阶段可以学习的内容，其他年龄阶段也可以学习，但在这个阶段要取得同等发展效果需要付出更大的代价，那么，这样的学习就不宜在幼儿期进行。

(3) 教育活动内容必须能转化成幼儿自身的活动，并且要有适当的难度。

活动是幼儿发展的基础，幼儿的发展是在其与周围环境交互作用的过程中实现的。幼儿有什么样的活动，就有什么样的发展；没有幼儿自身的活动，也就没有幼儿的发展。因此，教育活动内容必须转化成幼儿自身的活动，方能促进幼儿的发展。

当然，并不是所有的活动都能促进幼儿的发展，只有那些有适当难度的活动，对幼儿的发展才有促进意义。教育活动过难、过易都不利于幼儿的发展。

(4) 教育活动内容必须与幼儿的生活经验相联系。

教育活动内容与幼儿的生活经验相结合，有利于调动幼儿学习的兴趣，同时也有利于幼儿对相关内容的理解，还有利于幼儿对所学内容的现实意义的理解。

因此，教师选择教育活动内容时，要尽量选择那些贴近幼儿生活的内容，不要人为地使幼儿的学习远离他们的生活。有些教师在生成"主题网络"时，往往将主题内容生成到远古的时代。如，有一位教师在生成"现代信息广场"这一主题活动时，将原始社会部落中使用的通信工具"狼烟""消息树"等都纳入教育活动内容中，表面上看起来，这些网络的内容很"完美"，但这些远离幼儿生活的内容，对其发展没有任何意义，甚至还是有害的。

（5）教育活动内容之间必须具有内在逻辑联系。

教育心理学研究表明：有内在联系的知识经验比零散的知识经验更有利于幼儿的发展。因此，教师在选择教育活动内容时，要努力使同一个领域的不同方面的内容、不同领域的内容、前后学习的内容之间产生有机的联系。在内容的组织方面，教师要努力按照知识或经验的内在逻辑联系来组织，让幼儿能够通过学习了解这些知识、经验的内在逻辑联系；当幼儿的知识、经验达到一种程度时，教师还要将知识、经验"联系的原理"当做他们进一步学习的基础，进而不断提升他们的经验和知识能力的水平。

（6）教育活动内容必须是幼儿感兴趣的。

幼儿是性情中人，他们的学习绝大多数是由兴趣引发的。幼儿一般不会像具有理性智慧的成人那样为了"美好的明天"而学习，他们的学习一般都是由他们对活动本身的兴趣所引发。我们为幼儿选择的内容应该是幼儿具有自发兴趣的或者是经过教师的努力可以让幼儿感兴趣的。

上述每一个标准，都是选择教育活动内容的必要条件，而不是充分条件，对这一点我们应该有正确的认识。否则，仅凭其中的部分标准就来给幼儿选择学习内容，很有可能导致教育效率的下降或课程进一步的超载。

 **典型案例解析**

### 案例1-1 菠萝是甜甜的

语言活动"大菠萝":教师手里拿着菠萝玩具向小朋友讲述它的形态并讲述故事《大菠萝》,小朋友们听得很认真。教师突然问小朋友菠萝是什么味道的,一时间,没有小朋友能回答这个问题。教师看见小朋友回答不上来,就说:"菠萝是甜甜的,又香的!"接着又问:"你们都没有吃过吧?"小朋友们摇摇头……最后,他们反复地跟着老师说:"菠萝是甜甜的,又香的!"小朋友们终于也记住了菠萝的味道。

【解析】

这种远离幼儿生活的教育活动对幼儿的发展是没有什么实质性意义的。菠萝是我家乡的特产,我知道菠萝绝对不是甜甜的!

### 案例1-2 无声的爱(大班)

【活动目标】

1. 了解聋哑人的交流方式,学习简单的手语。
2. 引导幼儿平等地看待聋哑人,激发幼儿关爱残疾人的情感。

【活动过程】

1. 游戏:教师做手语,请幼儿猜。
2. 引导幼儿尝试用手势表达(请个别幼儿展示)。
3. 提问:你们知道生活中什么人主要依靠手语来和别人交流吗?
4. 观看关于聋哑人学习的课件。
5. 提问:画面中的幼儿在干什么?你们能听懂他们在说什么吗?为什么?他们用什么方式和老师、同学交流?

……

最后,当教师问幼儿如何帮助盲人时,幼儿回答:"帮他们洗衣服。""帮他们洗碗。""帮他们做饭。"

【解析】

"无声的爱"是一个远离幼儿生活的教育活动,幼儿缺乏相应的经验和情感,因此,整个教育活动自始至终都是幼儿被教师牵着走。这种缺乏幼儿直接体验和内在心理需要的教育活动,只能培养孩子们的假道德,让孩子们从小学会说假话,做伪君子。

## 二、幼儿园教育活动内容主题的生成点及其生成要求

### 1. 幼儿园教育活动内容主题的生成点

幼儿园教育活动内容主题可以从以下五个方面来生成:

(1)幼儿自身因素。

围绕"幼儿自身因素"生成的幼儿园教育活动内容主题有:

- 生理方面。它包括:身体的特征与功能;身体的发展与变化;身体的健康、安全与保护等。如,"我的器官用处大""我在长大""我生病了""我是自己的保护神""小小营养师""小小运动员"等。
- 心理方面。它包括幼儿的兴趣、爱好、能力、情绪等,也可和其他小朋友做些友好的比较。如,"我的兴趣""我的本领真大""我的梦想""我的宠物""我的收藏""我的玩具""我来帮助你""我喜欢的电视节目"等。

从幼儿自身生成幼儿园教育活动内容主题的引发点有:

- 幼儿关注的话题(谈论/疑难)
- 吸引幼儿的事/物
- 幼儿角色行为
- 幼儿感兴趣的艺术作品或文学作品
- 幼儿间的冲突
- 幼儿的生活经验

每个引发点都可以生成一系列的主题教育活动。

(2)幼儿所处的社会环境因素。

围绕幼儿所处社会环境可以生成的幼儿园教育活动内容主题有:

"我可爱的家""我爱我的幼儿园""我的朋友""妈妈的工作""超市""警察叔叔辛苦了""过年了""我们的城市""我的邻居""医院""红绿灯""沟通""交通工具""我们的节日""民族习俗""交通工具本领大"等。

（3）幼儿所处的自然环境因素。

围绕幼儿所处自然环境可以生成的教育活动内容主题有：

- 动植物：动物生长、植物生长、动物过冬、动物自我保护、动物运动、海底世界等。
- 自然物：好玩的水、好玩的沙、好玩的石、好玩的泥巴、奇妙的磁铁等。
- 自然现象：季节变化、雷雨闪电、雪、风、力、电、弹性、颜色等。

（4）教师的兴趣特长因素。

教师的兴趣、特长、对问题的看法，也可以引发相关主题的教育活动。比如，教师喜欢集邮、收集小人书、摄影、养宠物、轮滑、编织、刺绣、写诗、旅游等，都可以引发和生成相应的幼儿园教育活动内容主题。

（5）偶发事件因素。

在教育活动过程中，经常会有一些意想不到的偶发事件发生，而这些偶发事件也可以成为促进幼儿发展的教育活动资源，它们可以引发相应的教育主题活动。比如：

- 蝴蝶飞进活动室——"蝴蝶的结构特征与生活习性"主题活动
- 某小朋友家发生火（水）灾——"爱心教育"主题活动
- 家长送来了几个大的纸包装箱——"小小设计师"主题活动
- 散步时发现毛毛虫——"毛毛虫的结构特征与生活习性"主题活动
- 小丽走路时不小心摔倒在地，教室里发出了哄堂大笑——"正确对待别人的不幸"主题活动

只要用心，我们就会发现许多偶发的事件都可以成为一种教育活动资源，我们都可以用来促进幼儿的发展。

**2. 幼儿园教育活动内容主题生成与选择的程序**

从上述内容可以看出，平时教师可以从上述五个方面生成许多教

育活动主题,但是并不是所有生成的教育活动主题都能成为有效促进幼儿发展的教育活动。因此,教师还应对生成的教育活动主题进行选择,选择那些最能有效促进幼儿发展的主题活动进入幼儿园教育活动内容体系。在选择教育活动主题时,教师不妨按如下顺序问自己几个具体的问题,并尝试回答,如果我们的回答都是肯定的,那么,这一主题才能成为正式的教育活动内容:

- 这个主题与幼儿园教育目标是否相符合?
- 这个主题是否比其他的教育活动主题更能促进幼儿的发展?是否更有利于幼儿的健康发展?
- 这个主题大部分幼儿喜欢吗?起初不喜欢该主题的幼儿我们能否引起他们的兴趣?
- 这个主题是否容易转化成让幼儿直接参与的具体活动?
- 这个主题是否有利于利用和提升幼儿的经验?
- 这个教育活动主题的资源是否容易获得?

典型案例解析

### 案例1—3 隔壁响起响亮的锣鼓喇叭声

一次组织幼儿谈话活动,突然教室外响起了响亮的锣鼓喇叭鞭炮声,原来是一墙之隔的超市在举行开业仪式,孩子们有的捂住耳朵大叫"吵死了,吵死了",有的很快离开座位夸张地模仿起敲锣打鼓吹喇叭的动作,教室里热闹极了。响亮的铜鼓喇叭声使原有的教育活动无法再继续下去。

教师组织幼儿跟着锣鼓喇叭节奏舞动起来,然后一起去隔壁的超市凑"热闹",并由此而生成民间仪式主题活动……

【解析】

该教师随机应变生成"民间仪式主题活动",这既符合幼儿的兴趣,又可以增长幼儿对家乡文化的认识,增进幼儿对家乡的情感。

### 三、把握教育活动内容重点、难点的技能

教育活动内容重点是指本次教育活动内容中最基本、最重要的知识和技能。教育活动内容的重点是基本稳定的。

教育活动内容难点是指幼儿较难理解或容易产生错误的那部分教育活动内容。同一项教育活动内容,对某些幼儿来说较难理解和接受,成为难点;而对另外一些幼儿来说则可能较易理解和接受,不成为难点。教育活动内容难点因人而异的这一特点,决定了我们不能照搬文本中现成的"难点"来做本班开展相关教育活动的难点。

难点不一定是重点。也有些内容既是难点又是重点。难点有时又要根据幼儿的实际水平来定,同样一个问题在不同班级的不同幼儿中,就不一定都是难点。

#### (一)确定教育活动内容重点、难点的依据

**1. 教育活动目标**

教育活动过程是为了实现教育活动目标而展开的,确定教育活动重点、难点是为了进一步明确教育活动目标,以便在教育活动过程中突出重点、突破难点,更好地为实现教育活动目标服务。因此,只有明确了本次教育活动的完整知识和技能体系框架、教育活动目标,才能科学地确定静态的教育活动的重点和难点。

**2. 幼儿的实际**

幼儿是教育活动过程中的学习和发展的主体,教育活动内容的重点、难点是针对幼儿的学习而言的。因此,教师要了解幼儿、研究幼儿。要了解幼儿原有的知识和技能的状况,了解他们的兴趣、需要和动机状况,了解他们的学习方法和学习习惯。有经验的教师往往是通过提问、辅导、观察幼儿的作品等方法,分析幼儿的疑难所在,以作为今后确定教育活动内容难点时的借鉴。

**3. 选择的角度不同,教育活动内容的重点也不同**

从不同的角度透视教育活动内容,所得出的重点也是不一样的:从学科领域知识系统而言,教育活动内容重点是指那些与前面所学知识

联系紧密，对后续学习具有重大影响的知识、技能；即重点是指在学科领域知识体系中具有重要地位和作用的学科领域知识、技能。从文化教育功能来看，教育活动内容重点是指那些对幼儿有深远教育意义和功能的内容，主要是指使幼儿终生受益的学科领域思想、态度、情感、精神和方法；从幼儿的学习需要来看，教育活动内容重点是指幼儿学习时遇到困难，需要及时得到帮助解决的疑难问题。

## （二）在教育活动中突出内容重点、突破内容难点的方法

### 1. 突出教育活动内容重点的方式方法

（1）保证时间。

保证时间，就是在突出重点上要舍得花时间、花精力。为此，在设计教育活动方案时，要合理安排重点内容和非重点内容的活动时间，做到主次分明；在教育活动过程中要充分利用时间，提高教育活动效率。

（2）口头强调。

口头强调就是要用准确的语言和加重的语气向幼儿明确指出活动的重点。可以在每次教育活动过程中的复习环节再次口头强调学习的重点；在每次教育活动的导入环节，在指出本次活动的内容和目的要求的同时，口头强调本次活动的重点。这样可使幼儿在教育活动过程中做到心中有数，能够主动地去领会和掌握基础知识和基本技能。

（3）设计动手操作活动。

幼儿对自己亲自动手做的活动印象会格外深刻，动手有利于加深幼儿对重点问题的记忆和理解。

（4）练习法。

练习是增强对知识点理解、掌握和熟练运用技能的一种主要方法。练习包括认知练习和行为技能练习。有针对性的练习是一种专用武器，它可以帮助我们有效地攻克重点。

为了调动幼儿练习的积极性和效果，可以采取小组竞赛或个人竞赛的方式来开展练习。

### 2. 突破教育活动内容难点的方式方法

突破教育活动内容难点，就是针对内容难点要想方设法让幼儿弄

懂和会做。突破教育活动内容难点的常用方式方法有：

（1）对症下药。

幼儿形成学习难点的原因主要有四个方面：一是该知识远离幼儿的生活实际，幼儿缺乏相应的感性知识；二是该知识较为抽象，幼儿难于理解；三是该知识包含多个知识点，知识点过于分散；四是该知识与旧知识联系不大，或旧知识掌握不牢，或因大多数幼儿遗忘与之联系的旧知识。

针对幼儿产生学习难点的原因，可以采取下列对策来突破难点：

● 增加幼儿的感性经验。难点如果属于第一种，教育活动中则应通过利用幼儿的日常生活经验，充实感性知识以突破难点。

● 直观手段化难。如果难点属于第二种，教育活动中则利用直观手段，尽量使知识直观化、形象化，使幼儿看得见、摸得着。直观手段，除了生动形象的语言以外，主要是具体的实物、教具、模型、图片、图表、音象教材以及模拟和现场的实验等。

● 分解难点化难。如果难点属于第三种，则可以采用分解难点、各个击破这种方式去加以突破。它要求将一个大型难点分解为若干个小型难点，以大大减小突破大型难点的难度，然后采用适当的方式方法逐个突破这些小型难点，从而达到突破整个大型难点的目的。对于综合性强的大型基础知识和基本技能内容，采用这种方式方法突破难点，一般都能获得良好的效果。

● 温故知新。如果难点属于第四种，则可以复习巩固原有相关知识和技能，为新的知识和技能学习奠定基础。

（2）保证时间化难。

与突出教育活动内容重点一样，突破教育活动内容难点也需要花费足够的时间和精力。

（3）慢速化难。

慢速化难是指在讲解难点内容时，放慢讲解速度和操练进度，让幼儿有时间充分思考、训练与消化吸收。

（4）小步子递进法。

小步子递进法就是把大目标分解为阶段性小目标，使个体很快地从目标导向行为转入目标行为，尽快实现目标、满足需要，在目标导向过程中当目标能力增加时，教师及时提供一个可使幼儿实现高目标的条件，引导他们实现更高的目标。如：

在大班体育活动"挑战飞人"中，教师考虑到活动重点是让幼儿掌握助跑跨跳的动作，便模仿奥运冠军刘翔吸引幼儿投入活动，引领幼儿尝试练习跨栏动作。教师在材料的投放数量及运用上体现了"小步子递进"：教师将跨栏高度从低到高分为三种，让幼儿分别尝试，从第一次练习时的一道跨栏，到第二次练习时的两道跨栏，再到第三次练习时的三道跨栏，使幼儿不断地接受新的挑战，体验克服困难、战胜自我的快乐，避免因反复练习而感到枯燥乏味。

(5) 搭建支架法。

前苏联心理学家维果茨基认为："儿童的发展有两种水平：一种是儿童现有的发展水平，另一种是在他人的指导帮助下所能达到的较高水平，这两种水平之间的差距称为'最近发展区'。它的存在为教学提供了可能，但是教学必须从儿童的现有水平出发，逐渐给儿童提出更高的发展要求。"这就要求教师要不断地为儿童搭建支架，引导儿童从一个水平向另一个更高的水平发展。如：

在小班美术教育活动"小青蛙学游泳"中，画出小青蛙不同方向的游泳姿态是本次教育活动的重点，也是难点，教师巧妙地运用椭圆形作为支架，先让幼儿借助椭圆摆造型，讨论：小青蛙向水下潜时，头在哪里？眼睛在哪里？向左游呢？……幼儿可以将椭圆形任意摆放——横着、竖着、斜着，教师只要巧妙地根据椭圆形的方向添画出青蛙的眼睛、四肢等，便可表现出姿势各异的小青蛙了。

再如，在诗歌教育活动中为了帮助幼儿理解诗歌内容，教师根据诗歌内容运用图谱搭建支架；在音乐欣赏活动中，教师运用图谱、舞谱等，帮助幼儿搭建支架，使无形抽象的音乐看得见、摸得着，从而提高了教育活动的有效性。

一次教育活动的成败，整个教育活动的得失，关键就在于是否处理好了在教育活动中突出重点、突破难点这一问题。

## 第二节 学习者特征的分析技能

本节所谈的"学习者"特指在教育活动过程中作为学习和发展主体的幼儿。

分析学习者的特征是指了解学习者的学习准备情况及其特点的活动。分析学习者的目的是了解学习者的学习准备情况及其学习风格,为教育活动内容的选择和组织,教育活动目标的阐明,教育活动模式的选择和设计,教育活动方案的设计,以及教育活动方法与媒体的选用等教育活动外因条件,怎样适合学习者的内因条件提供依据,从而使教育活动真正促进学习者身心与能力的发展。

教育活动的设计是为了学习者的学,教育活动目标是否实现,要在学习者的学习活动中体现出来,而作为学习活动主体的学习者在学习过程中又都是以自己的特点来进行学习的。因此,要取得教育活动设计的成功,必须重视学习者特征的分析。

教育活动设计的最终目标是促进学习者的学习,任何一个学习者都会把他原来的知识、技能、态度带入到新的学习过程中,因此,教育活动的设计是否与学习者的特点相符合,或在多大程度上适应学习者的特征,是衡量教育活动设计成功与否的重要标志。幼儿教师很有必要掌握学习者分析的技能。

### 一、学习者的起点水平分析

教学设计必须了解学习者原来具有的知识、技能、态度,我们称之为起点水平或起点能力。

学习者的起点水平分析主要是了解学习者的原有准备状态,并确定教育活动从何处展开。当教育活动起点高于学习者的初始能力时,由于学习者已经掌握的知识技能与新的知识技能之间存在着差距,所以学习者学起来就会感到有障碍。而当教育活动起点低于学习者的初始能力时,学习内容就会出现重复,这样既浪费了学习者的时间与精力,又容易引起学习者的厌烦情绪。确定学习者的起点水平后,就可以对选择的学习内容进行必要的调整,补充学习者尚未掌握的预备技能,删除他们已经掌握的部分目标技能。可见,确定学习者的起点水平与学习内容分析是密切相关的。

通过了解学习者的初始能力,教师可以准确地确定教育活动起点,从而提高教育活动在促进幼儿发展方面的效率,保证收到良好的教育效果。除此之外,还有助于正确地选择教育活动方法和媒体。下面将分别介绍学习者的起点水平分析的工作内容和工作方法。

**1. 学习者起点水平分析的内容**

学习者起点水平分析包含三个方面:

(1) 预备技能分析。

教师进行预备技能分析是为了明确学习者对于面临的学习是否有必备的相关知识与技能。如果学习者没有具备相应的知识与技能,那么,教师就应该提供给学习者一些"补救"的活动来补上学习者所缺乏的相关知识与技能。补救方式主要有两种:一是纠正性措施,即用一段合适的时间,把所需的知识与技能教给学习者;二是补偿性措施,如,改变教育活动内容呈现的方式,或选择个别化教学形式以适应幼儿的个别差异等。

(2) 目标技能分析。

目标技能分析主要是了解学习者能否掌握教育活动目标规定的必须掌握的知识与技能,了解学习者对要学习的东西已经知道了多少,是否存在错误理解等;了解学习者是否已经掌握或部分掌握了教育活动目标所确定的知识与技能,倘若绝大多数学习者已经学会,就没必要进行相应的教育活动设计了。

(3) 对所学内容的学习态度分析。

分析学习者对所学内容的态度,其目的是要了解学习者对所学内容的看法、观点、价值倾向等,了解学习者对将要学习的内容有无兴趣、态度如何,对所学内容是否存在着偏见和误解,有没有畏难情绪等。

学习者起点水平分析对于教育活动内容的设计有着十分重要的意

义，如果忽视此分析，就会造成教育活动资源的浪费。

**2. 确定学习者的起点水平的方法**

（1）预备技能的分析方法。

对学习者预备技能的分析最常采用的方法是预测。为了了解学习者是否具备了从事新的学习所必须具备的预备技能，教师可先在学习内容分析结果图上设定一个起点，把起点以下的知识与技能作为预备技能，并以此为依据编写测试题，测试学习者对预备技能的掌握情况。

（2）学习态度的分析方法。

对态度的测量方法有：

- 谈话法，即教师通过与学习者、带班老师谈话，了解学习者的学习态度的方法。
- 观察法，即通过观察学习者在学习过程中的言谈举止，了解其学习态度的方法。

（3）目标技能的分析方法。

分析学习者的起点水平的方法有：

- 一般性了解，即教师在开始设计新的教育活动之前，通过分析学习者以前学习过的内容的成绩，或通过与学习者、带班老师、保育员谈话等方式，获得学习者掌握预备技能和目标技能情况的一种方法。
- 预测，即教师在一般性了解的基础上，通过编制专门的测试题，测定学习者掌握预备技能和目标技能情况的一种方法。与一般性了解相比，这种方法的优点是比较客观、准确。

## 二、学习者的个体差异分析

了解学习者的个性特征。教师应对每位学习者的姓名、年龄、视力、听力、身体状况、特长爱好、师幼关系、居住地址、家庭教育环境等个体自然状况详细了解，作为教育活动设计的依据，以便区别对待、分类指导。

了解学习者的个性品质。学习者的个性品质包括学习者的气质、性格、能力、需要、兴趣等因素。教师要通过各种途径和方法了解幼儿的气质类型、兴趣爱好、性格特征、智力差异，为设计出有利于学习者个性发展的活动主题方案提供依据。

## 三、学习者的一般特征分析

学习者的一般特征指对学习者从事学习产生影响的心理、生理和社会特点，包括幼儿的年龄、性别、年级水平、认知成熟度、智能、学习动机、个人对学习的期望、生活经验、经济背景、文化背景、社会背景等因素。它们与具体教育活动内容虽无直接联系，但影响教育活动设计者对教育活动内容的选择与组织，影响教育活动方法、媒体和组织形式的选择与运用。

了解学习者一般特征的主要方法有观察、采访（面试），填写学习者情况调查表和开展态度调查，查阅学习者的档案等。

另外，还可以通过《幼儿园卫生学》《幼儿心理学》了解幼儿身心发展的基本特征。

教育活动设计要符合幼儿身心发展的规律及其特征。比如，幼儿是好动的、好游戏的、好表现的、好模仿的、好奇好问的、好表扬的，那么，设计教育活动时，就应该考虑如何满足幼儿的这些需要，让教育活动游戏化、趣味化，让每个孩子都有机会表现自我，都有获得成功与表扬的机会。

## 四、学习者学习内容的特点分析

不同性质内容的学习，其特点是不同的。比如，表征性知识（回答"是什么"和"为什么"的知识）的学习，主要通过交流和自我探索来获得；而程序性知识（"怎么做"的知识）的学习，主要通过模仿和训练来获得；基本态度（兴趣、自信心、自我价值感、责任感、归属感、关心、友好、尊重、同情等）的形成则是潜移默化的结果，它主要通过环境的熏陶、经验的情绪体验等途径来促成。

因此，在教育活动设计的过程中，要分析知识的性质，然后根据其特点来设计相应的有效的教育方法。

## 五、分析学习者学习时可能遇到的困难

学习者在学习中可能遇到的问题和阻力往往会成为他们进一步学习的困难与发展的障碍，教师如果能及时发现这些困难与障碍，并且能够及时地帮助学习者克服这些困难和障碍，学习者就能获得真实的发展。因此，在设计教育活动中要努力去关注和发现学习者在学习中可能存在的困难和障碍，具体分析这些困难和障碍产生的原因，思考相应的具有针对性的教育策略。

**典型案例解析**

**案例1-4　再学一遍**

《小熊过桥》是一首经典儿歌，常常被选做中大班教材。

在一次集体教育活动中，教师刚刚引出这个课题，就有一个男孩说："我已经会了！"其他孩子也纷纷说："我也会。""我妈妈教过我的。""我家光盘里有这首歌。"一个孩子索性开始念起来："小竹桥，摇摇摇，有只小熊来过桥……"

教师见状，大声对全体小朋友说："学过可以怎么样？"小朋友们齐声说："再学一遍。"

……

【解析】

类似的幼儿"已经会了"的内容还得"再学一遍"的情况，在幼儿园教育活动中相当普遍地存在着，这样的活动是在浪费幼儿宝贵的学习和发展时间。幼儿园教育中之所以会出现这种情况，其根本原因就是教师在设计和组织教育活动之前没有做好学习者特征分析的工作，特别是没有做好学习者的起点水平分析的工作。教师如果在活动设计和组织之前就了解到多数幼儿已经掌握了这一活动内容，就不会再设计和组织这一教育活动了。

### 案例 1-5 我不喜欢警察

大班里有个叫骁莉的小女孩,平时很少有笑容,似乎总是一个人呆呆地站着,闷闷不乐,在别人玩"警察抓坏蛋"的游戏时,她总是躲到一边去……

我问她:"看看人家玩游戏玩得多高兴呀,你为什么不和其他小朋友玩游戏呀?"她说:"我不喜欢警察……"然后,哭了。

后来,她邻居家的一个小朋友跑过来对我说:"骁莉的爸爸是坏人,她爸爸被警察抓走了……"

【解析】

之所以出现这种"再次伤害"的教育活动,原因在于教师在设计和开展这一活动之前没有了解到骁莉家发生的这种特殊事件,因而无法了解和体谅骁莉的感受与想法。

著名教育心理学奥苏贝尔曾说过:"假如让我把全部教育心理学仅仅归结为一条原理的话,那么,我将一言以蔽之:影响学习的唯一最重要的因素,那就是学习者已经知道了什么。要探明这一点并据此进行教学。"而学习者特征分析就是在设计和组织教育活动之前了解学习者"已经知道了什么"。重视"学习者特征分析"将会让我们的教育活动更加有效,更加有利于学习者健康快乐地成长。

## 第三节 幼儿园教育活动方法和组织形式的设计技能

幼儿园教育活动方法和组织形式对幼儿发展有着十分重要的意义。对于同一教育活动内容,采用不同的教育活动方法和不同的教育活动组织形式,其发展功能是不一样的,幼儿教师必须学会根据教育活动目标来选择适当的教育活动方法和设计教育活动形式,进而最大限度地促进幼儿的发展。

## 一、幼儿园教育活动方法的设计技能

### （一）幼儿园常用的教育活动方法

幼儿园教育活动方法是指幼儿园为完成对幼儿进行全面发展教育的任务而组织的教育活动中所采取的方法。它既要考虑教师的教，还要考虑幼儿的学，教育方法用得恰当，教育效果才会很好。

**1. 教师教的方法**

(1) 运用语言的方法。

①讲授法。讲授法，是指教师通过语言描述、说明和解释，向幼儿传递信息的一种方法，一般包括讲述和讲解。讲述是指教师向幼儿描述学习的对象；讲解是指对某个概念或原理进行分析和解释。

使用讲授法的技能要点：

- 讲解与讲述都要求教师语言生动、形象、清晰、准确，富有感情，简明扼要，能引起幼儿的兴趣，使幼儿容易理解和接受，必要时还可适当重复。
- 教师讲授的语言要符合幼儿的年龄特点，能启发幼儿的思维。
- 教师要恰当运用体态语配合讲解，传递无声的视觉信息。
- 根据需要，教师可将讲授法与其他方法结合起来使用，以收到更好的效果。如，讲解与操作相结合、讲解与设疑相结合、讲解与讨论相结合。

②提问法。（由于后面有专门的章节详细谈及提问的技能，所以在此不再讨论。）

(2) 直观感知的方法。

①示范法。示范法是指教师通过自身的规范化语言、动作、操作等，为幼儿提供学习的样板，让幼儿进行模仿学习。示范分语言示范和动作示范两种。

使用示范法的技能要点：

- 教师是幼儿模仿学习的典范，言语示范必须正确、清楚、响亮，富于表现力和感染力；动作示范要规范、到位，操作示范应程序清楚，操作动作准确，保证每个幼儿都能清楚地观察到。
- 教师的示范要富有情趣，要能引起幼儿的兴趣，而且力求化繁为简，突出重点难点。

②演示法。（由于后面有专门的章节详细谈及演示的技能，所以在此不再讨论。）

③观察法。观察法是指教师指导幼儿有目的地感知客观事物的过程和幼儿自发地观察事物的过程。

使用观察法的技能要点：
- 精心选择能激起幼儿兴趣的观察对象。比如，2011年是兔年，我们拿一张玉兔在吃草的情景图给幼儿看，那里的背景有小草和五颜六色的花，这样幼儿就容易被这幅鲜艳的图画激发起探究、学习的兴趣。
- 观察时教师要根据不同年龄的幼儿特点提出不同的具体要求，并加以指导。如，对于前面所说过的图画，教师可要求小班幼儿观察一下图上有什么；可要求中班幼儿不仅观察图上有什么，还要说出花、草、兔的颜色；可要求大班幼儿不仅观察小、中班幼儿观察的任务，而且要观察兔的长相（从头到脚地观察）。在观察过程中，教师加以引导，并和幼儿一起总结出兔的生长特征及习性。
- 观察结束时要进行必要的总结性谈话（让幼儿说出观察的结果，教师全面总结），使幼儿的经验和印象得到整理和巩固，并形成概念。

④参观法。参观法是指教师根据教育目的要求，组织幼儿到一定的园外场所——自然界、生产现场和其他社会生活场所，使幼儿通过对实际事物和现象的观察、研究获得新知识的方法。

使用参观法的技能要点：
- 做好参观前的准备。包括：确定参观目的，选择参观对象，拟订参观计划，了解参观的环境条件。
- 参观开始时，教师要向幼儿提出参观目的，用设疑等方法引起幼儿参观的兴趣，先让幼儿自由参观，允许他们相互交谈，并鼓励他们发现问题、提出问题。

● 参观过程中，教师要充分发挥语言、手势的指导作用，从幼儿的兴趣点切入，启发幼儿从不同方面了解参观对象。

● 参观结束时，教师要总结参观的印象，让幼儿将参观过程中所获得的知识经验进一步巩固和条理化。

（3）变换角色的方法。

①参与法。参与法是指教师以活动加入者、幼儿活动的合作者参与到幼儿活动之中，通过参与对幼儿起带动作用。教师的参与，不但能给幼儿提供间接的指导，更能够使幼儿体验并享受到师幼共同活动的自由和乐趣。

使用参与法的技能要点：

● 教师应以平等而不是权威的身份加入活动。

● 教师的观点、意见和行为，仅供幼儿参考而不能强迫其接受。

②退出法。教师运用"退出"的方法包含三层含义：一是指教师从"参与"的状态中退出，恢复教师的身份和地位重新对活动施加影响；二是指教师从心理上"退出"，不在活动进程中占据权威的、中心的地位；三是指教师在活动的空间位置上退出，把中心位置让给幼儿，以观察者、旁观者的角色对活动进行指导。

使用退出法的技能要点：

● 运用退出法时，教师应根据幼儿的具体发展水平和具体情况，逐步、谨慎地"退出"。

● 教师应根据活动进程和幼儿的反应，及时、灵活地变换使用"参与"和"退出"的方法。

● 在"退出"的同时，教师应合理、适时地对幼儿进行间接指导，同时加强对活动的随机观察和反馈。

（4）引导探究的方法。

①情境法。情境法是指教师根据活动的需要为幼儿创设生动、形象的学习情境，使之产生身临其境的感觉，并引发相应的情感和态度，

促进幼儿学习的教学方法。

使用情境法的技能要点：

- 创设的情境应具有新异性，能引发幼儿的新奇感。一段录像能将幼儿带入奇妙的植物世界，一幅大型的森林背景投影图能成为幼儿制作的动物们的栖息场所……日益先进的现代教学技术设备和教学技术手段丰富了教师创设情境的形式。
- 创设的情境要实用。教师所创设的情境应与活动目标相一致，设计要合情合理，要避免牵强附会的情境设计。
- 创设的情境应能增加幼儿的体验，丰富他们的感受，激发起他们的想象，提高他们活动的兴趣，不能为了表面的热闹而设计情境。
- 教师要根据需要做启发讲解、点拨总结，以帮助幼儿将获得的感性经验进行概括、提取。
- 在情境中给予幼儿充分表达、表现的机会和交往的机会，使他们成为活动的主体。

②尝试法。尝试法是指由教师设置一个情境，让幼儿对某一学习任务经过几次错误的尝试后找到正确答案的教学方法。尝试法一般可分为四步进行：设置情境—尝试练习—探索讨论—讲解指导。

尝试法能充分发挥幼儿在课堂教学活动中的主体作用，一开始就要求幼儿进行尝试练习，把幼儿推到主动的地位；尝试练习中遇到困难，幼儿便会主动地自学课本内容或寻求教师的帮助，学习成为幼儿自身的需要。

使用尝试法的技能要点：

- 教师应鼓励幼儿尝试。
- 教师应正确对待幼儿在尝试教学活动中出现的错误。根据尝试教学的"先尝试学习，再相应引导"的理论，在尝试练习过程中，幼儿必然会遇到一些困难，产生一些错误。犯错误是孩子成长过程中不可避免的，教师此时的责任不是立刻指明，剥夺孩子"犯错误"的机会，而是应帮助其切实地体会到这种错误的过程,这样比直接说明的教学效果要更好。对幼儿来说,重要的不是正确的结果,而是走向正确的过程,这个过程才是最有价值的。因此,教师良好的引导会给幼儿有力的支持。

### 2. 幼儿学的方法

教师怎么教,幼儿就会怎么学。教师的教法和幼儿的学法并非截然分开的,而是相辅相成、相互融合的。以幼儿为主体的学习方法一般包括:

(1) 游戏法。

游戏法是指教师以游戏的口吻或用有规则的游戏吸引幼儿参与到活动当中进行学习的方法。

使用游戏法的技能要点:

- 使用游戏法时,教师应清楚地认识到所采用的游戏是为教育活动目标服务的,所选游戏的目标和规则应与教育活动目标要求相吻合。
- 教师既可以将游戏作为教育活动中的一个环节,也可以用一个游戏贯穿于整个教育活动之中。

(2) 操作练习法。

操作练习法是指幼儿在教师的指导下,通过多次实践练习而巩固和掌握知识与技能的方法。操作练习可以分为模仿练习和创造练习。模仿练习是幼儿根据范例或教师的示范进行的练习;创造练习是幼儿对已有的表象和材料进行加工、改造、制作,独自进行构思并加以表现。

使用操作练习法的技能要点:

- 教师对幼儿提出明确的练习要求、操作的方法和步骤。
- 教师让幼儿以其感兴趣的方式进行练习。例如,让幼儿练习双脚跳,如果让幼儿单纯地只是跳,幼儿很快就失去了兴趣。如,教师可把这个动作放在一个特定的情景之中:"兔妈妈带着小兔子一起去采蘑菇,我们小兔子跳起来吧!"在不同的地方放一些东西,如小花、蘑菇等,让幼儿学着小兔子的动作去采,这样就有趣得多。
- 教师观察幼儿练习的情况，及时做出反馈。

(3) 讨论法。

讨论法是指在教师指导下，全班或小组围绕某一个中心问题，通过发表各自的意见和看法，共同研讨、相互启发、集思广益地进行学习的一种方法。

使用讨论法的技能要点：

- 做好讨论的准备。教师先准备好讨论的问题，事先搜集有关资料，问题的提出要有吸引力，能引发幼儿的思考；讨论前教师要确认幼儿具备相关的知识与经验或向幼儿提供相关的知识与经验。
- 教师要鼓励幼儿大胆地说出自己的想法，并充分尊重他们的意见，鼓励幼儿争论，教师不要急于下结论。
- 在适当的时候教师给幼儿提供线索，帮助幼儿找出正在讨论的问题与他们已知事物之间的联系。
- 在讨论结束时，教师对讨论的情况要进行小结，概括幼儿讨论的内容。

(4) 探究发现法。

探究发现法是指幼儿在教师的指导下，通过自己的探究和学习，发现事物发展变化的原因和内部联系，找出变化规律，获得相关知识与经验的方法。

使用探究发现法的技能要点：

- 确定让幼儿去发现的问题。比如在"会变的颜色"活动中，教师首先确定要让幼儿发现两种颜色混合在一起能变成另一种颜色。
- 教师为幼儿提供探索的环境和材料。
- 教师提出问题，让幼儿有目的地进行探索。
- 教师组织讨论，引导幼儿把自己的发现告诉同伴。
- 教师将幼儿的探索、发现进行归纳，提炼出经验。

(5) 感知体验法。

感知体验法是指幼儿通过感觉器官认识、判别事物特性的方法。这种方法能加深幼儿对事物的印象，激发幼儿的兴趣，引起幼儿的注意。例如，教师在介绍各种有营养的食物时，如果让幼儿亲眼看一看，亲手摸一摸，亲口尝一尝，幼儿往往会十分乐意。

使用感知体验法的技能要点：

- 供幼儿感知体验的材料必须符合安全、卫生的原则。
- 教师预先感知体验，以形成完美的感知体验指导计划，并观察幼儿的感知体验全过程，提供有针对性的指导。
- 教师要注意让每个幼儿都获得亲身感知体验的机会。
- 感知体验结束后，教师要注意引导幼儿自己归纳感知体验结果。

### （二）幼儿园教育活动方法的设计原则与基本要求

人们常说，教学有法，但无定法，贵在得法。所以在教育教学中要面向实际，恰当地选择教育活动方法。事实上，选择教育活动方法，不仅仅是根据幼儿的兴趣，也不仅仅是为了幼儿的兴趣，更是为了幼儿的全面发展，是为了高效地达成教育活动目标。因此，教育活动方法的选择应该遵循以下原则：

**1. 目标性原则**

不同的教育活动方法具有不同的发展功能和优势，因此，在教育活动方法的选择方面一定要考虑教育活动所追求的目标是什么，然后根据不同种类的目标选择相应的教育方法。比如，要达到认知目标，较多选用讲授法、演示法、观察法、参观法和感知体验法等；对于技能目标的达成，较多选用操作练习法、尝试法、探究发现法等；而情境法、感知体验法较多用于情感目标的实现；提问法、讨论法等有助于实现创造性目标。

**2. 适宜性原则**

适宜性原则就是指教师要把握好教育活动方法选择和实施中的"度"，选择与活动内容相适应的、符合幼儿的年龄特点和学习特点、符合教师的素质和个性特点的适宜的教育方法，才能充分发挥各种教育方法的功能。适宜性原则要求教师选择教育方法时必须考虑以下因素：

(1) 要考虑本领域活动的具体内容及其教育方法特点。

例如，同样是为了培养操作能力，科学活动多用实验法，而音乐、美术活动则多用练习法。

(2) 要考虑幼儿的年龄特征和学习特点。

例如，有些幼儿对某种事物已有大量的感性知识，教师讲这一事物，幼儿可以理解，就不必都使用直观教具进行演示；而如果有些幼儿缺乏感性认识基础，就必须采取直观演示的方法，这样幼儿才能理解。

(3) 教师的素质与个性特点。

由于教师个性的影响，所以不同的教师使用同一方法的效果会有差异。例如，一位平时总是表情严肃的教师在使用"游戏法""角色表演法"时，可能就不如一位平时和蔼可亲的教师采用这类方法的效果好。

教师的素质差异也制约着教育方法的选择，如果一个教师善于根据自己的素质特点，选用某种教育方法来弥补自身素质的不足，就会收到意想不到的效果。例如，一个口语较差的英语教师，可采用视听法，利用电教设备（如录音机、光盘机）播课文、读单词，来弥补自身素质的缺陷，从而取得良好的教育活动效果。

因此，作为教师，要正确地选择教育活动方法，首先，要正确地认识自身的素质、教学风格；其次，要善于扬长避短，根据自己的特点选用恰当有效的教育活动方法。

综上所述，教育活动方法的选用必须以教育活动目标为轴心，综合考虑各种因素的制约作用，这样，才能发挥教育活动的整体效应。

## 二、幼儿园教育活动组织形式的设计技能

### （一）幼儿园教育活动组织形式的类型与功能

幼儿园教育活动组织形式一般分为如下三种：

**1. 集体教育活动**

集体教育活动，一般是指由教师按照一定的教育活动目标，依据

一定的原则,选择教育活动内容,设计教育活动过程,面向全班幼儿实施教育的活动。集体教育形式有利于幼儿的社会建构,有助于幼儿规则意识、合作意识和自信心等非智力因素的培养,促进幼儿相互学习。

**2. 小组教育活动**

小组教育活动有两种形式:一是教师组织安排的;二是幼儿自发组织的。小组教育活动有利于幼儿形成初步的合作意识和规则意识。

**3. 个别教育活动**

个别教育活动是指教师面对一两个幼儿进行指导,或者是幼儿的自发活动、自由活动。个别教育活动是以积累个体经验、个别操作为主的活动形式。个别教育活动可帮助幼儿按自己的活动方式自主探索,从而满足幼儿个体的兴趣和需求。

### (二) 幼儿园教育活动组织形式选择的基本要求

**1. 明确集体教育活动的适宜范围**

从内容来看,集体教育活动适宜于以下主题:人类优秀文化传统;社会的观念、行为规范、约定俗成的规则;必须具备的社会知识或概念,比如与健康生活有关的安全、卫生等常识,与周围环境有关信息的传递;某些技能的传授,如工具、物品的使用方法等。这些内容主要是从社会的角度要求全体幼儿都应该掌握的。既然是要求全班幼儿掌握,那么,采用集体教育活动的形式就是最经济有效的。另外,从幼儿发展的角度来看,凡是全班幼儿共同感兴趣的或有着共同经验基础的内容,采用集体教育活动的方式是适宜的。

从形式来看,集体教育活动适于以下情况:大部分幼儿对某些话题有兴趣,需解决共性的疑问和困惑;需要教师帮助幼儿积累、提升和分享必需的经验与重要的体验。

请看以下活动片段:

一天,幼儿园突然停水,幼儿切身体会到停水给生活带来的不便。教师及时把握这一宝贵的教育契机,适时引入"爱护水资源,节约用水"这一全体幼儿必须获得的基本经验。由此,集体谈话活动——"节约用水"生成了。

**2. 注重集体教育活动的优化**

(1) 教育活动方式的变化：从直接传授为主转向引导发现为主。

接受学习不是幼儿学习的主要方式。以语言讲解为主要教育活动方式的接受学习，要求学习者的言语对思维活动的调节与概括机能水平较高。但幼儿的语言发展还处于第一信号系统占优势的水平，其第二信号系统的概括机能还很差，言语讲解对于他们而言是不适宜的。所以，对幼儿直接传授学习的某些内容虽然是必要的，但不应该成为教育活动的主要方式。

幼儿主要通过感知、动作、表象认识世界，这就使得他们很难脱离具体的材料操作和直接经验进行学习。因此，"发现"学习是更适合幼儿的学习方式，引导发现就应该成为教育活动的主要方式。

在集体教育活动中，原则是强调以幼儿"发现"学习为主，但并不是不要教师的指导，只是教师的作用由直接指导变为间接指导。教师的间接指导作用主要表现为：为幼儿创设发现学习的环境，敏锐地感知幼儿"发现"学习中遇到的困难，启发幼儿寻找克服困难的方法等。

集体教育活动中幼儿主动学习的实现，其实质就是教师的主导作用和幼儿学习主动性协调作用的问题。

(2) 教育活动组织形式的变化：突破全班活动一统天下的局面，增加小组教育活动、个别教育活动的机会。

在充分发挥集体教育活动优越性的同时，教师也应该吸收小组教育活动、个别教育活动等其他教育活动组织形式中对幼儿发展有益的成分，改变集体教育活动一统天下的局面，增加幼儿小组教育活动、个别教育活动的机会，使教育活动组织形式真正能够更好地为教育活动目标的实现服务。

(3) 解放集体教育活动的时间和空间。

改变一日活动作息时间和内容安排按部就班的习惯，根据幼儿的需要适时调整，变一律端庄静坐的室内活动为走向大自然、走向社会的室外活动。

例如，我们可以抓住幼儿每天穿脱衣服、分发餐具等契机进行集体的数学教育活动。因为衣服上有扣子，扣子有大小、多少，还有各种各样的形状；随着身体长高，衣服会变小；吃饭要用餐具，餐具是由各种不同的材料做的，有不同的用途；餐具也有大小、多少；餐具的摆放是分类的、有序的……我们教师完全没有必要从概念入手，应以经过抽象处理的各种图形和教具来按时组织幼儿学习计数、排序和分类等活动。

再如，我们教师不应再让幼儿托着下巴想着春天的景色然后作画，或者采根迎春花的枝条到室内让幼儿写生；我们不应再挖好蚯蚓装进有泥的瓶里带到室内让幼儿观察甚至解剖；我们不应再让幼儿制作完"手枪"后要求他们带到家里去玩"打仗"……

我们应该解放集体教育活动的空间，让幼儿在最适宜的地方去体验、学习。

(4) 尝试集体活动的分层教育活动。

分层教育活动是教师根据幼儿学习的可能性将全班幼儿分为若干层次，并针对不同层次幼儿的特点开展教育活动，使教育活动目标、教育活动内容、教育活动方法更符合幼儿的前期经验、知识水平和认知能力，符合幼儿学习的可能性，从而确保教育活动与各层次幼儿的最近发展区相适应，促使每个幼儿得到最有效的发展。

例如，在数学活动中，我们可以根据幼儿在该内容方面的前期水平，将他们分成若干层次的能力组，然后针对各能力组确定阶梯式的目标，投放不同的材料，采用不同的方法，根据不同的侧重点，对每个层次的幼儿进行有的放矢的教育。

再如，在幼儿自制活动中，由于幼儿独立制作的能力差异较大，而每个幼儿都有活动的需要和体验成功的需要，所以，我们可以根据难易程度提供不同的材料，并针对不同材料组的幼儿提出不同的目标要求。

(5) 实现集体教育活动与区域活动的优化组合。

例如，教师可以将集体教育活动的延伸部分放入区域活动中。集体教育活动是基础，是铺垫，区域活动是延伸，是拓展。在区域活动中教师可以观察到个别幼儿的兴趣，可以了解到各层次幼儿的需要，以此来弥补集体教育活动中的不足。

再如，我们可以将集体教育活动中的探索部分放入区域活动中。教育活动中，我们可以发现，不同的幼儿对同一个主题的知识储备和兴趣是不同的。这就要求我们必须以各种方式帮助幼儿丰富前期经验。让幼儿于集体活动前在区域里进行自由探索无疑是一种方法。当幼儿在区域活动中收集到了一些素材、积累了一些经验时，当你通过活动了解到幼儿可能怎样表现他们心中的想法时，当你通过观察知道幼儿能实现预设的教育目标时，那你后面的集体教育活动就已经成功了一半。

实现集体教育活动和区域活动的优化组合，能使区域活动更具有目标性，也能使集体教育活动更符合幼儿的需要。

**3. 明确教师在幼儿小组教育活动中的角色**

(1) 从直接干预者，转变为冷静的观察者。

教师冷静观察的目的是发现幼儿行为问题并分析原因，这是有效管理幼儿行为的前提。

(2) 从活动氛围的追求者，转变为活动氛围的调节者。

幼儿相互交往形成的活动氛围可能因杂乱无序而影响活动的开展与幼儿的思考。因此，教师的作用在于创设环境、调节氛围，使活动氛围尽量和谐、宽松、动静有度。

(3) 从直接解决问题的解答者，转变为提问幼儿的帮助者。

教师要把握机会甚至创造机会帮助被排斥或游离在小组教育活动之外的幼儿参与到小组教育活动中来，帮助幼儿协商解决矛盾冲突与问题。这比凭借教师的权威直接解决问题更有价值。

(4) 从单纯的活动实施者，转变为活动效果的反思者。

小组教育活动结束后，教师要对小组教育活动的管理方式与操作行为进行反思，提炼出管理价值导向与技术操作要点，总结出教训，并与同行、幼儿家长主动交流，进行联合反思。

 典型案例解析

### 案例1-6 中班美术活动：染纸

**【活动目标】**

1. 认识染纸工具——宣纸、彩色颜料，引导幼儿学习染纸的基本方法。（重点）

2. 引导幼儿学习"感受"和"表现"上下、左右的对称美，培养幼儿对色彩的敏感性和对染纸的兴趣。（难点）

3. 养成做事细心、有始有终及良好的学习习惯。

**【活动准备】**

生宣纸每人3张、12色彩色墨水颜料两盒、调色盘8个、范例4张、废旧报纸、抹布4块。

**【活动过程】**

一、引导幼儿观察蜡笔画和染纸画的不同

教师用图画纸和生宣纸蘸颜色让幼儿比较两种纸的不同。引导幼儿从材料、效果方面进行比较。

师幼小结：图画纸不易吸水，生宣纸易吸水、容易破。所以小朋友要轻拿轻放，不要撕破。

教师放手让幼儿感知、探索材料的不同。

二、请幼儿探索、操作染纸，教师观察指导

教师请小朋友用一张纸试一试可以怎样折、能染出什么样的花纹来。幼儿染完后请幼儿互相说一说是怎么折、怎么染出来的。

师幼小结：可以对边折、对角折，可以折三下、四下……想要花纹大一点，就在颜料中多染一会儿。想要花纹小一点儿，就在颜料中蘸一蘸就拿出来。有中心花纹、四角花纹、四边花纹等。

三、观察染纸范例，了解染纸形状和图案的特点

教师将漂亮的范例出示在幼儿面前，请小朋友看一看：它们是什么形状的？花纹像什么？是由哪些颜色组成的？教师引导幼儿观察，在

观察的基础上提出问题，互相讨论。

师幼小结：有三角形、正方形、长方形、圆形。由五颜六色的花纹组成。

四、幼儿操作，教师指导

1. 教师注意幼儿良好的学习习惯的培养，随时把手上、桌上的颜料用抹布擦干净。

2. 教师指导幼儿蘸过颜料后把调色盘的盘边擦拭干净，别让颜料滴下来。

3. 教师帮助能力差的幼儿把作品打开粘在黑板上。

4. 教师启发能力强的幼儿大胆设计折叠方法。

五、讲评、展览

1. 教师请幼儿互评，相互说说自己染纸的花纹、色彩等，并给自己的作品起名字（如手绢、围巾、桌布、床单等），给幼儿充分表现自我的机会。请幼儿说说谁的染纸最好看、为什么。

2. 教师布置展室，展出作品，幼儿欣赏评议。

【活动延伸】

在区域活动中投放更多染纸材料，幼儿继续操作。

（摘编自：http://www.art-child.com/school/msja/youer/200903/136972.html）

【解析】

为了达成认知目标，教师结合活动材料的特点，巧妙地运用比较观察的方法，让幼儿通过对比认识生宣纸的特点。而在技能目标的实现过程中，教师先运用探索发现法，让幼儿尝试操作材料，进一步感受生宣纸的吸水特性并初步探索染的方法。在此基础上出示范例，巩固幼儿探索发现的结果。最后的练习法帮助幼儿练习巩固染纸技能，练习时的要求比较具体，能顾及不同能力水平幼儿的发展要求。教学方法的选择符合目标性和适宜性原则，当然也比较可行。

在集体教育活动中幼儿操作的时间毕竟是有限的，教师将活动延伸至区域活动中，就能提供给幼儿更多的操作机会和操作时间，可以实现集体教育活动与区域活动的优化组合。

## 第四节 幼儿园教育活动目标的设计技能

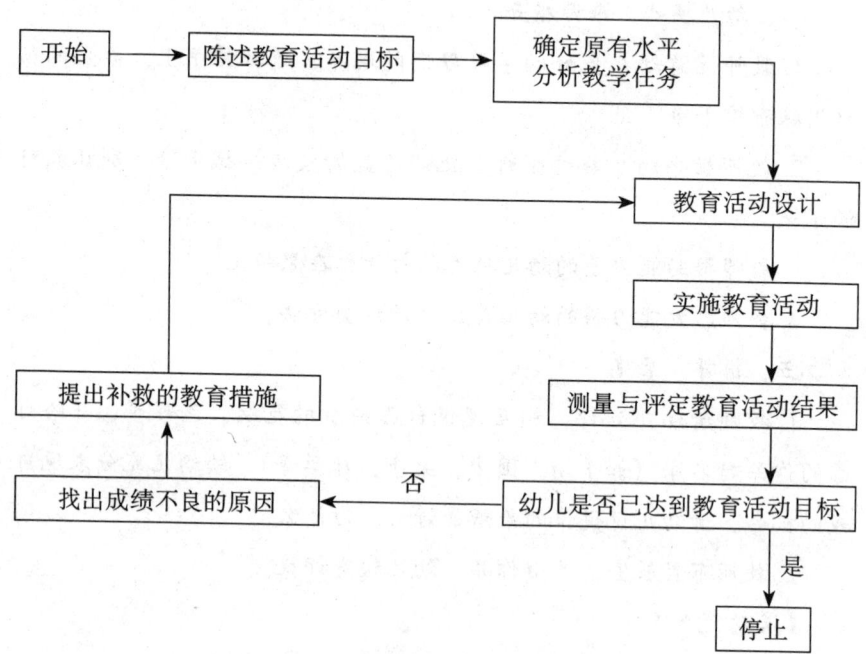

图1-1 幼儿园教育活动流程图

从上述教育活动流程图,我们可以看出幼儿园教育活动目标是幼儿园教育活动设计与实施的出发点和归宿,它贯穿于整个教育活动过程,发挥着重要的作用。

### 一、从幼儿的角度来表述教育活动目标

因为幼儿园教育活动的目标是预期幼儿学习的结果或幼儿学习活动要达到的标准,所以教育活动目标陈述的应是幼儿参与教育活动之后,他们在情感态度、知识、行为上发生的变化。教育活动目标不应陈述"教师应该做什么",因为教育活动目标预期的是幼儿的学习结果,用"教师应该做什么"的语句陈述,在逻辑上是讲不通的。再者,如果教育活动目标陈述的是"教师应该做什么",如"教育幼儿热爱劳动,

爱惜劳动成果"，那么教师"教育"过了，他的教育活动目标就达到了，至于幼儿的情感是否发生了变化，能不能经得起测量和检查，以"教师的行为陈述"作为教育活动目标是不需要回答后面的问题的。

从幼儿的角度来表述教育活动目标反映了幼儿园教育活动观念的一种转变，即由原来的关注教师的"教"，转向关心幼儿的"发展"，有利于克服以往教育活动中教师较多地注意自己"教"，而忽略幼儿的"学"和"学的效果"的倾向，从而避免教师在教育活动过程中盲目追求教学手段和形式的花样翻新。

## 二、教育活动目标的内容要全面

每一个教育活动的目标都应该尽可能包含情感态度、认知、行为三个方面的内容。

情感态度目标即教师预期幼儿在教育活动后，情感态度方面可能产生的变化。认知目标即预期幼儿在教育活动后，认知方面可能产生的变化。行为目标即预期幼儿在教育活动后，动作行为方面可能产生的变化。比如：

情感态度目标："讨论海底世界有趣的事情"或"表达对海底世界的喜爱"等。

认知目标："幼儿能用听觉和触觉掌握3以内的数。"

行为目标："即兴创编舞蹈动作，有感情地表达。"

从整个幼儿园教育来看，情感态度目标是最重要的，认知目标和行为目标的达成应该有利于情感态度目标的达成，而不应成为障碍。

## 三、教育活动目标的表达要注意其准确性

教育活动目标的表述要力求明确、具体，可以观察和测量。尽量避免用含糊的和不切合实际的语言陈述目标。为此应该注意以下几点：

**1. 要注意其层次性**

（1）情感态度目标及其层次。

情感态度目标可分为以下五个层次：

①接受或注意：指幼儿愿意注意某特定的现象或刺激，并准备接受。如，教育活动中，幼儿安静地听。可以用来描述这一层次情感的动词有：知道、看出、注意、选择、接受、容忍等。

②反应：指幼儿参与，积极反应。这类目标与通常所说的"兴趣"类似，强调对特定活动的选择与满足。可以用来描述这一层次情感的动词有：陈述、回答、完成、选择、列举、遵守、称赞、表现、帮助等。

③价值判断：指幼儿用一定的标准对特定的现象、行为或事物进行价值判断。与通常所说的"态度"和"欣赏"相似。可以用来描述这一层次情感的动词有：接受、承认、参加、完成、决定、影响、区别、解释、评价、继续等。

④价值的组织：指幼儿在遇到多种价值观念同时呈现的复杂情境时，将价值观组织成一个体系，对各种价值观加以比较，确定它们的相互关系及它们的相对重要性，接受自己认为重要的价值观，形成个人的价值体系。可以用来描述这一层次情感的动词有：讨论、组织、判断、确定、选择、比较、定义、权衡、系统阐述、决定等。

⑤价值的个性化：指幼儿通过对价值体系的组织，逐步形成个人的品性。可以用来描述这一层次情感的动词有：改变、接受、判断、拒绝、相信、解决、要求、抵制等。

(2)认知目标及其层次。

认知目标可分为以下六个层次：

①知识：指在教育活动之后幼儿凭记忆能够记得学过的一些事实性的知识。可用来表示这个目标层次的动词有：说出、命名、列举、选择、背诵、辨认、回忆、描述、指出、阐明等；

②领会：指幼儿能了解所学过的知识的含义，能够懂得教师口头讲解及教材文字所表达的意义。可用来表示这个目标层次的动词有：分类、叙述、解释、选择、区别、归纳、举例说明、改写等。

③应用：指幼儿将所学到的抽象知识（如知识、方法、步骤、原理、原则、概念）实际应用于特殊的或具体的情境中。可用来表示这个目标层次的动词有：运用、计算、改变、解释、解答、说明、证明、利用、

列举等。

④分析：指幼儿将所学到的复杂的概念或原则，分析为各个构成部分，或找出各部分之间的相互关系。可用来表示这个目标层次的动词有：分类、比较、对照、区别、检查、指出、评论、猜测、举例说明、图示等。

⑤综合：指幼儿将所学到的零碎知识综合起来，构成自己的完整知识体系，如，综合各项资料而得出结论。可用来表示这个目标层次的动词有：创编、提出、排列、组合、建立、形成、归纳、总结等。

⑥评价：指幼儿依据某项指标对学习内容、材料和方法做价值判断的能力。可用来表示这个目标层次的动词有：鉴别、讨论、选择、对比、比较、评价、判断、总结、证明、说出等。

（3）行为目标及其层次。

动作行为技能在一些技能课中常常是主要的教育活动目标。行为目标一般分为三个层次：

①模仿：幼儿按照指示或在指导下完成简单的技能。

②操作：幼儿能独立完成一项技能。

③熟练：幼儿能准确地自动化地完成一项技能。

可用来表示行为目标的动词有：表现、运用、遵守、会、模仿、运用、创新等。

**2. 要尽量用具体、明确的，可观察、测量的行为术语来陈述**

预期幼儿要获得的学习结果，应尽量避免使用含糊的和不切实际的语言陈述教育活动目标。因为教育活动目标是要以具体明确的表述方式说明幼儿完成学习任务以后要到达的"目的地"，若不能清楚地表达幼儿要到达的"目的地"，那么，幼儿很可能会抵达另一个地点，甚至走错方向。教育活动目标不明确，对确定教学内容、教学过程与教学策略的安排以及对学习结果的评价都是不利的。如，目标"学会独立生活"就不如目标"学会独立地上厕所"具体。

制订具体、可测量的教育活动目标的目的有二：一是为了使整个教育活动过程目标明确以利于教育活动的开展；二是为了更好地对教育活动的结果进行评价。

### 3. 教育活动目标的陈述原则上应包括五个因素

（1）行为主体。

行为主体指由谁来完成教育活动所预期的行为。在幼儿园教育活动目标中，行为主体一般是幼儿。如，"幼儿能用听觉和触觉掌握3以内的数"，由于教学过程中的学习主体极为明确，所以在教育活动目标表述时行为主体往往可以省略。

（2）行为本身。

行为本身即教育活动后幼儿达到教育活动目标的具体学习行为。教师列举行为的具体方法是：首先，根据前面"教育活动目标表达要注意其层次性"阐述的教育活动目标分类方法，结合教育活动内容分成不同类别的教育活动目标，然后，从前面提供的动词中选择出合适的行为动词，最后，再把教学内容作为动宾结构中的宾语就可以了。例如，教育活动内容是"相邻数的规律"，要求幼儿能举出两个例子说明相邻数的规律，这是一个认知目标，其目标层次是应用，所以应该从"应用"一行中查找动词，比如使用"列举"这个词，这样"行为"就可以被描写成"列出两个例子说明相邻数的规律"。

另外，在列举行为时，大家一定要注意，这里的行为是指幼儿在教育活动后能够做什么，是学习的结果，而不是学习的过程，更不是教师的行为。因此，应避免使用"……教会幼儿……"这种写法，同时也要避免写成教育活动内容、过程或程序，例如，避免写成"学习礼貌用语：您早、您好、再见"。这是学习过程，而不是幼儿学习后表现出的行为变化。

（3）行为情境。

行为情境指说明上述行为在什么条件下产生。行为情境或条件表示幼儿完成规定行为时所处的情境，即说明在评价幼儿的学习结果时，该在哪种情况下评价。如教育活动目标"能手口一致地数5以内的数"中的"手口一致"就属于行为情境或条件。这些情境或条件一般包括下列因素：

● 环境因素（空间、光线、气温、室内外噪音等）。

- 人的因素（个人单独完成，小组集体进行，个人在集体的环境中完成，在教师指导下进行等）。
- 设备因素（工具、设备、图纸等）。
- 信息因素（资料、图表等）。
- 时间因素（速度、时间限制等）。
- 问题明确性的因素（为引起行为的产生，提供什么刺激，刺激的数量如何等）。

(4) 行为结果。

行为结果即教育活动之后幼儿行为所产生的变化。如"能区分家畜和家禽"。

(5) 行为标准。

行为标准即用来评价幼儿在教育活动后变化的标准，也就是用来衡量行为完成质量的可接受的最低依据。教师对行为标准做出具体描述，使得教育活动目标具有可测性。标准一般从行为的速度、准确性和质量三个方面来确定，如，教育活动目标"能说出幼儿园中3种以上的植物名称"中的"3种以上"就是行为评定的标准，又如"起床后，能独立地在8分钟内穿好衣服"（速度）。

当然，教师在表述教育活动目标时，并不需要把五个要素都写出来，以免琐碎繁杂，但在表述教育活动行为标准时，适当考虑上述五个因素，对制订好教育活动目标是有益的。不过，不管怎样，在一个教育活动目标中，行为的表述是基本部分，是不能省略的。

**4. 内外结合的表述方法**

教育活动目标"五因素表述法"，虽然避免了用传统方法表述目标的含糊性，但它本身也有缺点：只强调了行为结果，未注意幼儿内在的心理过程，因而可能会导致教师只注意幼儿外在的行为变化而忽视其内在的素质和情感的变化。此外，还有许多心理过程及其变化无法行为化。因此，描述内部心理过程的术语不能完全避免。我们还需要运用内外表述相结合的方法来表述教育活动目标。即先用描述内部变化过程的术语来表达教育活动目标，以反映理解、应用、分析、创造、欣赏、尊重等内在的心理变化，然后列举反映这些内在变化的例子，从而使这些内在心理变化可以观察和测量。这就是用内部过程与外显行为相结合来描述学习结果的方法。如：

- 教师让幼儿知道水的用途和重要性，能节约用水。
- 幼儿能说出水的3种用途。
- 幼儿能说出两种节约用水的方法。
- 幼儿知晓洗完手等要及时关掉水龙头。
- 幼儿乐意向别人介绍有关水的知识。

## 四、对某些教育活动目标的表述一定要慎重

例如，情感、态度、能力、行为习惯、道德品质等方面的教育目标，一般而言不是一两次教育活动所能达到的，并且它们比认识、技能领域更内在些，所以要把它们具体化为可观测的行为确实不容易。遇到这些教育活动目标时，教师只要明确规定幼儿必须参加的活动就行，而不必精确规定每个幼儿应在这些活动中形成什么样的情感。如，对于"升国旗唱国歌"这样的活动，教师向幼儿强调在升国旗唱国歌的过程中应保持的态度、表情等即可。

 典型案例解析

**案例1—7 小班美术活动"画妈妈"的活动目标**

根据妈妈放大的照片，能画出妈妈脸部的主要部位，如眼睛、鼻子、嘴巴、耳朵等。

【解析】

1. 行为主体：幼儿。
2. 行为本身：画。
3. 行为情境：根据妈妈放大的照片。
4. 行为结果：能画出妈妈的脸。
5. 行为标准：能画出妈妈脸的主要部位。

### 案例1-8 中班科学活动"水的浮力"的活动目标

A方案目标表述:"发现浮力的存在,理解浮力的概念,学会用词'沉浮'。"

B方案目标表述:"观察、探索各种物体在水中的沉浮状态,感知水的浮力,对沉浮现象感兴趣,能大胆探索。"

【解析】

A方案目标表述:这一目标只提出了知识方面的要求,而未考虑幼儿的能力、思考方法、情感、态度等的发展,反映出教师重知识技能、轻情感态度的价值倾向,容易导致只重活动结果,而忽视活动过程和幼儿探索体验的现象。

B方案目标表述:目标表述全面,有情感目标,也有认知目标和行为目标,并且更加具体。

## 第五节 幼儿园教育活动方案的编写技能

幼儿园教育活动方案就是教师根据教育活动目标、教育活动内容而策划、构思的一种教育活动安排。编写教育活动方案是教师对教育活动过程进行精心设计、将教育活动内容内化的过程,是对教育活动资源整合与利用的过程,是我们对幼儿的研究与关注的过程。

教育活动方案是教师实施教学的主要依据,是教师教育思想、教育活动组织能力、教育方法的重要体现,是教师教育经验的结晶。它反映了教师自身的素质、教育水平、教育思路和教育经验,反映了教师掌握幼儿园课程标准、熟悉教育活动内容、了解幼儿、准确把握教育活动方式方法的程度。有了具体的教育活动方案,教师组织教育活动有备而来,就能应对教育活动过程中出现的各种具体情况,增强教育活动效果,确保教育活动的顺利实施。

## 一、幼儿园教育活动方案编写的原则

编写幼儿园教育活动方案时应遵循以下六个原则：

**1. 指导性原则**

教育活动方案是教师为组织和指导教育活动而精心设计的施教蓝图，教师有关下一步教育活动的一切设想，如将要达到的目标、要完成的任务、采取的各种教育活动措施等均应反映在教育活动方案中。

**2. 操作性原则**

优秀的教育活动方案对教学内容的选择、教育活动方法的运用、教育活动时间的分配等都做出具体明确的规定和安排，这一系列安排都带有极强的可操作性，成为教师组织教育活动的可行依据。

**3. 预演性原则**

教师编写教育活动方案的过程实质上就是实际教育活动的每个环节、每个步骤在教师头脑中的预演过程。它能使教师如临真实的教育活动情境，对教育活动的每一细节都要周密考虑、仔细策划，为教育活动的顺利进行提供可靠保证。

**4. 程序性原则**

为了使准备进行的教育活动有序地进行，教育活动方案必须根据幼儿认识的规律、知识的逻辑顺序和教育活动规律，设计好有效进行教育活动的程序，让教育活动一环扣一环地有序进行，进而循序渐进地促进幼儿的发展。

**5. 最佳化原则**

教育活动方案要充分考虑教育活动的效率，努力追求以最少的付出（包括教师、幼儿、幼儿园财力、物力等的付出）来获得最佳的教育活动效果。

**6. 可行性原则**

教育活动方案要充分考虑本幼儿园甚至本班是否具备相应教育活动资源的情况，同时，还要考虑教师本人的素质，本班幼儿的知识、技能基础，幼儿园的园风和班风与教育活动的协调性。

## 二、幼儿园教育活动方案的内容与表格式教案

### （一）幼儿园教育活动方案的内容

一份完整的教育活动方案一般来说主要包括以下几个部分：

**1. 教育活动名称**

教育活动名称应包含年龄班、活动领域、活动名等要素，如"小班综合活动：蔬菜宝宝"。

**2. 教育活动目标**

教育活动目标应包括情感态度、认知、行为三个方面的目标。如，"大班音乐活动：七月火把节"的活动目标：

①幼儿能体验与他人合作跳舞的快乐，感受结伴舞蹈的热闹氛围。（情感态度目标）

②教师引导幼儿了解彝族的民族风情，知道七月火把节的意义。（认知目标）

③幼儿能有节奏地跳集体圆圈舞，掌握集体舞的基本动作。（行为目标）

**3. 教育活动设计背景**

要写明设计本活动的背景，如，因本班出现的某些现象；为了激发或发展幼儿的兴趣爱好的需要；结合幼儿的年龄特点；新《纲要》的精神；本土环境因素的影响等。如，"大班工艺欣赏活动：提梁壶"的活动设计背景：

宜兴市丁蜀镇素有陶的古都之美称，有着悠久的陶瓷文化历史。大文豪苏东坡和这里亦有很深的渊源。其中，提梁壶的造型设计就是源自东坡先生，即后人所称的"东坡提梁壶"。

**4. 教育活动重点**

教育活动重点是指关键性的基本的知识技能，幼儿只要掌握了它，其他问题就可以迎刃而解。如，"大班音乐活动：七月火把节"的活动重点：

幼儿能有节奏地跳集体圆圈舞，掌握集体舞的基本动作。

### 5. 教育活动难点

教师要写明幼儿常常容易误解和不容易理解、接受的知识技能。如,"小班美术活动:我的颜色是什么"的活动难点:

幼儿通过观察和比较发现色彩之间的差异,认识复色。

### 6. 教育活动准备

教师要写明本次教育活动中在经验、材料、环境、媒体等方面应做哪些准备。如,"大班音乐活动:七月火把节"的活动准备:

①经验准备:教师让幼儿学会跳集体圆圈舞的基本动作和形式。

②物质准备:教师教幼儿制作黄色和红色的手圈花。

### 7. 教育活动过程

教育活动过程是教育活动方案的主体部分,它包括本教育活动的全部活动方案和主要内容。教育活动过程一般包括:引入主题、形成经验、提升经验、巩固经验。

教育活动过程的设计涵盖着教师的教法和幼儿的学法,体现出教师的教育思想、教育观念和教育行为。在设计教育活动过程的时候,教师应该认真思考如下几个问题:

● 每个教育活动环节的设计目的是什么?为什么要这么设计?

● 每个教育活动环节的设计是否体现教育活动目标?你想怎样去达成教育活动目标?

● 每个教育活动环节中使用什么方法或策略来突破重点、分散难点,引导幼儿学习?

● 幼儿通过什么方法来得到发展?怎样体现师幼、幼幼之间的有效互动?

● 幼儿在每一个教育活动环节中可能会出现什么问题?

教师对上述几个问题思路清楚了,将有利于更好地设计出有效的教育活动过程。

另外,对于每一个教育活动环节的提问语、指导语、组织语、过渡语,教师要心中有数,否则活动就会不紧凑,甚至出现混乱。

请看"大班音乐活动:七月火把节"活动过程的设计:

## 案例1—9  大班音乐活动：七月火把节

一、谈话：彝族的七月火把节

1. 教师：前一段时间，我们认识了很多民族以及它们不同的风俗，我也让小朋友们去了解有关彝族的情况，你们知道彝族的风俗习惯吗？知道火把节吗？

2. 教师小结：很多孩子都没有去了解，希望以后老师布置了任务，你们要认真完成。每年七月的火把节是彝族的一个重要节日。火把节这一天，人们手拉手围成圆圈，中间燃烧着篝火，大家边唱边跳，非常热闹。

二、观看集体圆圈舞《七月火把节》

1. 教师：这里有一个舞蹈，非常有趣，是宝宝和爸爸妈妈们一起跳的，你们看看他们是怎么跳的。

2. 观看录像，并提问：

这个舞蹈好看吗？热不热闹？你看到了哪些动作？（教师引导幼儿说和做自己看到的某一个动作。）

3. 教师小结每一个幼儿做出的舞蹈动作。

4. 再次观赏，提出要求：前奏时，他们做了几个动作？什么音乐背景下做了什么动作？

5. 教师再次总结每一个动作的顺序，让孩子们看录像，跟着音乐在自己站的位置上做动作。

三、幼儿尝试跳集体舞

1. 教师：这个舞蹈是宝宝和爸爸妈妈一起跳的。可是现在，我们的爸爸妈妈不在这里，怎么办？

幼儿：客人老师来做爸爸妈妈。

教师：可是客人老师不够啊，有些宝宝没有爸爸妈妈了。怎么办？

幼儿：不够的话，请小朋友们扮演。

2. 教师介绍用红色和黄色的手圈花，代表不同的两组。

3. 幼儿听音乐跳舞。

4.邀请客人老师跳舞。

**8.活动延伸**

教师生成其他活动,拓展幼儿的经验,利用其他教育活动的教育资源。如,"中班科学活动:树叶宝宝找妈妈"的活动延伸的设计:

①发动家长带领孩子去收集其他种类的树叶,做成标本带到幼儿园与大家分享。

②在语言、艺术领域里开展关于小树叶的各种游戏。

### (二)幼儿园教育活动方案的表格式教案

为了使幼儿园教育活动方案一目了然,教案一般采用表格式(参见表1-1)。

表1-1 幼儿园教育活动方案表

活动组织教师:_____ 活动班级:_____ 活动时间:_____

| 活动名称 | | | |
|---|---|---|---|
| 活动设计背景 | | | |
| 活动目标 | | | |
| 活动重点 | | | |
| 活动难点 | | | |
| 活动准备 | | | |
| 活动过程 | 教师活动 | 幼儿活动 | 设计意图及时间分配 |
| | | | |
| 活动延伸 | | | |
| 活动反思 | | | |

## 三、幼儿园教育活动方案评价标准

了解幼儿园教育活动方案评价标准（参见表1-2），有利于我们设计出更加规范的教育活动方案。

表1-2　幼儿园教育活动方案评价表

| 一级项目 | 二级项目 | 权重 | 得分 |
| --- | --- | --- | --- |
| 活动方案基本要素齐全 | 活动方案应包括：活动名称、活动设计背景、活动目标、活动准备、活动过程等。 | 10 | |
| 活动设计背景 | 对本活动的由来及其意义做了清晰的说明。 | 10 | |
| 教育活动目标 | 1.教育活动目标全面，包括情感态度目标、认知目标、行为目标。 | 5 | |
| | 2.教育活动具体明确，具有操作性、可测评性。 | 5 | |
| | 3.教育活动目标的表述具有层次性。 | 5 | |
| | 4.教育活动目标符合本班幼儿的实际情况。 | 5 | |
| | 5.教育活动重点、难点准确。 | 5 | |
| 教育活动准备设计 | 教育活动准备以教育活动目标为中心，服务于教育活动目标的达成。 | 10 | |
| 教育活动过程设计 | 1.教育活动过程设计符合教育学、心理学原理。 | 10 | |
| | 2.教育活动过程设计具有可行性、可操作性。 | 10 | |
| | 3.教育活动过程设计思路清晰，组织教学步骤完整，结构合理，时间分配科学。 | 10 | |
| | 4.重点突出，过程有利于难点的突破，有利于教育目标的达成。 | 10 | |
| 教育活动特色 | 设计新颖、有创意。 | 5 | |
| 总体描述 | | 总分 | |

 典型案例解析

**案例1-10　小班美术活动：风铃**

【活动目标】

1. 初步学习沿物体轮廓描画。
2. 能利用一些物体描画出风铃，体验美术活动的快乐。

【活动准备】

图画纸、黑色记录笔、各种插塑玩具。

【活动过程】

一、念儿歌，引入活动

1. 和幼儿一起复习儿歌：一个手指头，出来走一走……

（教师带领幼儿用右手手指沿着自己的左手轮廓线描画，表示在沿着一定路线散步的小手指，让幼儿在儿歌游戏中对沿着物体轮廓描画的方法有初步的感受。）

2. 教师出示小方桌，表演"沿着桌子散步"的情景，故意把桌子碰歪，然后提出问题：用什么办法可以让桌子不动，不被碰歪呢？

（幼儿回答：用力按住桌子。）

3. 请配班教师配合，按住桌子，再次表演沿着桌子散步的情景，引导幼儿观察：桌子被按住后不会轻易被碰歪。

二、绘画示范

1. 教师：彩色笔也想出来散散步，我们一起来帮助它。

（教师出示记录笔和图画纸，用磁铁把图画纸固定在黑板上，把左手按在图画纸上，然后右手用记录笔沿着左手掌的轮廓描画，为幼儿进行描画示范。示范过程中注意提醒和强调手掌不能移动，要固定住。）

2. 教师让幼儿观察描画好的手掌轮廓画，引起幼儿对活动的兴趣和兴奋。

3. 教师在手掌下方加画出若干竖线（风铃的串绳），引出用描画的方法画风铃的主题。

4.教师：你想画什么样的风铃呢？

幼儿：太阳！

幼儿：星星！

教师出示一篮插塑玩具，从中挑选出圆形的玩具按压在竖线条上进行描画，然后在描画出的圆形图案周围添画上放射状的线条变成"小太阳"，还可以画星星、花朵等图案。

教师可引导幼儿观察描画结果，激发幼儿对描画活动的兴趣。

三、幼儿绘画

1.教师出示装有各类插塑料的玩具盒，引导幼儿观察各种不同形状的玩具，激发幼儿用各种玩具描画出风铃的兴趣。

2.教师给幼儿发已经画有风铃悬挂部分和竖线（串绳）的图画纸、笔，每桌一盒玩具，要求幼儿用描画的方法，自由选择玩具在竖线上添画风铃。

（有部分幼儿用的是大号记录笔，有部分幼儿用的是稍小些的黑色彩色笔；有两组幼儿在教师的指导下能基本完成描画活动；有5名幼儿用彩色笔在玩具上无意识地涂画；很大一部分幼儿没能描画清楚物体的基本形状；没有幼儿能做到描画后再添画。）

3.自然结束活动。

【评析】

**赞赏的几点**

1.活动在主题下开展，活动室中有风铃图片展示、风铃实物悬挂、装饰等，活动在幼儿积累了一定的感性经验和体验后进行。

2.活动过程设计思路较清晰，手指的"散步"——固定物体的方式——笔的"散步"——描画风铃的线索，由浅入深，逐步帮助幼儿在游戏中学习描画的技能。

3.活动的形式贴近小班幼儿的年龄特点，运用儿歌和手指游戏，让幼儿在游戏中感受沿着物体轮廓描画的经验，这是本活动方案中最大的亮点。

**活动后的思考和建议**

观看活动后本人对上述活动方案有如下的思考与建议：

1. 为幼儿准备的材料不科学影响了幼儿的描画效果。从玩具上看，为幼儿准备的插塑玩具有一定的高度，不是较薄的玩具，一方面影响了幼儿的运笔，另一方面挡住了幼儿描画时观察线条的视线。有大部分的幼儿使用的是大号的记录笔，从笔杆伸出来的笔端部分又较短，在沿着玩具轮廓描画时，大号的笔杆紧贴着玩具，短小的笔端只能游走在远离玩具的位置；再者，玩具多有心形、花形等多边形状，凹陷、棱角部位较多、较小，粗大的笔杆根本没法触及这一部分。

2. 活动前有了对教材的详尽分析，但忽略了对幼儿的分析，导致了活动设计的不合理性。通过游戏先引导幼儿感受经验，再学习描画的方法，最后添画，这是对教材的分析。但小班幼儿的学习特点呢？本班幼儿的绘画经验、水平如何？教师应该在怎样的基础上确定幼儿在这一活动中的具体目标呢？围绕这一目标应该开展怎样的活动？我想这是设计活动的老师在活动前忽略了的最重要的一环。

(1) 从儿歌、游戏的导入，到教师的示范，我们能够明显地看出这应该是该班幼儿学习按物体轮廓线描画的第一课时，即该班幼儿第一次接触这样的绘画方法，那么教师要求幼儿在每条竖线上描画出3～4种图案，即总共10种左右的图案，这样的数量是不合适的。我认为为幼儿准备镂空的图案模版更合适些，模版要较大，线条要流畅，避免太多的棱角；让幼儿沿着内轮廓线描画相对更便于幼儿观察线条的走向；而每名幼儿最多可选择2～3种不同的模版进行体验。

(2) 教师为发散幼儿的思维，引导幼儿富有想象地、创造性地去绘画，提出在原有图案上可以变化出更形象生动的风铃图案，这样的引导在这一活动中显然也是不适宜的。小班幼儿在一个活动中的学习内容应简单明确，如，学习沿着物体轮廓线描画图案。只有在幼儿较熟练地掌握按物体轮廓线描画的技能，并能描画出较清晰的轮廓线之后，才能开展引导幼儿根据描画的图案去展开想象，然后再进行简单线条添画的活动。

(3) 材料提供的不科学也是对幼儿没有做透彻分析的结果。绘画过程中我观察到一幼儿，嘴里嘟囔着说"我要画一个苹果"。然后，他就选择了一个圆形的玩具，在手上把玩了一会儿，就直接用黑色彩色笔在玩具上涂画了起来，虽然线条凌乱，带有典型的小班幼儿的涂鸦特点，但我想他必定是在涂画他的"苹果"，只是，他没有在图画纸上描画。过了一会儿，他显然对在玩具的凹面涂画发生了很大的兴趣，手法很快，还呵呵地笑了，不一会儿，玩具的凹面就全部涂满了黑色，他露出很满意的笑容。显然，涂画苹果的想法在他心里已渐渐隐去。留心观察后我发现，共有5名幼儿直接在玩具上涂画。小班幼儿的目的性较差，玩具在他们手中，必然只是玩具。

（4）描画对小班幼儿来说还是太难了点，印画、点画这样的绘画方法应该更适合他们去学习和掌握，更有趣味地去表现风铃的不同悬挂物。

总起来说，教师在分析教材的同时，注意对幼儿不同年龄阶段学习特点的分析以及对本班幼儿现有水平的分析是很重要的一环，围绕这一问题确定目标、内容和提供材料等工作应该做细做透，这样才能够成功地设计和组织一个有效的教育活动。

（上述活动方案和评析由岑群老师供稿）

【解析】

从岑群老师对该活动方案及其活动的评析我们可以看出，分析学习者——幼儿，对编写出有效可行的教育活动方案是十分重要的。许多老师在编写教育活动方案方面容易犯的错误就是只从教师"教"的角度去设计活动方案，而未能从幼儿"学"的角度去设计活动方案。因此，我们有一个建议：编写教育活动方案，不是编写教师的"'教'案"，而应该是编写幼儿的"'学'案"——根据幼儿学习的特点和发展规律来编写幼儿学习的方案——这意味着一种观念的转变。

**案例1—11　表格式教育活动方案："小班教学活动：小猫收鱼干"**

活动组织教师：瞿丽

活动班级：小班　　活动时间：2011年10月11日，第一节活动课

| 活动名称 | 小猫收鱼干 | | |
|---|---|---|---|
| 活动设计背景 | 小班幼儿活泼好动，注意力集中的时间相对较短，且思维以具体形象思维为主，只有将抽象的数学知识渗透于游戏中，才能让幼儿在轻松快乐的氛围中快乐的学习。因此，我创设了"小猫收鱼干"的游戏情境，让幼儿在"分鱼干、晒鱼干"的游戏经验中，积累有关一维二次分类的经验，提高幼儿对数学活动的兴趣。 | | |
| 活动目标 | 1. 幼儿乐意参加分类游戏，体验成功感。<br>2. 幼儿学习按物体大小或颜色进行分类。<br>3. 幼儿能不受物体颜色的影响按照大小进行分类。 | | |
| 活动重点 | 学习按两种颜色进行分类。 | | |
| 活动难点 | 不受物体颜色的影响进行分类。 | | |
| 活动准备 | 1. 知识经验的准备：幼儿认识红、蓝两种颜色；能比较物体的大小。<br>2. 物质材料的准备：小猫（红色、蓝色）的胸卡若干；红色、蓝色小鱼若干；大锅、小锅各一；颜色标记卡。<br>3. 环境准备：红色、蓝色的小桥（平衡木）。 | | |
| 活动过程 | 教师活动 | 幼儿活动 | 设计意图及时间分配 |
| 一、游戏"猫妈妈和猫宝宝"，区分比较红猫宝宝和蓝猫宝宝的不同。<br>1. 幼儿自主选择角色，扮演红猫宝宝和蓝猫宝宝。 | ●妈妈这儿有许多小猫的挂牌，它们有什么不同？你们可以选择自己喜欢的颜色的挂牌，当我的猫宝宝！ | ●幼儿挑选自己喜欢的颜色挂牌，扮演猫宝宝。 | 引导幼儿回顾关于物体颜色的经验，观察并了解幼儿已有的知识经验和水平。时间：1分钟。 |

（续表）

| | | | |
|---|---|---|---|
| 2. 猫妈妈找宝宝，加深对红、蓝两色的认识。 | ● 找一个和自己颜色一样的宝宝互相抱抱！猫妈妈分别抱抱红猫、蓝猫。 | ● 红猫宝宝互相抱抱，蓝猫宝宝互相抱抱。 | |
| 3. 猫宝宝选择不同颜色的路线去草地。 | ● 去草地有两座小桥，两座桥颜色有什么不一样呢？<br>● 红猫、蓝猫怎么过两座不同颜色的桥呢？<br>● 教师总结：红色宝宝走红色小桥，蓝色宝宝走蓝色小桥，赶快到路口排队。大家看看选对了没有。<br>● 宝宝们，跟着妈妈去草地吧，路上不能推挤，注意安全。我们一个跟着一个走。 | ● 一条是红色的，一条是蓝色的。<br>● 红猫过红色小桥，蓝猫过蓝色小桥。<br>● 红猫宝宝在红色小桥前站好队，蓝猫宝宝在蓝色小桥前站好队。<br>● 猫宝宝们一个跟着一个过小桥。 | 场地环境的设置起到隐性暗示的作用，在"走小桥"中，引导幼儿在无意识中学习按照红色、蓝色分组。这是浅显的分类行为。时间：3分钟。 |
| 二、游戏"小猫晒鱼干，收鱼干"，区分比较颜色、大小的不同。 | | | |
| 1. 引导幼儿观察两根鱼干颜色的不同，并将鱼干应颜色的绳子上面。 | ● 这里有两根绳子，它们有什么不一样呢？<br>● 我们的鱼要晒在两根颜色的绳子上，怎样晒才合适呢？<br>● 请宝宝将鱼晒到绳子上。你要什么颜色的鱼干呢？为什么要晒在这里？ | ● 颜色不一样，一根是红色的绳子，一根是蓝色的绳子。<br>● 红色鱼要晒在红色绳子上，蓝色鱼要晒在蓝色绳子上。<br>● 幼儿动手晒鱼干，并说出自己晒的鱼干颜色和位置（在什么颜色的绳子上）。 | 引导幼儿有意识地观察，发现"鱼干"的颜色不同，并知道按照"鱼干"在同颜色的绳子上"的游戏规则，在游戏中学习分类。时间：5分钟。 |
| 2. 为颜色不同的鱼贴上颜色标记卡。 | ● 红色绳子上晒的是什么鱼？蓝色绳子上晒的是什么鱼？<br>● 我们给它们做上标记，红色鱼贴上红色标记卡，谁愿意帮我给蓝色鱼贴上标记卡？ | ● 红色绳子上晒的都是红色鱼，蓝色绳子上晒的都是蓝色的。<br>● 一幼儿帮助老师为蓝色鱼贴上蓝色的标记卡。 | 通过反复的问答，用语言来表达自己的思维，这是数学概念形成的基础。时间：1分钟。 |

(续表)

| 环节 | 教师指导 | 设计意图 |
|---|---|---|
| 3. 引导幼儿发现鱼干的颜色不同，区分大小。 | ● 你们晒的是些什么样的鱼干呢？<br>● 红色鱼干、蓝色鱼干、大鱼干、小鱼干。 | 引导幼儿再次关注物体的主要特征：颜色的区别，大小的区别。 |
| 4. 收鱼干。 | ● 鱼干晒好了，请宝宝们收两条大小不一样的鱼干。<br>● 每个宝宝收两条大小不一样的鱼干。<br>● 引导幼儿互相检查是否都收对了。<br>● 宝宝互相看看两条大小不是都收了一条大鱼干和一条小鱼干。 | 初次尝试排除颜色的干扰，按照物体的大小分类。引导幼儿互相观察的环节可以学习和借鉴经验。<br>时间：3分钟。 |
| 三、游戏"小猫回家煮鱼干"，按大小给鱼干分类。 | | |
| 1. 引导幼儿观察两口锅的大小。 | ● 宝宝们，肚子饿吗？给宝宝煮鱼吃，妈妈看妈妈这儿有几口锅？<br>● 有两口锅。<br>● 这些大小不同的鱼分放在这两口锅里，怎样放更合适？<br>● 锅的大小不一样。 | |
| 2. 鼓励幼儿将鱼干放在合适的锅里。 | ● 大鱼放在大锅里，小鱼放在小锅里。 | |
| 3. 请幼儿检验分类是否正确。 | ● 请两个幼儿分别检查大小锅里是否放对了大小鱼。<br>● 两个幼儿分别检查大小锅里是否放对了大小鱼。 | 再次游戏，尝试排除颜色干扰按照大小分类。<br>时间：4分钟。 |
| 四、结束部分：跟着妈妈一起去洗手，吃鱼啰！ | ● 组织幼儿排队洗手。<br>● 跟着猫妈妈一起排队洗手、吃鱼干。（结束） | 时间：1分钟。 |

(续表)

| 活动延伸 | 1. 将鱼干、虾等材料投放到活动区，以便幼儿在日常活动中继续进行各种生活用品的分类。<br>2. 一日活动中继续开展数学游戏。 |
|---|---|
| 活动反思 | |

（上述案例由武汉大学幼儿园四分园瞿丽丽老师供稿）

【解析】

瞿丽丽老师设计的教育活动方案较好地反映了表格式教育活动方案的特点：

(1) 教师的"教"与幼儿的"学"在操作性思路上十分清晰。

(2) 体现了教师的"教"为幼儿的"学"服务的思想。

(3) 时间分配比较合理，让教育活动组织者一目了然。

(4) 整个教育活动过程十分清楚。

## 第六节 幼儿园教育活动资源的开发与利用技能

从广义上说，幼儿园教育活动资源是指有利于幼儿园教育活动目标达成的一切因素的总和。从狭义上说，幼儿园教育活动资源是指幼儿园教育活动设计、实施和评价等整个教育活动过程中可资利用的一切因素的总和，它包括教材、幼儿同伴、家庭和社会中所有可资利用的各种资源。幼儿教师应该熟练掌握各种教育活动资源开发与利用的技能，进而高效地促进幼儿的发展。

### 一、教育活动资源开发与利用要遵循的原则

开发与利用教育活动资源时教师要遵循三个原则：

**1. 效率性原则**

幼儿园教育活动资源开发与利用要符合效率性原则，即幼儿园教育活动资源开发与利用要有利于提高幼儿园教育活动的效率——以相对少的支出赢得相对比较好的教育效果。

**2. 必要性原则**

幼儿园教育活动资源开发与利用要考虑其必要性。比如，我们要考虑：幼儿园教育活动资源开发与利用能否提高保教工作效率？同样的教育活动目标能否在园内的某些活动中达成而不用到园外去搞活动？需要在园外进行的活动是否能在更近的地方开展？要达成的教育目标能由家庭来达成吗？思考这些问题的主要目的就是降低幼儿教育的风险和提高其活动实效。

**3. 安全性原则**

幼儿园教育活动资源开发与利用所产生的教育活动要充分考虑安全性原则，特别是那些要带幼儿离开幼儿园开展的活动，一定要有安全预案——对一切可能发生的安全问题要制定周密的应对措施，努力消除各种安全隐患。

## 二、各种教育活动资源开发与利用的操作要点

### （一）幼儿同伴教育资源的开发与利用

幼儿同伴教育活动资源是指幼儿同伴中有助于其他同伴及自己健康成长和发展的一切因素的总和。幼儿同伴教育活动资源存在于幼儿与同伴之间的差异性：不同的幼儿来自不同的家庭，他们有不同的文化背景和经济背景，他们有不同的经验、不同的性格、不同的兴趣爱好、不同的知识经验基础、不同的能力基础、不同的价值观，而这些差异都是幼儿园教育活动的重要资源——有差异的个体对其他儿童来说，都是一种难得的资源。我们可以利用这些差异资源来促进幼儿的发展。如，在开展主题活动"警察叔叔本领大"时，请爸爸是警察的小朋友介绍警察的工作；在开展主题活动"我的祖国真美丽"时，让出去旅游过的孩子带来照片，介绍自己的见闻等。

开发和利用幼儿同伴教育活动资源，我们可以通过以下几个方面去考虑：

**1. 家庭背景方面**

家庭背景不同的孩子聚在一起，有利于幼儿获得同伴从不同于自己的家庭背景中带来的经验。来自不同家庭背景的孩子（如，知识分子家庭和非知识分子家庭的孩子，行政机关干部与普通百姓的孩子，不同经济状况家庭的孩子，不同社区、不同阶层的孩子，不同国籍、不同民族家庭的孩子，不同宗教信仰家庭的孩子）聚在一起，有利于幼儿获得多元文化、多元价值观念，有利于丰富幼儿的社会生活经验，使幼儿更加全面地了解社会。

从这个意义上讲，我们鼓励幼儿来自五湖四海，来自不同背景的家庭。我们反对人为地将幼儿园生源单一化，如，以地段划界，或系统、单位办的幼儿园只招收本系统或本单位的子女，或幼儿园贵族化——让有钱人家的孩子都聚在一起。因为单一化的生源，不仅不利于幼儿从同伴那里获得更多有益的经验，而且有可能扩大单一化生源原来固有的一些不良个性品行，比如，有钱人家的孩子同聚在一所幼儿园或

一个班，其不爱惜物品、喜欢浪费的不良品行将会因同伴的相互感染而进一步地巩固甚至更上一层楼。

因此，不同家庭背景的孩子应该在一所幼儿园或一个班中都有一定的"比例"。多元化生源，有利于丰富孩子们的经验，有利于孩子们的健康成长。

### 2. 个性或能力方面

个性互补或能力高低不同的孩子结伴，有利于他们之间的互补，从而促进其健康发展。比如，不喜欢说话的孩子和喜欢说话的孩子结伴在一起，有利于培养他们说话的能力和动机；好动的孩子和好静的孩子结伴在一起，有利于孩子在动与静之间取得平衡；胆小的孩子和勇敢的孩子结伴在一起，有利于培养孩子勇敢的精神；打针勇敢的孩子和害怕打针的孩子结伴在一起去打针，有利于培养孩子勇敢地面对打针；对食物有不同偏好的孩子结伴在一起，在教师的正确引导下，有利于改变孩子对食物的不良偏好，如不喜欢吃青菜的孩子，在教师的引导下，在喜欢吃青菜的同伴感染下，他们就会逐渐地喜欢吃青菜；食欲不好的孩子与食欲良好的孩子结伴在一起，在教师的引导下，其食欲因受同伴的感染而得到改善；能力强的孩子和能力弱的孩子结伴在一起——能力较弱的孩子主动寻求帮助，从同伴身上学习，而能力较强的孩子在帮助别人时，自己相关的知识和技能也得到了巩固与提高，同时还培养了他们助人为乐的精神。

### 3. 幼儿年龄方面

不同年龄的幼儿聚在一起，可加速幼儿的发展。比如，午睡起床后，有些大班的孩子穿衣叠被总是拖拖拉拉，但开展"大帮小"活动后，大班的孩子绝大部分都能迅速穿好自己的衣服，整理好床铺，然后去帮助小班的弟弟妹妹穿衣物、系鞋带、叠被子。一些大班的孩子提高了自我服务能力，培养了做事认真、迅速的好习惯和爱劳动的品质，小班的孩子也在哥哥姐姐的帮助下学会了穿衣、穿鞋的方法。

相关的研究还表明，接受年龄差异较大的同伴教导的孩子比那些接受年龄差异较小的同伴教导的孩子明显做得更好。正因为如此，有人认为，混龄教育活动将是幼儿同伴间相互学习的理想活动。

**4. 幼儿同伴方面**

幼儿同伴间的矛盾冲突，也是重要的教育活动资源。幼儿之间的矛盾冲突，是幼儿成长教育课程的重要资源。教师应该利用幼儿间存在的矛盾冲突，有时甚至还要人为地在幼儿同伴间制造某种矛盾冲突，然后通过引导或让幼儿自己解决这种矛盾冲突，进而促进幼儿的发展。

### 案例1-12 只能赢不能输的小牛

小牛很喜欢下棋，但只能赢不能输，常常不按规定下棋，一输就掀棋盘。老师平时讲道理他也不听。终于有一天，当他要求与别人下棋时，没有一个同伴接受他，同伴回答他的都是："不跟你玩，你老耍赖。"此时，他感受到了掀棋盘行为的后果，体验到了没有玩伴，备受冷落的孤独、无奈。看着别的伙伴愉快地玩着，他只好央求同伴："你们和我一起玩吧，我以后不再耍赖了。"可是还是没有人愿意跟他玩……

老师看到教育时机成熟了，在对小牛进行相应教育的前提下，当着小牛的面请求其他小朋友给小牛一次机会。

小牛从此以后能赢能输，再也没有出现过掀棋盘的行为。

孩子之间的矛盾冲突，是促进孩子发展的重要手段，只有让幼儿感受和经历了这些矛盾冲突，幼儿才会形成自我发展的内在动力，他们才会逐渐成长起来。没有矛盾冲突，没有激起孩子内在的心理需要，光是简单地说教，这对孩子的发展是没有什么意义的。

冲突是孩子成长过程中不可缺少的一项内容，幼儿的社会性就是在与人争吵、调停、和好的循环过程中得到发展的。因此，教师不要在幼儿冲突尚未真正发生时就进行呵斥，将"冲突"消灭在萌芽状态；也不要强行在冲突的中途粗暴地制止冲突的继续发展（如，不问缘由地简单制止、隔离拉扯或吓唬幼儿，以达到制止并减少冲突的目的）；而要让冲突有一个完整的过程，并让幼儿在冲突发生和解决的过程中获得发展。

### 案例 1—13  争抢也是教育资源

小阳和小冰发现了在操场上的一辆小自行车。他们俩几乎同时来到小车旁，都想先骑，谁也不让谁，由此发生了争执。曹老师在一旁平静地观察。不一会儿，小丽也来到小车边，见小阳和小冰争得不可开交，就建议采用"石头、剪刀、布"的游戏方法来决定谁先骑车，结果小阳先骑。他兜了一圈又一圈，竟把另外两个小伙伴撇下了。

小丽和小冰高声叫小阳停下，小阳不理不睬。于是，小丽勇敢地挡住小车的去路，小冰也大胆地拉住小车的后座，迫使小阳停车。争执又开始了，但没过多久，只见小冰骑上了车，小丽在数："一圈、两圈……"原来，他们制定了骑三圈后换人的规则……

上述例子中，教师的观望、不干涉、不强行制止的行为反而让冲突各方获得了发展的机会。

### 案例 1—14  我知道，我知道……

今天宁老师上公开课，内容是童话《龟兔比跑》。为了激发孩子们的学习兴趣，宁老师早就着手准备了，光那精致的小兔、小乌龟、小鸡和小鸭头饰就让她忙了两个半天。

宁老师笑眯眯地走进活动室，那几个头饰果然让孩子们的眼睛瞪得溜圆。活动开始，宁老师说："今天，老师要给小朋友们讲故事，大家想不想听？"

"想听！"孩子们齐声回答。

"我讲的故事的名字叫做'龟兔比跑'。"

突然聪聪高高举起了手，没等老师叫他就站起来大声说："我知道，我知道，最后小乌龟了，小兔子输了！"说完他扭过头，不无得意地看着前来听课的老师。

"噢，聪聪已经听过这个故事了，谁讲给你听的？"宁老师停住了话题亲切地问。

"妈妈讲的。"

"还有谁知道这个故事?"

"我!"小文高高地举起了手。

"我!"园园也举起了手。

"太好了。有三位小朋友听过这个故事,那么,你们能不能把听来的故事讲给其他小朋友听听呢?"

在宁老师的鼓励和提示下,园园、小文、聪聪戴上头饰,把原来宁老师要讲的《龟兔比跑》讲给全班小朋友听。

许多老师给幼儿上课,最害怕的是:课刚刚开始就有一些小朋友说"我已知道……"

可是本案例中的宁老师并不害怕孩子的"已知道",她机智地利用"先知"的孩子教育"未知"的孩子,这样,既达到了预期的教育目的,又让自己的工作变得"轻松不费力"。

同伴教育活动资源,是幼儿园教育活动的重要资源。只要我们有教育活动资源利用与开发的意识,幼儿同伴间就会存在着用之不尽的促进幼儿发展的资源。我们应多为幼儿创造交互作用的机会,而不应过多地让幼儿孤独地静静地坐在教室里听老师讲课,这样才能更好地发挥同伴教育活动资源在促进幼儿发展方面的作用。

**典型案例解析**

### 案例 1—15 同伴生病了

班上的丁磊小朋友身体较弱,经常生病请假,为引起班上小朋友对丁磊的关注,谭老师设计了"慰问丁磊小朋友"的教育活动,要求全班幼儿按能力强弱,根据自己的语言能力,对丁磊小朋友说一段或一句话并自制一件小玩具作为慰问礼物送给他。活动前,首先让幼儿在班上互相交流,把话说完整、说连贯、说清楚:"丁磊,你好点了吗?我们很想你,我折了一只飞船送给你玩。""丁磊,我很想你,你要听医生的话,好好养病,祝你身体早日康复!""丁磊,我可想你了,希望你不要怕吃药、打针,你一定会很快好起来的。""丁磊,我很想你,祝你早日身体健康，快来幼儿园，我们和你一起玩。"谭老师把幼儿一句句洋溢着对丁磊小朋友关心的发自内心的话语录进磁带，并带领幼儿一起去邮局把录音带和孩子们亲手制作的一件件玩具一起邮寄给丁磊小朋友，送去全班小朋友的关爱和思念……

家长收到礼物后打来电话激动地说："你们使孩子从小就学会了怎样同情和关心他人，也使孩子体会到了被关爱的愉悦。"从此，小朋友们更喜欢幼儿园，更加依恋老师和其他小朋友了。

【解析】

谭老师的同伴教育资源开发与利用意识真强！连孩子生病这样的偶发事件，也被她利用来作为促进全体幼儿发展的教育活动资源，她真是一位善于开发和利用同伴教育资源的老师。

### 案例1-16  相互监督

小勇小朋友常有意无意地说一些不文明的话，说一些不健康的顺口溜，家长和教师多次进行个别教育都不起作用。于是，教师让班上的其他幼儿当"小督察"，发现他说不文明的话立即阻止，或者告诉老师。小勇在同伴的提醒下，逐渐改掉了坏毛病。

【解析】

相互监督是教师针对个别幼儿存在的某些不良的行为习惯，在同伴间建立相互监督的氛围，让个别幼儿不良的行为习惯在同伴的相互监督中进行改正。"小督察"具有双重作用：一方面，被监督者在同伴的监督下改掉坏习惯；另一方面，老师暗示监督者不能出现类似的行为，这对于纠正个别幼儿的不良习惯具有很好的效果。

不过，对于"'小督察'发现同伴说不文明的话立即告诉老师"这一做法，我担心会在幼儿当中形成一种"告密"文化，这不利于幼儿心理的健康发展。

### （二）文本教育资源的开发与利用

文本教育资源指已设计好的教育活动方案，并且以文本的形式表现出来的可供教师进行教育活动设计和实施时利用的资源。这些方案可以是自己往届带班时设计的,也可以是别人设计好的;可以是一般老师设计好的,也可以是某些名家设计好的;可以是纸质媒介承载的,也可以是电子文档或网络承载的。

教师选用别人编制的教育活动方案,一般都要经过一个对原有教育活动方案进行选择、加工、改造、整合的过程,这一过程就是根据教育活动实施的基础和幼儿发展的需要,努力使别人编制的教育活动方案变成一种适合我们实施的有效的教育活动方案的过程。我们在选用别人编制好的教育活动方案时,应该注意以下几点:

**1. 以教育目标引导教育活动方案的选择**

现在教师案头上可供参考的教育活动方案很多,那么,教师在对这些教育活动方案进行选择时,除了要考虑得活动方案的趣味性、新颖性,更重要的是要考虑它对幼儿园教育目标达成的价值,教育活动方案的选择和修订要有利于《幼儿园教育指导纲要(试行)》(以后简称《纲要》)中所规定的教育目标的全面系统的达成,以确保幼儿的身心全面、健康、和谐地发展。

**2. 要注意所选的教育活动方案的适宜性**

选用别人编制好的教育活动方案,考虑这些教育活动方案所适用的基础:教师的素质基础、幼儿的经验和能力基础、幼儿园教育活动实施的物质条件和精神条件等。如果教师不考虑自己的教育活动基础与别人的不同,而机械地照搬别人编制好的教育活动方案,那么,他的教育活动就很难达到预期的教育效果。例如:

在选择"秋天主题活动"时,南方有一位老师选用了北方某市教育行政部门主持编写的幼儿园教材中的"枫叶红了"这一活动方案,她想通过这样一个活动来告诉小朋友们:秋天到了,天气凉了,枫叶就红了——将"枫叶红了"当做秋天到了的一个自然界的信号。在教育活动过程中,这位老师通过多媒体手段让小朋友们认识了"红色的枫叶",但小朋友们无法理解"秋天"和"枫叶红"的关系,因为小朋友们看到的生长在南方的枫树的叶子在初秋甚至深秋一般是不会变红的,只有在冬天，甚至在深冬该市的枫叶才会变红。

教师在选用别人编制好的教育活动方案时，一定要考虑自己是否具备相应的教育活动基础，为此可以问自己以下一些问题：

- 该活动方案是否以本班幼儿已有的兴趣、知识、经验、能力为基础，并且能促进他们的发展？
- 以幼儿的现有水平能有效地学习该活动方案所涉及的内容吗？
- 该活动方案中体验、尝试和发现等是幼儿主要的学习方式吗？
- 该活动能为幼儿的身心能力方面提供适度的挑战吗？
- 该活动方案能否兼顾群体需要和个体差异，使每个幼儿的能力都得到适当的发展，都有成功感？
- 该活动方案实施所需要的材料是否容易获得？
- 本园、本班是否具备该活动方案所涉及的教育活动资源？
- 该活动方案的实施能否合理地利用本园、本班所具有的教育活动资源？
- 该活动方案的实施是否符合经济性原则——人力、物力的投入是否合理？

如果教师对上述问题的答复基本上是肯定性的，那么，该活动基本上可以选为即将实施的教育活动方案，然后根据幼儿园教育活动组织的一般原则来组织实施这些教育活动方案。如果对上述问题的答复只有一部分是肯定性的，那么，该活动方案则需要进行相应的修改，甚至放弃。

**3. 要注意教育活动的适当生成**

别人编制好的教育活动方案，从课程模式上看，它属于预成课程，它的计划性、目的性较强，但它的最大问题是：教育活动的选用与幼儿的兴趣、需要（尤其是即时的兴趣、需要）有时不容易吻合，甚至会出现教师机械地按照"教育活动教案"预设的步骤去"教"而不顾幼儿的即时兴趣，所以容易出现教育活动实施不能取得预期的教育效果的情况，同时，由于教育活动实施的按部就班，教师往往不能及时抓住偶发的教育机会，最大限度地促进幼儿的发展。

所以，教师在选用别人编制好的教育活动方案时，要注意根据本班幼儿的具体实际情况对原来的教育活动方案进行适当的改编，多几种活动的假设，多几种课程发展的可能性，以便在教育活动实施过程中能够对幼儿的不同反应有所应对；同时，在教育活动实施过程中，当发现幼儿真正感兴趣而且较有教育价值的事物时，教师应大胆地打破原来的教育活动计划，调整教育活动内容。

### （三）家庭资源的开发与利用

家庭有许多资源我们都可以利用来促进幼儿的发展。如果说，幼儿园教育的效果是"1"，那么，家园整合起来其教育效果就可以达到甚至超过"2"。因此，幼儿教师要重视家庭教育资源的开发与利用。

#### 1. 利用家长的专业知识和技能资源

家长自身也是幼儿园教育活动的重要资源，家长中不乏各类人才，蕴含着丰富的资源，幼儿园应积极争取家长的支持，利用家长的个人爱好、职业特点、工作便利条件，开阔幼儿眼界，丰富幼儿经验，拓展幼儿学习途径。家长参与幼儿园活动可以和教师形成优势互补，共同促进幼儿的发展。

**案例 1-17　家长教育资源库**

| 家长 | 单位与适宜领域 | 职业与适宜领域 | 爱好与适宜领域 | 电话 |
|---|---|---|---|---|
| 父亲：A | 某消防队<br>潜在资源：供幼儿参观，让幼儿了解消防队官兵的工作与生活 | 队长<br>潜在资源：向幼儿介绍消防常识，训练消防技能、展示消防队员风采 | 唢呐<br>潜在资源：展示民族乐器和欣赏民族音乐 | …… |
| 妈妈：B | 社区医院<br>潜在资源：…… | 牙科医生<br>潜在资源：…… | 刺绣<br>潜在资源：…… | |
| 爷爷：C | 省画院<br>潜在资源：…… | 画家<br>潜在资源：…… | 集邮<br>潜在资源：…… | |
| 奶奶：D | 某大学<br>潜在资源：…… | 书法教授<br>潜在资源：…… | 桂剧<br>潜在资源：…… | |
| …… | …… | …… | …… | …… |

另外,幼儿园只要做好家长的工作,各班的家长资源库还可以共享。

**2. 动员家长为幼儿园教育活动提供操作材料**

家长为区域活动角提供各种大纸箱、盒子、瓶子、易拉罐、碎布料、彩绳、玩具(自己孩子玩腻了的)、图书、布娃娃等材料,让区域活动角的操作材料丰富多彩;在农村的爷爷奶奶给自然角带来了各种各样的种子和植物,很快小小自然角就被充实得丰富多彩;家长提供的小宠物,让喂养角物种丰富,多姿多彩,对幼儿极富吸引力;在"我们的祖国"这一墙饰中家长们提供的亲子旅游摄影作品、剪报、邮票等让幼儿感受到祖国山河之美;又如,有一位小朋友的爸爸爱好饲养金鱼,幼儿园小班在开展"有趣的金鱼"活动时,他主动帮老师收集各类金鱼供小朋友观察、比较、探究,大大增加了幼儿参与此活动的真实性、趣味性,收到了意想不到的教育效果。

**3. 指导家长在家庭中协助幼儿园对孩子进行相应的教育**

如,有的幼儿园为了让家长及时了解并配合幼儿园教育,要求每班做到三公布:开学初,家长会上教师公布本学期幼儿培养目标,每月公布月发展计划目标,每周在自己班门前的"家长园地"公布本周工作重点,并增设"请您配合"一栏,请家长协助完成目标。家长在了解教育目标后,都能主动参与到活动中来。这样,家园形成教育合力会取得事半功倍的教育效果。

**4. 在社会行为习惯教育方面提醒家长做孩子的楷模**

在孩子的社会性教育方面,家长自身对孩子而言就是一大教育资源,他们的一言一行、一举一动都会成为孩子模仿的对象,潜移默化地影响着孩子社会性的形成和发展。调查表明,在环保意识和行为、卫生习惯、交通规则的遵守、文明礼仪等方面,孩子往往做得比父母好,但如果父母不改掉自己的不良习惯,幼儿园的相关教育是无法取得预期效果的。

**5. 鼓励家长在家庭中对孩子进行个性化教育**

教师在家园互动中要密切与家长沟通、交流,分析每个孩子的特点,针对个体差异共同制订促进孩子发展的计划,并鼓励家长在家庭中对孩子进行有针对性的教育。对于语言表达能力弱的孩子，幼儿教师要请家长利用一切机会，鼓励和引导孩子多说，多表达自己的想法；对于胆小、腼腆的孩子，幼儿教师要指导家长多创造机会，让孩子与他人接触、交往；对于生活自理能力弱的孩子，幼儿教师要指导家长在家庭中放手让孩子有更多的独立处理自己生活问题的机会。

**6. 对家长进行培训，提高其教育素质**

幼儿园应该利用专业优势对家长进行育儿观念和技能方面的培训，进而提高家长的教育能力，更好地进行家园合作，促进孩子的健康成长。

这方面的培训有家庭教育专题讲座（针对家长育儿方面存在的问题与困惑，组织本园有经验的老师、家长或园外专家给家长开讲座）、网络辅导（利用大型网站的网络资源设立班级博客对家长进行家庭教育方面的指导）、活动室前设"家园合作专栏"宣传家庭教育知识和技能。

### 案例 1-18 玩具分享活动

春学期开学初，童老师发现，春节过后每个孩子手中都有1~2件新颖的玩具。她认为这是培养幼儿集体意识、分享意识的好机会，于是鼓励每个孩子拿家中最好的玩具来幼儿园与大家分享，并准备第三天开一个玩具展览会。可是，第二天全班36位小朋友只有3位带来了自己的玩具，童老师问孩子们为什么不将自己的玩具带来与大家分享，孩子们说："妈妈不让带来，怕玩具被别的小朋友搞坏了。""奶奶说：'你拿去，奶奶以后就不再给你买玩具了！'"……

【解析】

这么好的一个促进孩子社会性发展的机会，却成了许多家长教育孩子自私、小气的机会，原因就在于这项工作没有得到家长们的理解和支持，因而没有取得预期的教育效果。

## （四）社区教育资源的开发与利用

### 1. 建立社区教育资源库

案例 1-19　某班社区资源

| 地点 | 单位/人物/景点 | 教育活动价值 |
|---|---|---|
| 某某路/街，某某号 | 解放军某部 | 社会、艺术 |
| 某某路/街，某某号 | 竹、藤编织厂 | 艺术 |
| 某某路/街，某某号 | 植物园 | 科学 |
| 某某路/街，某某号 | 福利院 | 社会 |
| 某某路/街，某某号 | 民间老艺人某某 | 艺术 |
| …… | …… | …… |

幼儿园教师通过调查和观察，了解社区内有哪些自然资源和社会资源；然后，要对资源进行"需要评估"，在考察本园、本班孩子的发展需要和科学教育活动开展的需要后，对社区资源的适宜性、安全性、幼儿园的承受能力等因素做好全面的评估。

为体现各社区资源特有的价值，以免造成资源的浪费和利用的不充分，教师必须对资源进行"价值分析"——要熟悉并明确各社区资源的利用价值，还要考虑和分析所选资源最突出的教育价值和特色是什么，适合在何种领域的教育活动中运用。

### 2. 周密计划每次利用社区教育活动资源的活动

教师在利用社区资源对幼儿进行教育时要有计划，要写明每次活动中资源运用的具体操作步骤，而且教师对在什么时间开展什么活动，所利用的社区资源相关知识，以及自己采取什么方式才有效等都应做到心中有数。当活动需要家长和社区人士参与时，教师应当与他们进行充分的沟通，让他们了解活动的目标、内容、步骤、有效方法等。

### 3. 社区教育资源的种类及其利用形式

我们可以沿着以下思路去开发和利用社区中的各种教育资源：

● 社区中有动植物/社会现象/自然现象吗？

● 它们可以用来促进幼儿发展吗？

- 它们可以用来促进幼儿哪些方面的发展？
- 幼儿对它们感兴趣吗？
- 如何利用它们来促进幼儿的发展？

(1)社区自然教育资源的开发与利用。

这里的社区自然教育资源指的是幼儿园附近的绿地、河流、山林以及其中的动植物。

这类资源运用便捷，富于变化，对幼儿的吸引力远大于各种玩具。利用社区自然资源是对幼儿进行科学教育、增强其环保意识的一种有效途径。

①植物教育资源的开发与利用。在社区的公园、绿地中，各种各样的花草、树木、种子等自然材料，可谓取之不尽、用之不竭，给教师、幼儿提供了极大的探究和想象空间，使教育活动更为丰富、生动、有趣。比如，在开展科学探究活动"千姿百态的植物"时，教师可带领幼儿来到幼儿园附近的植物园，引导他们观察、认识、比较各种各样的植物，收集多种树叶及种子带回活动室，并以此开展一系列教育活动：认识多种形状、颜色、质地的树叶，将多种树叶及种子按照一定的标准进行分类和排序、制作叶脉书签等。孩子们在轻松愉快的氛围中与实物进行互动，学到了有关植物的科学知识，调动了对植物的探索兴趣，发展了观察力等多种能力。与社区植物资源有关的主题活动有：

- 植物的生长与四季变化
- 植物的种子
- 植物的叶子
- 植物的作用
- 植物的分类
- 植物的种植
- 植物与创意艺术

②动物教育资源的开发与利用。社区中既包含丰富的植物教育资源也包含丰富的动物教育资源。如，幼儿对动物特别感兴趣，教师可以利用社区中的这些动物来促进幼儿对相关知识的学习。与社区动物

资源有关的主题活动有：
- 动物的种类与特征
- 动物的生活习性与饲养

③其他自然教育资源的开发与利用。按照上述两种资源开发与利用的思路，社区自然界中的土地、水、天气等也是可资利用的教育资源，教师也应该充分挖掘和利用它们来促进幼儿的发展。
- 土地中的各种物质可以成为教育资源
  - 有趣的石头
  - 好玩的沙子
  - 好玩的黏性泥土
  - 地形地貌
- 水教育资源
  - 河流及其生态
  - 鱼塘及其生态
  - 湖泊及其生态
- 季节变化
  - 季节变化与人们的生活
  - 季节变化与社区动植物的生活
- 天气现象（风、云、雨、雪）与人的生活

(2) 社区社会教育资源的开发与利用。

社区社会教育资源是相对于社区自然资源而言的，它主要包括幼儿园四周的文化、体育、生活设施设备，如医院、体育广场、科技文化中心、休闲广场、超市、邮局、食堂、理发店，周围的火车站、汽车站、宾馆、银行、服装批发城，有地方特色的节庆活动、社区民居、社区民俗、社区标识等都分别蕴藏着丰富的教育价值，幼儿园可以开发和利用它们来促进幼儿的发展。如：

某幼儿园运用了社区中的公共场所——超市，教师带领孩子们到一家大型超市中去认识各种各样的水果，还与超市人员沟通联系，提供机会让幼儿与工作人员一起为水果分类上架，观察水果去皮、切片、

包装的过程，让幼儿排队自己购买水果等。幼儿从中不仅认识了多种水果的特性，而且学会了简单计算以及商品的等价交换等知识，对于他们来说这是一个有趣而印象深刻的探究式学习过程。

(3) 社区人力教育资源的开发与利用。

社区内的家庭中包括多种职业人士，其中不少热心人士愿意用自己具备的知识与技能为幼儿园教育出一份力。如：

某幼儿园聘请了一位长期从事野生动物保护志愿者行动的居民来园讲述他们保护野生动物的故事，并展示野生动物图片，这让老师和孩子们了解到保护野生动物的意义，进而提高了保护野生动物的意识。

又如：

某教师注意到孩子们非常崇拜武警战士，武警战士在他们的心目中非常神气、威武，于是就与武警支队联系，组织幼儿参观幼儿园附近的武警部队，观看武警叔叔操练和比武，通过参观活动，孩子们加深了对武警战士的了解和认识，还培养了遵守纪律、克服困难、勤学苦练的优良品德。

只要我们善于发现，社区人力教育资源就有很多，教师可充分利用来开展主题教育活动，比如，"小学教师、学生来园开展幼小衔接主题活动""社区健身队奶奶来表演""治安民警参与安全教育"等。

**典型案例解析**

### 案例1-20 保安当交警

某园中班的一次面向家长的半日开放活动，有一个教育活动是"认识交通标志"。为了使教学环境更具有真实感，使儿童的印象更加深刻，从而提高教育活动的有效性，教师请来了小区的保安代替交警协助自己开展教育活动。

【解析】

教师请小区的保安代替交警此举不妥。因为幼儿都认识那是保安而不是交警；另外，保安和交警从形象到服装都有严格的区别，教师应该想办法找个交警来配合开展活动,"假交警"的出现可能会误导幼儿。

### 案例 1-21 一个农村幼儿园园长的羡慕

有一次我带了一些城里的园长到农村和那里的园长开展研讨交流活动。在研讨交流的过程中发现,农村的园长们对自己的办园条件感到十分的自卑。她们说,农村这里没有城里幼儿园那样的大型玩具,也没有其他的玩具、教具,更没有多媒体设备。她们还说,在这样简陋的条件下很难办出高水平的幼儿园来。

【解析】

上述这些农村园长之所以自卑是因为她们只看到城里幼儿园的教育活动资源优势和农村幼儿园的教育活动资源劣势,她们没有看到农村幼儿园教育活动资源的优势:大自然。农村幼儿园有取之不尽、用之不竭的教育资源:

春天,万物生长,野外遍地草色青青,野花飘香,一片生机盎然,这正是孩子们走进田野,亲近大自然,了解小草、野菜生长变化的大好时机。

夏天,大自然一片生机勃勃,可带领幼儿走进大自然倾听大自然那美妙的声音:潺潺的溪流水声;风吹树叶的沙沙声和知了的鸣叫声;雨点落到石头、瓦片上的滴答声;鸡、鸭、狗、羊、牛等不同动物的叫声;鸟儿扇动翅膀的刷刷声……所有这些都让幼儿感到心旷神怡,从而萌发倾听的欲望和兴趣。

秋天,田野一片金黄,可带孩子们去捡稻穗、拾落叶,在劳动和享受劳动成果的过程中,使孩子获得愉快的美感体验和自豪感,有时教师还可以带着孩子们到野外写生,用自己的画笔描绘大自然秋天的美。

冬天,大自然万籁俱寂,教师可让幼儿自己感受冬天里的动物、植物与夏天相比有哪些不同,遇到下雪天,可带领幼儿观察雪,了解雪对农作物的作用,并向幼儿介绍雪可给麦苗当棉被的道理等。

在农村水、石、沙、土随处可见,这些都是十分有价值的教育活动资源,我们可以用它们来开展"有用的石头""好玩的泥巴""水的用处"等主题活动,幼儿园还可以利用丰富的土地资源来开辟"种植园地""饲养区"。

在"种植园地",让幼儿亲手把种子种下去,经常浇水、施肥,认真观察植物的生长过程,知道植物的生长离不开空气、阳光、水,从而更直观地了解植物与环境的关系。在"饲养区",让幼儿经常把"种植园地"的青菜、萝卜拿去喂养小动物,把处理的动物粪便拿去给植物施肥,这样无形中让幼儿了解了动植物与人类的关系,教师还可以告诉幼儿这就是一条鲜明的"生物链",让孩子在劳动中学习更多了一份收获的喜悦。

优质幼儿园教育,必须是对幼儿园内外资源充分开发的教育。没有资源,就没有真正的教育活动,也就没有幼儿的活动。实际上,幼儿教育活动资源处处有,关键是幼儿教师要有发现的眼光,要有开发与利用的意识和能力,否则,拥有再多的教育资源也可能对教育无益。

## 本章主要参考文献

[1] 陈薇,周永,欧渝萍. 开展家长助教活动增强家园合作力度 [J]. 幼教园地,2008(1/2):14.

[2] 蔡英英. 社区资源在幼儿科学教育中的运用 [J]. 教育导刊,2011(6):38-40.

[3] 冯晓霞,主编. 幼儿园课程 [M]. 北京:北京师范大学出版社,2001.

[4] 黄瑾,编著. 学前儿童音乐教育 [M]. 上海:华东师范大学出版社,2006:170-173.

[5] 林琳,朱家雄,编著. 学前儿童美术教育 [M]. 上海:华东师范大学出版社,2006:132-145.

[6] 邱雪华. 幼儿科技教育微型环境资源的创设 [J]. 吉林教育:教学,2011(5):80.

[7] 王冬兰. 当前幼儿园社会领域教育活动存在的问题:以两个社会

活动为例[J].学前课程研究,2007(2):17-20.

[8] 周利文.幼儿园集体科学活动组织实施中的问题及解决对策[J].学前教育研究,2009(8):41-44.

# 第二章 幼儿园教育活动组织与实施技能

幼儿园教育活动组织与实施是指将教育活动方案付诸教育活动实践的过程,即教育活动具体运作的过程。好的教育活动效果,绝非仅仅来自优秀的教育活动方案,即使不太理想的教育活动方案,由专业素养高的教师去实施,也可以获得比较理想的教育活动效果。同一教育活动方案,因实施过程的差异,其效果也会千差万别。如果没有良好的教育活动组织与实施过程,就难以取得理想的教育活动效果。影响教育活动实施效果的因素有教师、幼儿、幼儿园管理人员、教育活动环境等,但教师在其中起着关键性作用,因此,幼儿教师必须掌握教育活动组织与实施的基本技能。组织与实施幼儿园教育活动的技能包括教育活动的导入技能、观察和倾听技能、结束技能、提问与答问技能、讲解技能、演示技能、表扬奖励和批评惩罚技能。

## 第一节 幼儿园教育活动的导入技能

幼儿园教育活动的导入技能是指教师用以引起幼儿注意,激发幼儿兴趣,引发幼儿积极参与活动的动机,使幼儿进入活动状态的一种行为方式。可以说,恰当的教育活动导入非常重要,导入环节对教育活动的作用主要体现为:它可以在较短的时间内吸引幼儿的注意,激活其思维,引发其思考,保证教育活动的顺利过渡,以真正达到让幼儿在轻松愉快、趣味盎然的氛围中获取知识、锻炼能力、培养情感的目的,也是一次成功的教育活动的良好开端。因此,幼儿教师必须掌握教育活动的导入技能。

## 一、教育活动导入的原则

### （一）符合有效性原则

教育活动导入环节设计的主要目的是为了引起幼儿注意、激发幼儿的兴趣、引发幼儿积极参与活动的动机。可以说，只有能引发真正兴趣的导入才是有效的。但是，就目前而言，部分教师没有注意到这一点，导入环节不仅无法激发幼儿对活动的兴趣，反而削弱了幼儿的积极性，甚至导致活动的失败。

首先，导入环节不宜时间过长。相对于成人而言，幼儿的注意力更容易分散。因此，若导入环节时间过长，还没有进入活动的主题，幼儿的注意力便已经开始分散，有的要上卫生间，有的和旁边的小伙伴打闹，有的玩弄自己身上的饰品等。如此一来，不但不能激发幼儿对活动的兴趣，反而导致活动开始环节的混乱。

其次，部分教师没有考虑清楚幼儿真正的兴趣是什么，单纯地追求活动的花哨，没有考虑导入是否能维持幼儿的兴趣。如：

在中班"秋天的树叶"语言活动开始时，教师出示一个漂亮的盒子并提问："请小朋友们猜猜，这里面是什么？"幼儿便胡乱猜测：玩具、图书、好吃的……在孩子们满脸疑惑和探寻的目光下，只见教师从盒子里拿出一片树叶。随着一声长叹，趣味盎然的幼儿变得兴致索然。

乍一看，教师的意图好像是在激发幼儿的兴趣，但这种兴趣只是表面的，幼儿的好奇随着"神秘"东西的出现而迅速消失。这样的提问只能引起幼儿毫无头绪、不着边际的猜测，也无须动脑筋，不仅达不到激发幼儿兴趣的目的，而且造成时间的隐性浪费。试想，若教师出示秋天的树叶后提问："请大家看看，这是什么？""什么时候叶子会变成这样？""它和春天的叶子有什么不同？"这样的提问就给幼儿的思考搭起"脚手架"，让幼儿的回答有了头绪，不仅能调动或支持幼儿的已有经验参与学习，而且激发了幼儿真正的活动兴趣，促进其思维能力的发展，同时也为后面的教学做了有效的铺垫（吴采红，2007）。

## （二）符合幼儿的发展特点

活动导入的类型多种多样，教师在设计导入环节时要结合幼儿的发展特点。幼儿年龄不同，发展水平也就不一样。即使是同一年龄段的幼儿，所处班级不一样，幼儿在心理特点、兴趣爱好及已有经验方面也存在着一定的差异性。教师不注意这些因素，照搬他人的导入方式，可能会产生不良的效果。一般来说，小班幼儿是以直觉行动思维为主，教师采用游戏式、情境式的导入方法比较恰当。而中、大班幼儿学习的内部动机逐渐增强，也积累了一定的经验，欣赏水平有所提高，如果教师采用作品情境导入、提问导入等方式，可能更有利于激发幼儿强烈的好奇心和探索欲望，在这些有效的原始刺激中产生更持续的有意注意。

如，某教师在组织小班教育活动"各种各样的电话"时进行了这样的导入：

教师提问："小朋友们，你们以前见过什么类型的电话？"问题一提出，开始时，幼儿们还你一句我一句地回应："红的""大的""能拿走的"……但是，由于幼儿的回答没有达到教师的要求，教师便不停地追问："还有呢？"结果，过了一会儿，孩子们相继保持沉默了。

究其原因主要在于，教师用经验回顾的方式导入，而小班幼儿年龄小，经验有限，语言表达能力也较为有限，加上该导入的趣味性不足，于是导致了导入环节的冷场。

## （三）符合课程内容的特点

幼儿园的教育内容是多样的，涵盖了健康领域、科学领域、社会领域、语言领域和艺术领域的内容。为了激发幼儿的活动兴趣，针对不同的课程内容，导入的方式方法往往也会有所差异。如，在幼儿园体育活动过程中，由于幼儿主要是通过身体的直接锻炼而达到教育目标的，且体育活动量较大，幼儿在活动中必然会出现疲劳现象，所以导入环节的时间宜短些，一般用较为简短而有趣的方式直接导入活动，避免给幼儿带来负担。又如，科学领域的教学内容往往较为突出科学性，因此，在活动导入时，我们往往会给幼儿直观的刺激引发其深层的思考。如，在幼儿探索植物根的奥秘时，由于考虑到教育内容的直观性，教师可以采用实物导入的方式，一开始，将活动前收集到的各种各样的根呈现给幼儿，让幼儿在直观的观察中感受植物根的神奇，然后，引导幼儿与教师一起探索根的秘密。

教师应注意的是，导入活动毕竟只是活动开始时的一个部分，它只起到一个"抛砖引玉"的作用。所以，教师不宜在导入活动中将幼儿的情绪调动得过高，致使接下来的活动过程一下子又将幼儿的情绪拉至低谷，应该使导入活动在整个活动中能吸引幼儿的注意力，唤起幼儿渴望继续学习的动机。

### （四）符合教育活动的目标要求

教育活动环节的确定不是随意的，活动环节的设计要围绕教育目标的实现。导入活动是教育活动开始时的一个组成部分，只是教育活动的环节之一。所以，导入这一环节的设计，也应尽量有利于教育活动目标的实现。如：

在健康教育活动"我爱我的瓶宝宝"中，有些教师尝试以展示不同的瓶子宝宝的形式导入活动，引发幼儿对瓶宝宝的兴趣。而部分教师则是如此导入的：播放《世上只有妈妈好》的音乐，启发孩子爱妈妈的情感，然后引导幼儿来学做瓶宝宝的爸爸妈妈。

其实，这两种导入方式似乎都不错。但是，考虑到活动的教学目标：引发幼儿感受妈妈的爱，我们还是比较认同第二种导入方式，即播放音乐《世上只有妈妈好》导入。这一导入环节的设计相较于前一种导入而言，更有利于活动目标的达成，加深幼儿对母爱的理解。

## 二、教育活动导入的方式及其操作要点

教育活动导入的方式是多种多样的，好的导入不仅会考虑到幼儿的发展水平、教育活动的内容与目标，而且会考虑到教师自身的素质等，以期达到最佳导入效果。

那么，导入的方式到底有哪些？在这里，我们介绍一些幼儿园教育工作者常用的导入方式：直观材料导入法、多媒体导入法、情景导入法、兴趣导入法、悬疑导入法、经验导入法等。

## （一）直观材料导入法

### 1. 直观材料导入法的含义

直观材料导入法是指教师利用图片、实物、模型等直观的材料，引导幼儿进入活动的方式。在这类导入方式中，直观材料的选择和准备是教师应该重点考虑的问题，直观材料的选择离不开活动的目标与内容。如，教师在组织小班语言活动"拔萝卜"时尝试使用了直观材料导入法：

教师："今天，老师请来了一位客人。看，是谁？"（教师出示老爷爷的手偶。）

幼儿："老爷爷。"

教师（操作手偶并提问）："有谁知道老爷爷要去干什么？"

幼儿：（略）

教师："等一会儿，我们一起来听《拔萝卜》的故事，你们就知道了……"

在这一活动中，教师运用了直观材料导入法。可以说，直观材料导入简单易行，不仅可以发挥材料本身的教育作用，且符合幼儿的认知水平。教师使用的直观材料，不管是图片，还是模型、头饰等，应能够使幼儿在观察、操作中发挥想象，激发幼儿对即将到来的活动的兴趣。

### 2. 直观材料导入法的操作要点

（1）选择合适的直观材料。

运用直观材料导入法，教师可以使用图片、模型和实物等导入活动。在有条件的情况下，我们建议尽量使用实物导入活动。因为相对于图片和模型而言，实物更能使幼儿感知深刻、理解正确。一般来说，实物的效果好于图片和模型，动态的演示、操作效果好于静止的观摩。因此，在前面的案例中，教师没有选择老爷爷的头饰，而是选择了手偶，利用手偶可以进行动态的操作，导入效果会比静态地展示老爷爷的头饰要好。

（2）直观材料的大小、数量要合适。

在直观材料导入中，可以是教师操作直观材料，也可以是幼儿直接操作直观材料，引发其对活动的兴趣。因此，教师要依据直观材料的使用情况，决定直观材料的大小和数量的选择。若是由教师操作直观材料，那么直观材料应大，使坐在下面的幼儿能看清楚，颜色要鲜艳，符合幼儿的视觉爱好。若是由幼儿操作直观材料，则材料的数量最好能满足全体幼儿的需要，避免出现部分幼儿在旁无所事事的现象。

(3) 直观材料的操作要得当。

用直观材料导入活动，教师对直观材料的操作主要是出示与演示。出示是把材料呈现给幼儿，演示则是通过对材料的操作，展现材料中幼儿难以理解的某些特征的活动。

一般来说，在教师呈现材料前，材料应予遮盖，或置于身后。否则，难以引起幼儿的新奇感，在材料呈现的同时，教师往往伴以语言上的讲解及提示。而在演示操作材料时，教师要确保演示能让所有的幼儿看清楚，所以教师的站位也显得比较重要。

### (二) 多媒体导入法

#### 1. 多媒体导入法的含义

多媒体导入法是指教师运用录像、计算机等多媒体手段导入活动的方式。相对于传统的教学手段而言，多媒体教学技术不仅丰富了教学内容，还能为教师提供形象的表达工具，改变传统教育的单调模式。

如，某教师在组织大班安全教育活动"地震中的逃生"时，为了弥补幼儿相关经验的不足，她采用了多媒体导入法：

活动开始。

教师："今天我和小朋友们一起看一段录像。"(播放大地震的视频，视频中，房屋纷纷倒塌，人群一片混乱。)

教师："录像看完了，录像里播放的是地震发生时的情景。我们看到了地震的可怕，那么，地震来袭时，我们应该怎样逃生呢？"

在活动中，教师希望通过该活动让幼儿了解地震的危害及地震中的自我保护。但是，地震对于幼儿来说是陌生的，他们还没有真正见识过地震的破坏力。因此，教师采用了多媒体教学手段，把地震带来的灾害呈现于幼儿的眼前，使抽象的事物直观化。

### 2. 多媒体导入法的操作要点

(1) 紧贴教学目标。

多媒体的导入并不仅仅是为了热闹,多媒体的选择要依据教育活动的目标,否则多媒体的使用将毫无意义。

(2) 多媒体的选择要突出主题。

教师在选择和利用多媒体时,要突出主题,与主题无关的内容宜去除,以免干扰幼儿的注意力。

如,某教师在组织小班科学活动"有趣的配对"时采用了多媒体导入法:

教师使用动画的形式,展示的是小熊起床后,穿了两只不同的袜子去上幼儿园,小朋友们都笑他,小熊感到很困惑和尴尬。但是,教师在制作动画时,画面的干扰因素太多,孩子们都把注意力放到墙壁上的装饰物上,没有人留意到小熊脚上的袜子。因为,小熊的袜子颜色暗淡,形象不鲜明。

这位教师导入的失败主要在于其制作的动画没有突出主题——小熊的袜子,反而突出了许多无关的因素。

## (三) 情景导入法

### 1. 情景导入法的含义

情景导入法是指教师通过一定的情境导入活动的方式。这些情境可以是教师精心创设的,也可能是临时捕捉的。教师精心创设的情境往往围绕教育目标而设计,让幼儿置身于特定的情境之中,深入体会。

如,某教师在组织大班健康教育活动"小兔搬新家"就采用了此方法导入活动:

活动一开始,教师带领全体幼儿到户外散步,"小兔"(配班老师扮)拉了一车家具从远处走来,教师带领众幼儿跑上前与"小兔"打招呼。

教师:"小兔在忙什么呢?"

小兔:"我搬新家啦!"

教师:"家具这么多,小兔一个人也许搬不了,我们该怎么办?"

……

在上述活动中，教师希望通过活动教育幼儿学会关心同伴，体验到助人为乐给自己带来的愉悦情感。因此，在活动开始，教师围绕目标巧妙设计了情景——"小兔"搬家，但是家具太多，"小兔"自己搬不了——引发幼儿帮助他人并体验助人为乐的感受。

**2. 情景导入法的操作要点**

（1）情景的创设应尽量贴近幼儿的生活，以激发幼儿的情感共鸣。

利用情景导入活动，情景有可能是教师在活动前精心设计的，也有可能是教师临时捕捉的。不管是哪种方式，所利用的情景应真实，或尽量贴近幼儿的生活，这样有利于激起幼儿的情感体验。

但也有使用情景导入法不当的案例。如，某教师在组织小班的健康教育活动"干净的教室"时采用了情景导入法：

> 在活动的开始，教师从垃圾桶里丢出废纸、果皮，把教室的地面弄得一片混乱。
>
> 教师："小朋友，我们的教室这么脏，我们应该怎样做？"……
>
> 教师的初衷是引发幼儿对教室卫生的关注，知道要维持环境的卫生。但是，很多孩子都捂着嘴笑："老师把垃圾丢出来了！"

试想，在生活中，谁会把垃圾从垃圾桶里丢出来？这种"假"的情景的确很难引起幼儿情感上的共鸣。

（2）情景创设不宜时间过长。

情景创设的目的只是为了引入活动，激起幼儿的活动兴趣。因此，情景创设的时间不宜过长，否则不容易让幼儿注意到与教学相关的内容。

**（四）兴趣导入法**

**1. 兴趣导入法的含义**

兴趣导入法是指教师根据幼儿无意注意占优势的特点，通过外部新鲜事物的刺激，使幼儿优先注意某种事物，从而引起幼儿的兴趣，并使其渴望去认识的一种导入方式。注意是一种特殊的心理活动，它虽然不是一种独立的心理过程，但是，任何心理过程的发生和进行都离不开注意的伴随。因此，教师要想使幼儿的兴奋中心转到教学活动上，首先就必须使幼儿的那些与教学无关的心理活动得到抑制，使其将注意力迅速投入到新的教学内容中。

幼儿教师引发幼儿兴趣的方式多样，比如让幼儿动手操作引发兴趣，或是以游戏或游戏的口吻引发幼儿的注意。如：

教师在组织小班教育活动"认识五官"时，为了引发幼儿对活动的兴趣，教师出示"神秘的小镜"，马上就会引起幼儿照镜子的兴趣，教师因势利导，幼儿就会在照一照、玩一玩中发现自己的五官，在较短的时间里，使幼儿进入活动的状态中。

（王贞桂，2002）

教师往往会以灵活多变的有趣方法导入活动，如，猜谜语法、游戏法、故事法等。

(1) 猜谜语法。

猜谜语不但能够引起幼儿的兴趣，而且也锻炼了幼儿的思维能力，加深了幼儿的记忆。因此，教师在组织活动时，恰当地使用猜谜语也能达到事半功倍的效果。如，某教师在组织小班社会教育活动"能干的小手"时就采用了猜谜语法导入：

教师："我请小朋友猜个谜语——'两棵小树十个叉，不长叶子不开花。能写会算还会画，天天干活不说话'。请动脑筋想一想，它是什么？"

教师使用猜谜语法导入活动，在活动一开始，立即以猜谜语引起幼儿的兴趣。但是，教师并没有让幼儿仅仅把注意力放在对谜语的猜测上，而是巧妙地把谜底与教学内容联系起来，引导幼儿通过猜谜语引发对"能干的小手"的兴趣。

(2) 游戏法。

游戏对幼儿具有很大的吸引力，能激发其兴趣，同时也有利于其观察能力的培养，诱发其思维。可以说，无论多么调皮的孩子，只要听到要做游戏，就会马上安静下来，并迫不及待。游戏像磁铁一样深深地吸引着每个孩子，因此，游戏导入法也很受幼儿的欢迎。

如，在小班科学活动"一双鞋子"中，活动开始播放轻快的音乐，

教师采用语言提示,与幼儿进行互动游戏:

教师:"你们的小鞋子在哪儿?让小鞋子跟着音乐跳跳舞吧!"

教师:"鞋子,摇摇摇。"

幼儿:"摇摇摇,摇摇摇。"(脚左右摇动。)

教师:"鞋子,动动动。"

幼儿:"动动动,动动动。"(脚上下动。)

教师:"鞋子,踏踏踏。"

幼儿:"踏踏踏,踏踏踏。"(两脚踏动。)

教师:"我们的脚上有几只鞋子?还可以怎样说?"(一双鞋子。)

……

在活动开始时,教师以音乐游戏导入活动,一下子就把幼儿的注意力集中到游戏上。游戏结束后,教师巧妙地把幼儿的兴趣从游戏中转移到鞋子上,引出活动的主题"一双鞋子"。

(3)故事法。

爱听、爱看有趣的故事是幼儿的一大特点,因为他们的好奇心强,求知欲旺,容易被生动的故事情节所感染。很多教师在活动开始时抓住幼儿的这一心理特点,通过讲故事来激发幼儿的兴趣。我们来看看在小班版画活动"为柳树姐姐梳头"中,教师是如何使用这一导入法的:

(活动开始)教师讲述故事《春娃娃》。

## 春 娃 娃

春娃娃真调皮,春风一吹春娃娃就出去串门了。春娃娃到了小燕子家,轻轻对小燕子说:"春天来了,你可以回家了。"小燕子唱着歌回家了。一会儿春娃娃又到柳树姐姐那里,从早到晚不停地给柳树姐姐梳头,柳树姐姐的头发越变越长,可漂亮了。春娃娃一会儿又到桃花那里,催着桃花开花,桃花绽开了粉红色的笑脸。春娃娃跑累了,来到了草坪上,看到了一群小朋友,一边唱一边玩:"春天来,春天来,柳树绿,桃花红,小燕子飞回了家,春娃娃真可爱。"

故事讲述结束后,教师说:"春娃娃从早到晚帮柳树姐姐梳头发,瞧,柳树姐姐头发的颜色渐渐地变了,变成了什么颜色呀?柳树姐姐的头发长得像什么样子?像什么?谁愿意来做春娃娃,为这里的柳树姐姐梳梳头?"
(请个别幼儿示范画柳条)

(吴雅萍,2011)

在上述案例中,教师以故事《春娃娃》引入活动,但讲故事并不是目的,教师的真正目的是通过讲述故事,引出柳树姐姐头发的变化,并让幼儿在愉快的氛围中进入柳条的绘画活动。

应注意的是,故事的讲述仅仅是为了激发幼儿的兴趣。因此,教师在故事的选择方面,一方面要考虑和教育内容相联系,另一方面也要考虑故事的长短。故事不宜太长,否则可能会引起幼儿注意力的分散,不利于教师切入教育活动主题。

**2. 兴趣导入法的操作要点**

(1)注意引发幼儿真正的兴趣。

教师首先要明确,我们要激发的是幼儿对活动内容的深层兴趣,而不是流于表面的兴趣。如:

活动开始时有些教师在身后放置一手偶,提问:"小朋友们猜猜,老师请谁来到了我们的教室?"

幼儿:"小狗。"

教师:"不对,再猜!"

……

教师一直让幼儿不断猜测,最后从身后出示一个小女孩的手偶,引来幼儿的一声声叹息。

最初的猜测热情过后,幼儿的兴趣随即消失。因为教师在活动开始时,并没有注意激发幼儿对活动内容的兴趣,幼儿的兴趣与教学内容无关,仅是出于对猜测的好奇。

(2)结合教育内容激发幼儿的兴趣。

教师在引发幼儿的兴趣时,应清楚地认识到兴趣的激发目的是使幼儿的思维从相对静止进入积极的活动状态,并对活动感兴趣。因此,游戏、猜谜语的选择并不是随意的。不能说只要有趣的游戏、谜语、故事我们都可以使用，谜语、故事应与教育内容直接相连，使幼儿在游戏、故事等的引导下顺利进入活动。

### （五）悬疑导入法

**1. 悬疑导入法的含义**

悬疑导入法是指结合教育内容设计一些既符合幼儿认知水平，又生动有趣、富有启发性的问题，以造成悬念，使幼儿产生探求事物奥秘的心理。如，在小班科学活动"有趣的影子"开始时，教师进行了如此的导入：

教师带领幼儿到太阳下玩，幼儿和老师一起在地面上玩"踩影子"的游戏。忽然，教师站到了树荫下。

教师："我的影子到哪儿去了？"

幼儿："是啊，不见了，去哪儿了？"

教师："你们有什么办法让我的影子出现？"

在上述案例中，教师看似无意提出的问题、设置的悬疑，引起了幼儿对影子出现或消失的好奇心，引发了幼儿的求知欲，使之自然进入活动。

**2. 悬疑导入法的操作要点**

（1）问题的设计应考虑到幼儿的已有经验。

悬疑导入法主要是通过问题的提出，自然地将所学的知识运用到情境之中。因此，问题的设计要考虑幼儿的已有经验，若问题的提出脱离了幼儿的已有经验，那么问题就无法发挥激发幼儿兴趣的功能了。

（2）问题的设计应清楚、明了。

问题的设计应清楚、明了，符合口头语言表达的逻辑，使幼儿能一听就懂。避免问题过于啰唆，或使用的语言过于书面化。

### （六）经验导入法

**1. 经验导入法的含义**

经验导入法是指教师引导幼儿回忆已有知识或生活经验而导入活动的方式。如，在大班科学活动"蚂蚁喜欢的味道"中，为了引发幼儿对蚂蚁食物的兴趣，教师是这样导入的：

教师："最近我们经常见到蚂蚁在搬运食物,你们回忆一下并谈谈他们搬运的是什么食物。"

幼儿回忆,表述。

教师："你们猜猜,蚂蚁喜欢吃什么味道的食物呢?"

(林艳华,2009)

在上述案例中,教师首先调动幼儿的已有经验,由对已有经验的回顾,引发幼儿对新问题"蚂蚁喜欢吃什么味道的食物"的思考。

**2. 经验导入法的操作要点**

(1)教师要善于激发幼儿对已有经验的回忆。

已有经验是幼儿学习新知识的基础,经验导入就是基于这样的思考而设计的。因此,在这一环节中,教师要善于通过各种方式激起幼儿对已有经验的回忆。如通过追问、提示、做手势或动作等方式,唤起幼儿的已有经验。

(2)多渠道丰富幼儿的经验。

若幼儿缺乏相关经验,经验导入法将失去作用。因此,使用经验导入法前,教师首先要通过各种方式丰富幼儿的已有经验。如上述案例"蚂蚁喜欢的味道",在活动前,教师要有目的地带领幼儿观察蚂蚁,尤其是观察蚂蚁搬运食物的情景,这样才能为活动的导入奠定基础。

 **典型案例解析**

### 案例2—1 大班"三八"节教育活动

【活动目标】

1.幼儿了解自己的成长过程,知道妈妈对自己的爱,要做一个体贴妈妈的乖孩子。

2.帮助幼儿发展口语表达能力、动手操作能力。

【活动准备】

1.教师邀请一位哺乳期的母亲来园演示喂养、照料孩子的生活片段。

2. 了解幼儿在家体贴、关心妈妈的事例。

3. 教师事先准备制作小礼物用的皱纸、细线、剪刀等器材。

【活动过程】

1. 看演示。

教师说:"今天我们班请来了两位客人,一位妈妈和一位小宝宝。"妈妈抱着小宝宝走进教室,全班幼儿拍手招呼:"阿姨好!小宝宝好!"妈妈说:"宝宝还不会讲话,我代他向小朋友们问好!"

接着妈妈按教师预先提出的要求,演示喂奶——换尿布——洗尿布——哼催眠曲哄宝宝睡觉等,最后妈妈带宝宝离开教室。

2. 主题谈话——妈妈带宝宝真辛苦。

教师引导幼儿联系自己的生活实际,谈谈自己看了妈妈带宝宝演示后的感受。先分组谈,再集中指名谈,以使在家表现不同、口语表达水平不一样的幼儿都有表现、发展的机会。

……

(曹燕,1993)

【解析】

该活动的目标之一是"幼儿知道妈妈对自己的爱,要做一个体贴妈妈的乖孩子"。但是,教师该如何引导幼儿理解母亲照顾宝宝的艰辛?可以说,幼儿缺乏的是母亲照料小宝宝的经验,所以这一话题很难引起幼儿情感上的共鸣。考虑到这一点,教师采用情景导入法导入活动,活动一开始,教师给幼儿展示的就是真实的情景:母亲照料小宝宝的生活片段。由于情景的真实性,幼儿能切实地感受到母亲照料小宝宝的不容易,知道母爱的伟大。

可以说,该活动导入的成功之处在于,情景创设贴近生活,真实而感人。

**案例 2-2　大班戏曲活动:捏面人**

【活动目标】

1. 幼儿能按歌曲的节奏,学会带有京剧韵味的说唱歌曲《捏面人》。
2. 幼儿能根据面人的不同形象创编念白部分的歌词。
3. 幼儿萌发对传统民间艺术"捏面人"的兴趣。

【活动准备】

经验准备：教师为幼儿播放《民间艺术：捏面人》的视频，让幼儿了解面人的制作过程。

物质准备：小面人一个，老爷爷手偶，猪八戒、唐僧、沙和尚、孙悟空的图谱。

【活动过程】

一、设疑导入，引发兴趣

1. 教师出示面人玩具，引起幼儿学习的兴趣。

指导语：瞧，老师给你们带来了什么？你们还见过什么样的面人？你们知道"捏面人"的工艺是怎么来的吗？

2. 教师生动地讲述"捏面人"的来历。

……

（杨柳，2011）

【解析】

大班戏曲活动"捏面人"的目标为：大班幼儿能按歌曲的节奏，学会带有京剧韵味的说唱歌曲《捏面人》；根据面人的不同形象创编念白部分的歌词；萌发对传统民间艺术"捏面人"的兴趣。

不管是学说唱歌曲《捏面人》，还是根据面人的不同形象创编歌词，抑或是萌发对民间艺术"捏面人"的兴趣，这些目标的实现都离不开幼儿对面人不同形态的兴趣及"捏面人"工艺的兴趣。因此，教师在活动开始时，结合直观材料导入法与悬疑导入法。一开始，教师出示面人玩具，引发幼儿对面人不同形态的兴趣，再以问题"你们知道'捏面人'的工艺是怎么来的吗"导入，引发幼儿对"捏面人"工艺的兴趣。

可见，在活动中，教师可能并不会只使用一种导入方式，而是根据目标的需要综合地使用两种或两种以上的导入方式。

## 第二节 幼儿园教育活动的观察和倾听技能

### 一、教育活动观察技能

教育活动观察是指教师在教育活动过程中，对教育活动中幼儿的认知、情绪情感和技能方面的变化进行有目的的观察，获取反馈信息，以便有效地调控教育活动，进而有效地促进幼儿发展的行为。教育活动观察有助于了解幼儿的即时状态，有利于对教育活动进行及时有效的调控，进而提高教育活动的教育效率。因此，幼儿教师要掌握教育活动观察技能。

#### （一）明确教育活动观察的目的与任务

观察者，是现代幼儿教师应该扮演的一种角色。但是教师在教育活动过程中观察幼儿，不是为了记录，也不是为了研究（研究幼儿心理发展的特点和规律），更不是为了应付检查；教育活动观察是为了更好地了解幼儿在当前教育活动中的状态（需要、兴趣、积极性、动机、专注程度、知识技能掌握情况等），以便教师能更好地调控教育活动，对幼儿进行有针对性的教育，或者给幼儿以适宜的指导和帮助，进而取得更佳的教育效果。

教育活动观察的对象是幼儿的学习活动状态，主要包括思维状态、参与的积极程度、情绪状态、交往行为、生成状态五个方面。教育活动的效果必须通过调控幼儿的学习活动状态才能实现，而有效的教育活动调控首先建立在有效的观察之上。因此，教育活动的学习气氛，幼儿的神态表情、实验操作以及教育活动提问的反馈信息等，都应作为真实的教育活动效果纳入教师的观察视野之中。有效的教育活动观察需要注意以下几点：

**1. 观察教育活动的学习活动气氛**

教育活动的学习活动气氛，不仅影响幼儿的学习活动效果，而且左右教师的工作情绪。教育活动中，教师应注意观察良好的学习活动氛围是否形成，幼儿的反应是否积极，幼儿的学习兴趣是否浓厚，活动中幼儿是否专注，幼儿是否开动脑筋自主探索并在小组讨论中进行积极的交流，幼儿是否达到教育活动目标的要求等。除此之外，教师还要注意教育活动中是否有幼儿在开小差，对学习内容不感兴趣，对教师提出的问题毫无反应等负面情况。

**2. 观察幼儿的神态表情**

观察幼儿的神态表情，需要对幼儿做个别观察，一般包括观察幼儿的目光、面部表情与形体动作等。

(1) 目光观察。

幼儿的目光往往流露出内心的真实情绪，教师应注意捕捉并体会幼儿目光所传递的信息。幼儿的目光或期待、急切、专心致志，或困惑、茫然、游移不定，或心领神会，或疑虑重重，教师要及时捕捉这些信息，判明原因，并及时调整教育活动策略。

(2) 面部表情观察。

在教育活动中，教师要注意观察幼儿的各种面部表情，并理解其所传达的学习活动心态的信息。幼儿感到困惑时经常会眉头紧锁，嘴唇紧闭，神情焦虑不安；理解了学习活动内容时则双眉舒展，面露微笑，频频点头；思考问题时常常面色沉重，双眼微合，双唇紧闭，有时口中还念念有词；专心听讲或专注于自己感兴趣的活动时则目光凝视，神情专注，嘴唇微张；心不在焉时目光游移，表情木然，眉头时开时合；不耐烦时或双眉紧锁、频吐烦言，或焦虑不安、左顾右盼……幼儿在教育活动中的表情可谓千变万化、各具特色，只要注意观察，稍加分析，幼儿在教育活动中的心态便可一目了然。

(3) 形体动作观察。

幼儿的身体语言往往会透露出幼儿在教育活动过程中的心理感受。通常，幼儿在专心听讲时，身体微微前倾，用手托着腮帮，或者双手平放；困惑不解时，就会摇头挠首或者交头接耳；在取得成功或进步后，会改变原来的体态，时常身体后仰；不耐烦时，往往会不自觉地摇晃身体，或叉臂抱胸，或跺脚抖膝；内心紧张时，幼儿会时不时地发出尖叫或做鬼脸、吮手指、吮被角、吮衣角、咬指甲等。

作为一名称职的教师，在各种教育活动中应该细心观察幼儿的各种言行表现，并且正确解读其各种言行背后的心理含义及教育教学信息，适当调整教育活动的内容、组织形式、教育方法，甚至还可以调整教育活动目标，从而让教育活动更加有效。

### （二）掌握教育活动观察方法

教育活动观察方法主要有目视法和调查法。

**1. 目视法**

目视法是使用广泛的教育活动观察方法，在教育活动过程中可直接进行，教师不必中断教育活动就能得到结果，简便易行。但是，目视法容易受到干扰，有时未必能看到真实的情况。为使目视法更加可靠，教师应对观察到的情况做由表及里的推理判断，做到既尊重观察结果，又不轻信表面现象。目视法可以分为：

（1）扫视法。

这是一种观察群体的方法，适用于集体教育活动的场合。教师可借此了解班级的整体动态与教育效果。教师在教育活动过程中并不需要改变位置，用3～5秒的时间迅速扫视全班，既可以观察教育效果，又可以沟通师幼之间的情感。

（2）巡视法。

这也是观察群体的方法，主要用于幼儿进行教育活动集体练习、小组讨论等活动场合，是教师为有效地指导幼儿活动而使用的观察方法。在巡视时，教师可以站在固定位置，从前到后，从左向右，目光缓缓巡视全场；也可以在幼儿之间，一边行走一边巡视。教师通过巡视可发现活动中异常的情况并及时处理，也可作为一种组织教育活动的手段，提醒思想开小差的幼儿集中注意力，让他们的思绪回到教育活动上。在巡视时，教师的目光既要敏锐，又要亲切柔和，使幼儿振奋精神而又不感到压力。

（3）盯视法。

这是一种观察个体的方法，主要适用于教师对幼儿个别指导的场合。盯视的目的是进行个别交流,用目光鼓励幼儿大胆地回答问题;或在巡视时发现个别幼儿出现值得关注的情况,教师通过盯视可以更加深入地了解情况,便于采取下一步行动。在幼儿回答问题时,教师的盯视可使幼儿受到鼓励,这时教师如果东张西望,就会给人一种心不在焉的感觉;在讲解时,当教师发现有幼儿不注意听讲,或在做小动作时,短暂的盯视有助于他们警觉并将注意力收回到活动中来。盯视是有针对性的单独注视,主要对象是学习成绩中等偏下的幼儿。盯视既可以观察幼儿是否理解了教育活动内容,又可以提醒幼儿集中注意力,仔细听讲或专注于自己的工作。但是,盯视的时间不宜过长,否则会令幼儿感到局促不安,尤其是近距离的目光接触,更容易令幼儿产生心理压力。

(4)凝视法。

这也是一种观察个体的方法。凝视是比盯视更加关切、专注的观察,是边观察边思考,是全神贯注的观察。

**2. 调查法**

调查通常采用提问等口头调查方式,是教师从幼儿的答案、回答语气和神态的观察中获取信息,或者通过幼儿举手的情况来测量教育效果的一种观察方法,如,"全做对的请举手""做完的请举手",教师通过观察幼儿举手时的表情,可判断所获得的信息是否正确。

### (三)教育活动观察的操作要点

为了让教育活动观察更加有效,我们在教育活动过程中进行观察时应注意以下几点要求:

**1. 有意识、有目的、有选择地进行观察**

在教育活动中,教师要有意识、有目的地观察和监控整个教育活动过程,根据观察到的情况随时对教育活动做出调控。教师要有强烈的观察意识,养成良好的观察习惯,在教育活动过程中随时随地进行观察。当然,教师的观察不能无的放矢,要拟订从简单到复杂的观察计划,逐步做到自觉地进行有目的、有计划、有选择性的观察。观察要有目的性,对看什么、为什么看、怎样看,要做到心中有数。观察本身不是目的，其真正目的是为了幼儿的发展，为了达成教育活动的目标，为了实现师幼之间的有效交流。计划性就是事先设置一定的观察点，对于何时何地观察何人，要做统筹安排，不要随心所欲。选择性的要求是：选择具有代表性的观察对象，掌握良好的观察时机和便于观察的位置，突出需要观察的对象的重要性。

### 2. 全面观察与重点观察相结合

在教育活动观察过程中，教师要眼观六路、耳听八方，对教育活动中的全面情况加以监控，注重教育活动整体性的观察效果，坚持面向全体幼儿。同时，又要根据教育活动情境的特点和幼儿表现，对教育活动的某些方面或某些幼儿的个人行为进行重点观察，以达到对教育活动过程的深入了解。教师要将全面性的整体观察与个体的重点观察结合起来，统筹兼顾，不可偏废任何一方。

### 3. 保持观察的自然状态，不干扰幼儿的正常学习活动

在教育活动中，教师的观察要仔细认真，同时还要保持教育活动的整体气氛，不要因教师的不当观察而影响教学活动，引起幼儿的反感。教师要逐步学会对进步微小、缓慢的幼儿的行为变化进行精细的观察；对于较复杂的动态变化，要熟练地分辨出幼儿的各种动作所表示的含义。教师的观察应与教学行为自然融合在一起，既要有意识地观察，又要不露明显的痕迹，不对幼儿形成明显的压力，不让幼儿感到教师处处在监视自己而影响学习效果。

### 4. 注意观察的准确性

准确的教育活动观察才能帮助教师透过现象，做出准确的判断。观察的准确性原则包括以下含义：

（1）去伪存真。

教师的观察切不可停留于表面，以免教师本人被教育活动中的假象迷惑，满足于教育活动表面上的"热烈气氛"。准确性原则要求教师对观察到的现象进行细致的分析，准确地把握住幼儿的思维脉搏，才会做到有的放矢。

（2）全面观察。

第二章 幼儿园教育活动组织与实施技能

教师的视野应该开阔，本人应环视全场，兼顾前后，注意观察全体幼儿的情况，善于捕捉带有共性的反应，而不能只关注某几个幼儿，更不能以偏赅全。

（3）及时处理。

幼儿的学习是前后联系、环环相扣的。教师应准确观察以便及时发现问题与疑点，及时处理，做好调整和补救工作。

 **典型案例解析**

### 案例2-3 你这是瞎说

小明在画画，画的是大海和轮船。在一片蓝色的海洋中，他涂了一团团的红色，蒙老师觉得小明是在瞎涂，于是就对小明说："你这孩子怎么这么笨！海水怎么会是红的呢?!"小明解释说："海水里有一条鲨鱼被船上的人打死了，出了好多好多的血……"蒙老师根本听不进小明的解释，因而又提高嗓门说："你这是瞎说……"

【解析】

当教师观察到的结果与自己的常规思维不一样时，教师要乐于倾听幼儿的意见，特别是在绘画方面。当你觉得无法理解时，就应该问问幼儿："你这样画，想表达什么？"只要幼儿讲得有道理，就应该得到老师的肯定和支持。

观察不一定是为了纠正，许多时候观察仅仅是为了了解，为了更好地支持幼儿的工作。

## 二、教育活动倾听技能

教育活动过程是教师和幼儿相互交往的过程，是师幼相互倾听与应答的过程，是他们相互交往、交流的过程，在这一过程中信息的传递是双向（甚至是多向）的。教育活动的这种生成性，要求教师必须随时把握幼儿的活动需求与情绪表现，灵活选用教育活动策略。教育活动倾听技能是指教师在教育活动中有效地觉察幼儿言语反馈信息的教育行为。没有倾听,教师无法知晓幼儿在想什么、需要什么,自然也就无从得知自己花很多时间辛辛苦苦地组织的教育活动到底是否取得了应有的教育效果。倾听的缺乏不仅会造成师幼关系的疏远,也会使教育活动效果大打折扣。教师与幼儿在教育活动中沟通的纽带是师幼之间的交往,是师幼的相互倾听与对话,而其中的关键在于教师的耐心倾听。这种基于耐心倾听的沟通,是唤起幼儿的自主意识,使其积极投入活动的重要条件,是教育活动得以健康推进的载体和动力。调查表明,在传统的教育活动中,教师总是说得太多,听得太少;幼儿常常没有说话的权利,只有洗耳恭听的义务。尤其是在教育活动中,教师牢牢地控制着教育活动的话语权,幼儿的发言则无足轻重,教师以其知识权威地位控制着教育活动的一切。教师不会倾听会造成幼儿的心理疾病,教师的主动倾听和及时应答则能促进幼儿的心理发展。因此,教师不能仅仅做一个讲授者,还要做一个反应敏捷的倾听者,教师要掌握教育活动倾听的技能,以便更好地了解和有效地关照幼儿的心声。

### (一) 明确教育活动倾听的任务

幼儿往往通过言语、表情、体态、动作表达自己的欲望、需求、情感和思想。教育活动倾听的任务就是,教师随时捕捉幼儿的这些"倾诉",努力从这些"倾诉"中听出不满、厌烦、快乐或喜悦等情感,增进与幼儿互动沟通的感情,通过适当调整教育策略,积极关照幼儿的这些"倾诉"所表达的欲望和需求。如,幼儿有时会出现大哭大闹、发脾气、不合作等一些"非正常"的表现,对此,部分教师的第一反应是迅速采取措施帮助他恢复"正常",或通过其他活动转移幼儿的注意力,或采取强制命令使其恢复平静。殊不知,这些表现在幼儿的成长过程中起着特殊的作用,幼儿的每一个"非正常"表现背后都有一个正当的理由。这些都需要教师和蔼、耐心地去倾听、发现,并做出积极的回应。而这一点,常常被教师所忽略。如,一场由教师带领的十几名幼儿组成的服装创意表演活动刚刚结束,一个小男孩边脱表演服,边对另一个小男孩说:"总算完了,咱们终于可以去玩解放军(游戏)了。"显然,这位教师并不曾听到现象背后个别幼儿的真实想法与要求。

### (二) 倾听幼儿要有足够的耐心

只有耐心倾听才能听清楚幼儿的真正意图，才能真正了解幼儿。在教育活动中常常可以看到教师对幼儿的回答缺乏耐心，不等讲完就粗暴地打断幼儿的发言，究其原因无非是幼儿的回答不符合教师的要求，或者是幼儿答错了。无论出现何种情况，教师都应该让幼儿讲完，否则，就很难真正了解他们，更谈不上对他们给予正确的积极的回应。

**案例 2-4  等孩子说完话再做判断**

美国一知名主持人有一天访问一位小朋友，问他说："你长大后想当什么呀？"这位小朋友天真地回答："嗯，我要当飞行员！"主持人接着又问："如果有一天，你的飞机飞到太平洋上空，所有引擎都熄火了，你会怎么办？"小朋友想了想说："我会先告诉飞机上的乘客系好安全带，然后我挂上我的降落伞先跳出去。"

当现场的观众笑得东倒西歪时，主持人继续注视着这位小朋友，想看看他是不是一个自作聪明的家伙。

没想到，接下来小朋友的热泪夺眶而出，主持人这才发觉他的悲悯之情远非笔墨所能形容。于是主持人又问小朋友："为什么要这么做？"小朋友的回答透露出一个孩子真挚的想法："我要去拿燃料，我还要回来！我还要回来！"

听完小朋友的回答，现场的观众不禁对他肃然起敬，并报以热烈的掌声！

……

教师要想教育好幼儿，就要正确地了解幼儿，而正确地了解幼儿的一个重要途径就是听其言，而听其言的技巧就在于：听幼儿的话不能只听一半，而要等其把话说完，万万不可没等幼儿把话说完，就"以大人之心度孩子之腹"主观地做出判断，否则就会误解幼儿。

### (三) 倾听幼儿要注意其客观性

有效的倾听应该是客观的，倾听的结果是幼儿真实思想的反映，

而不应是经教师自己加工过的"产品"。首先,教师要让幼儿把自己的真实想法表露出来,不要用自己的思想代替幼儿的思想,更不能把自己的想法强加给幼儿,歪曲幼儿的思想。其次,教师的倾听不应带有任何自己的感情色彩和先入为主的想法,教师不应对幼儿抱有任何成见,应该平等地对待每一个幼儿。

### (四)倾听幼儿要注意其全面性

在教育活动中,教师应关注全体幼儿的全面发展。这就要求教师的倾听必须面向全体幼儿,教师本人不能只盯着几个能力强的幼儿,置其他幼儿于不顾;在小组讨论、合作学习过程中,教师要有意识地兼顾各组幼儿,全面巡视,不要厚此薄彼;在教育活动中,教师要认真地倾听幼儿的各种想法,尤其是要认真倾听与自己不一致的想法,甚至是错误的想法。

### (五)教育活动中倾听的有效方法

根据教师在倾听时的介入与否,可将教育活动中的倾听分为介入型倾听和非介入型倾听。

#### 1. 介入型倾听

介入型倾听是指教师在倾听过程中择时参与其中,或启发,或鼓励,或点拨,或追问,通过主动介入提升幼儿的思维水平。介入型倾听的方法有以下三种:

(1)启发诱导法。

教师在倾听幼儿的思考时,一般不要去打断他的思路,但当幼儿的思维受阻"卡壳"或其思维方向出现偏颇时,教师最好的办法就是进行适当的启发引导,让他们自己去捅破那层"窗户纸",使幼儿感到"柳暗花明"。尤其当幼儿的思维方向出现了偏颇时,教师的及时"出手相救"可令幼儿体味到"雪中送炭",备感亲切。

(2)鼓励嘉奖法。

由于教师在教育活动中的"首席"位置决定了教师的话语举足轻重,所以幼儿十分在乎老师的表扬或者批评。当幼儿对问题做出解答时,他很希望得到教师权威性的肯定以强化自信心;当幼儿突发灵感,朦胧意识到解决问题的思路时，教师的鼓励嘉奖会令他信心倍增。教师应多用表扬鼓励之语提高幼儿的成就感。

（3）深入追问法。

教育活动过程中的问题往往具有层次性，包含一个主问题和若干个小问题。教师在操作时可"一步到位"，也可逐级展开，后者就是倾听中的深入追问法。幼儿在答问时最关注的是教师的态度如何，是认真倾听还是满不在乎。教师的追问，表示教师有深入了解幼儿思考的兴趣，同时意味着对幼儿发言水平与答题能力的肯定。

**2. 非介入型倾听**

非介入型倾听是指教师在倾听过程中保持缄默不语，或微笑，或颔首，或专注，或沉思，通过表情及简单的肢体语言维系与幼儿的交流，只听不讲。属于这种类型的方法有以下三种：

（1）全神贯注法。

幼儿由单纯的听者转变为言者、思想者及行动者。全神贯注法是教师倾听态度的表露，也是现代教育理念的体现，是教师以专注的神态、期待的目光、欣赏的表情进行倾听的方法。这就相当于告诉幼儿："你说的一切都十分重要或十分有意思，我非常希望了解。"

（2）积极反馈法。

教师要让幼儿感觉到你在仔细倾听。和他们保持眼神交流，用适当的手势和肢体语言，比如点头，并同时用"嗯""是的""噢""哦""我懂了""是这样啊""是吗""后来呢"等语词来表示回应，这样，幼儿才会更乐意向教师倾诉。

（3）不露声色法。

有时候，教师在倾听时既不表示赞同也不表示反对，沉默不语，不露声色。对于能力强的幼儿而言，教师不露声色是为了观察其自信心和自我评价的能力，防止骄傲自满；对于一般幼儿的倾听，教师不露声色是为了引出更多的想法。教师的不露声色给幼儿留下了大量的想象空间，有助于促进幼儿自我反思，为他们的深入思考和自我纠错提供了机会。"此时无声胜有声"，必要时教师不露声色的效果可能好于他的喜形于色。

综上所述，倾听可以使教师领会到幼儿的需要；可以使幼儿感受到接纳、体会到自我存在；倾听可以使教师发现问题的存在，可以使幼儿得到支持，体会到参与的喜悦；倾听可以使教师发现幼儿的潜能，可以使幼儿在平等的氛围中发挥创造力；倾听是师幼平等交往的前提、驱动力和真实的写照。

典型案例解析

**案例 2—5　小流氓**

下午户外活动时间，大(1)班小朋友都在户外自由活动，只有 H 和 G 两人在活动室内玩耍。下午 4 点多钟，H 的母亲来园接她，伸头朝窗内一瞧——自己可爱的女儿正被那个脏兮兮的小男孩 G 抱着亲嘴。"你这小流氓！"H 的母亲火冒三丈地冲进屋，揪起 G 的耳朵，拉他到老师那儿去评理。老师迫于家长的压力，连忙集合全班小朋友，对 G 的"流氓行为"进行了严厉批评，并警告全体小朋友，这种事不许再发生，否则……

【解析】

这是一个真实的案例，也曾作为一道考题让幼儿教师来回答。幼儿教师交上来的答卷让人失望，也令人深思："孩子这么小就耍流氓，说明幼儿的性行为值得关注！""对小色狼要予以严惩！""老师采取的措施很及时，对这种流氓行为就要早制止……"

成人如果在处理 G 之前能倾听他的想法，那么，他们就不会把 G 当做流氓。孩子们的亲嘴可能仅仅是模仿影视中的某个镜头，或者模仿他们所看到的成人的真实动作。或许亲嘴仅仅是 G 表达对 H 喜爱之情的一种方式；或许亲嘴仅仅是孩子们的一种游戏。孩子们玩这种游戏，就只是一种游戏，仅此而已，绝对没有我们成人想象的那么复杂，绝对没有什么"性动机"。

教师如不倾听孩子的心声，就以"成人之心"度"孩子之心"，可能会冤枉孩子。

**案例 2-6　鞋子穿反了**

小明的鞋子穿反了。上午单老师刚刚纠正，下午体育活动时小明又穿反了。单老师把他拉到身边，心平气和地问他："你的鞋子反着穿，舒服吗？"谁知道他居然回答："舒服。"单老师想：这孩子一向敢作敢当，从不撒谎，这么做一定有他的道理。于是乎，单老师又问："鞋子反着穿怎么会舒服呢？我就想不明白！"这时小明凑近单老师的耳朵神秘地说："单老师，因为鞋子太大了。"

单老师一下子明白了：鞋子大了，反着穿才便于活动。

**【解析】**

幼儿的行为总是有原因的，教师要认真地倾听幼儿内心的声音，尊重幼儿的想法，多与幼儿沟通，多给幼儿表达的机会。教师看不明白幼儿的某些地方，请多问一问幼儿，或许他会给我们惊喜。

## 第三节　幼儿园教育活动的结束技能

教育活动结束技能是指在教育活动的最终阶段，教师引导幼儿对活动内容或主题进行归纳、强化或迁移延伸，结束活动，然后为幼儿留下学习余兴的行为方式。教师在教育活动的结束环节，不仅可以对本次活动的教学内容进行总结概括，对幼儿所学的知识技能进行巩固强化，而且可以为下一次活动做好铺垫。如，在科学活动"海洋中的鱼类"结束时，教师先对本次活动的内容进行了简单的归纳，接着提问："大海真美，这么多的鱼生活在大海里，那你们知道，大海里除了鱼还有哪些生物吗？"教师在活动结束时，提出与下次教学主题相关的其他问题，使幼儿产生进一步探索的欲望，有利于下次活动的开展。

### 一、教育活动结束的原则

结束幼儿园教育活动时应遵循四个原则：

### 1. 简明扼要

冗长而啰唆的结束活动不仅不会激发幼儿对下次活动的兴趣，反而会给幼儿带来烦躁的情绪，甚至使教师之前的努力失去功用。因此，教师应简明扼要地结束教育活动。在结束部分，教师的语言应该精练，紧扣本次活动的内容，突出所表述的重点，不拖泥带水，干净利落地结束活动。

在结束部分，有时候教师会请幼儿进行归纳小结。由于幼儿自身能力的不足，其表达往往比较啰唆，或出现词不达意的现象。在这样的情况下，教师应该帮助幼儿一起进行语言的提炼。

### 2. 自然地结束

可以说，教育活动的结束只是活动的环节之一，是整个活动的一个部分，因此，结束部分的设计要考虑到整个活动的完整性、连贯性。一般来说，一次活动的整体设计应做到环环相扣、自然流畅、浑然一体。因此，教师在设计活动结束环节时要保持与本次活动其他环节的连贯，做到自然地结束活动。

### 3. 形式多样性

教育活动的结束形式应多种多样，千篇一律的结束方式无法给幼儿带来新奇感，也不利于激发幼儿对后续学习的积极性。因此，活动结束的形式可以多样化地设计，如可以采用言简意赅的总结式结束，也可以采用多种形式的展示结束，还可以采用拓展延伸式结束等。

### 4. 符合幼儿的年龄特点

幼儿的神经系统尚未发育成熟，兴奋情绪容易扩散而注意力不易集中，兴奋状态维持久了就会出现疲劳。因此，教师在安排幼儿的教育活动时，会遵循"动静交替"的规律。结束部分只是整个活动的最后一个环节，在形式上应与前面的环节有所交替、相互补充。前动，则后静，反之亦然。

此外，幼儿的年龄特点不一样，他们的注意力维持时间、已有经验也会有所差异。教师在设计结束环节时，也要考虑到这些因素。一般来说，小班幼儿的注意力不易维持太久，思维水平较低，教师往往会采用趣味性强、动手性强的方式结束活动，以免导致幼儿对活动产生厌恶情绪。中、大班幼儿的已有经验较为丰富，自我控制能力也比小班幼儿强，思维较小班幼儿活跃，语言表达能力也有所提高。因此，在中、大班，教师可以多采用归纳总结式、拓展延伸式等方式结束活动，这样既可以锻炼幼儿的语言表达能力，也可以促进幼儿思维能力的提高。

## 二、教育活动的结束技能及其操作要点

针对不同的教学内容和要求，考虑到教学对象的已有经验、年龄特点等，教师一般会选择性地采用不同的结束方式，以达到事半功倍的效果。从结束方式来看，幼儿教师在教育活动中的结束技能主要有：归纳总结式结束技能、操作练习式结束技能、展示式结束技能及拓展延伸式结束技能。

### （一）归纳总结式结束技能

#### 1. 归纳总结式结束技能的含义

归纳总结式结束技能是指教师用简洁的语言将活动内容或主题进行概括归纳，对活动情况或幼儿的行为表现进行总结的一种结束技能。教师可以自己进行总结，也可以请幼儿进行总结，教师在旁协助梳理概括。此外，教师可以对教学内容进行归纳和总结，也可以对幼儿在活动中的表现进行归纳和总结。

如，在科学活动"小动物过冬"的结束环节，教师采用了归纳总结式的结束方式：

教师：刚才我们知道了动物过冬的方式和我们都不一样。现在，我请一个小朋友再说一说动物是如何过冬的。"（幼儿回答，教师在旁鼓励并进行适当的补充。）

教师：刚才小朋友说了，小动物过冬的方式可能会不一样，有的冬眠，如青蛙；有的换上厚厚的毛，如野兔；有的飞到温暖的南方过冬，如燕子。

在上述案例中，教师请幼儿进行归纳和总结，教师扮演着鼓励者和补充者的角色，最后，教师对幼儿的回答进行了重述，再次用简练

的语言对教学内容进行归纳。

又如，在艺术活动"南瓜房子"中，教师同样采用了归纳总结式的结束方式：

教师：今天，小朋友们都画好了自己的南瓜房子。豆豆涂的颜色很均匀，乐乐画的线条很流畅，皑皑画的房子很有创意。小朋友们画得都很认真，都比原来进步了许多。

在这一活动结束时，教师也采用了归纳总结式的结束方式，总结的是幼儿在活动中的表现。

**2. 归纳总结式结束技能的操作要点**

(1) 语言精练，突出重点。

归纳总结的语言不是对这次教学内容的简单重复，不是教师依据教学的时间顺序，简单地复述教学内容，而是能准确地抓住教学重点的语言。若教师在归纳总结时长篇大论，既浪费时间，也容易导致幼儿的厌烦心理。因此，教师在归纳总结时，语言要精练，只进行简单的归纳和总结，突出重点或活动中最主要的内容即可。

(2) 总结幼儿的表现时宜具有针对性和鼓励性。

在总结幼儿的表现时，教师往往以表扬鼓励为主，尽量不要使用批评和训斥，过多的批评和训斥容易打击幼儿下次学习的积极性。此外，教师对幼儿的表扬要具体，使幼儿能从教师的表扬中了解自己具体的行为表现，并把好的做法发扬光大。因此，上述案例中的教师如此表扬幼儿："豆豆涂的颜色很均匀，乐乐画的线条很流畅，皑皑画的房子很有创意。小朋友们画得都很认真，都比原来进步了许多。"幼儿能从教师的表扬中知道自己的进步，在以后的活动中才会把受到老师表扬的做法继续下去。该教师先表扬了个别幼儿，再肯定全体幼儿的进步。可见，教师的表扬面向全体幼儿，又兼顾了个别幼儿的需要。

(3) 教师请幼儿进行归纳时，应善于通过提问的方式对其进行引导。

幼儿由于语言表达能力有限及自身经验的不足，在进行总结时往往容易出现重复、啰唆或遗忘主要内容等现象，教师可以通过提出问题的方式引导幼儿进行回忆和梳理。

## （二）操作练习式结束技能

### 1. 操作练习式结束技能的含义

操作练习式结束技能是指教师为强化技能训练，巩固所学内容或加深主题理解，让幼儿在教师精心设计的练习或操作过程中结束活动的技能。幼儿的练习和操作并不是单纯地为了操作而操作，而是为了巩固、强化其所学内容。

如，在大班科学活动"会唱歌的叶子"中，教师采用了这一结束方式：

> 在活动的结束部分，教师安排幼儿演奏"叶子大合唱"，体验探索成功的乐趣。请全体幼儿用自己喜欢的叶子合奏一首"叶子大合唱"，自然结束活动。
>
> （杜雪美，2010）

该次活动的目标之一为：幼儿在独立与合作探索中体验成功的喜悦，激发热爱大自然的情感。该次活动结束前的上一环节是尝试归纳与记录，归纳与记录是相对安静的环节，考虑幼儿活动安排的"动静交替"的原则及实现活动目标的需要，教师安排相对动态的结束环节演奏"叶子大合唱"。

### 2. 操作练习式结束技能的操作要点

（1）操作练习的材料要能满足幼儿的需要。

若是合作性的操作练习，教师提供的材料可以少些，不必人手一份；但若是个别性的操作练习，教师提供的材料要充足，保证每个幼儿都有材料可操作。此外，若需要进行练习环境的创设，教师可以创设有利于幼儿融入角色的环境。

（2）操作练习的时间不宜过长。

结束时的操作练习只是教学活动的一个终了环节，因此结束部分不宜占用太多的时间。若结束时的练习时间过长，无疑会拉长整个活动的时间，使幼儿产生疲劳感，反而带来负面影响。

（3）操作练习要考虑到目标的需要。

结束时的操作练习并不是单纯地为了操作而操作，它作为教学活动过程的一个组成部分，也应该围绕目标而设计。有时，一次教育活动中教师可以采用各种各样不同的结束方式，选择哪种结束方式最为有效，是否有利于实现活动目标也是教师应该优先考虑的。

### （三）展示式结束技能

#### 1. 展示式结束技能的含义

展示式结束技能是指教师组织幼儿以表演、展出等方式结束活动，使幼儿在展示的过程中获得成就感，并激起幼儿的学习余兴的一种结束技能。一般来说，幼儿的展示活动应该围绕教学内容而设计，并能保证每个幼儿都获得展示的机会。

如，在小班艺术活动"花背心"的结束阶段，教师采用了展示式结束方式：

教师：小朋友们都把自己的背心打扮好了，现在我们把花背心穿上，到舞台上去展示我们的花背心。大家欣赏别人的花背心，也让别人来欣赏我们的花背心。（教师事先准备好了T形舞台及音乐。）教师把幼儿带到舞台后，背景音乐响起，幼儿在T形舞台上走，自由地摆造型。

#### 2. 展示式结束技能的操作要点

（1）展示时应照顾到每一个幼儿的需要。

每个幼儿展示的机会应该是公平的，该活动的忌讳是只请那些教师认为能干的幼儿展示，而让其他孩子无所事事。

（2）展示的过程中注意引导幼儿进行欣赏。

结束时的展示有利于帮助幼儿体验成功的喜悦，激发幼儿对以后学习的积极性。因此，教师在幼儿展示的过程中，应注意引导幼儿自评、互评，相互欣赏，提高幼儿的鉴赏能力，也帮助幼儿更好地获得成就感。

（3）教师做好展示环境创设。

幼儿的展示需要展示的环境，包括物质环境和心理环境。物质环境是指幼儿展示所需的一切物质材料的总称。因此，教师在展示前要做好准备工作，确保展示所需的物质条件得到保障。但是，教师也不能忽略了心理环境的创设。部分幼儿由于性格、能力等因素的影响，在展示时会有畏难、退缩心理，对于这些幼儿，教师应该尽可能地给予肯定和鼓励,给他们创设一个宽松的心理环境。

### (四)拓展延伸式结束技能

**1. 拓展延伸式结束技能的含义**

拓展延伸式结束技能是指教师把教学内容做进一步拓展以结束教学活动的技能。在结束时,教师可能会提出新问题、新要求,引导幼儿把活动内容和主题进一步拓展、延伸,以启发幼儿对相关内容进行进一步想象、思考,激发幼儿对相关内容进行探索的积极性。

如,在科学活动"有趣的影子"中,教师采用了拓展延伸式的结束方式:

教师在活动结束时向幼儿提出了新问题:"我们今天知道了光和影子的关系,那么,请小朋友们找一找,生活中还有哪些影子?影子有什么用处?"

教师提出了与主题相关的有思考价值和深度的其他问题,可以使幼儿产生进一步探索影子的欲望。

拓展延伸式的结束也可以是教师让幼儿联系实际或创设情境,让幼儿把所学内容进行迁移,使用所学知识及已有经验解决实际问题。

如,在科学活动"磁铁"中:

活动结束时教师进行了小结后,对幼儿提出了问题:"磁铁在生活中有很多作用,我今天一不小心把一根针掉在了地上,怎么找也找不到,小朋友们有什么办法帮我找到吗?"

教师引导幼儿运用所学知识及已有经验去解决实际问题,达到知识和能力迁移的教学目的。

拓展延伸式的结束还可以是教师引导幼儿大胆地进行进一步想象。

如,在科学活动"有趣的南瓜"中:

教师在结束时对幼儿提出了新要求:"小朋友们,今天我们认识了各种各样的南瓜。现在,老师请你们自己设计南瓜房子。"

在这一活动中,教师引导幼儿进行大胆的想象,激发幼儿进一步探索的兴趣。

### 2. 拓展延伸式结束技能的操作要点

（1）拓展延伸式结束的目的是为了激发幼儿对相关内容进一步探索的积极性，因此，教师提出的延伸问题应该与教学内容有所联系。

（2）结束时的延伸要注意考虑幼儿的已有经验，教师所延伸的问题，难度要适中。

（3）在拓展延伸结束环节，教师可能会安排幼儿进行大胆的想象或创新，如上述案例中的教师请幼儿设计南瓜房子，这需要一定的时间。但是，因为是结束环节，不宜占用太多时间，教师可以安排在其他活动时间继续进行。

**典型案例解析**

**案例2-7  中班活动：秋天的画报**

【活动目标】

1. 幼儿能理解诗歌《秋天的画报》，并通过多种形式表现秋天的色彩美。

2. 幼儿能大胆想象，学习创编诗歌。

3. 幼儿萌发热爱大自然的情感。

【活动准备】

1. 多媒体背景图《秋天的画报》并伴有优美的音乐。

2. 水果、蔬菜、树叶若干。

3. 幼儿已观察过秋天，知道秋天是一个收获的季节。

4. 有关秋天的照片展，配乐诗朗诵的录音磁带。

【活动重点】

引导幼儿理解诗歌内容，知道秋天是果实成熟的季节，学习并理解形容词：黄澄澄、金灿灿、亮晶晶。

【活动难点】

在理解动词和重叠词的基础上根据诗歌的结构尝试创编诗歌。

【设计理念】

1.以幼儿周围的生活为支点,教幼儿学会观察生活,将对秋天零碎的感受变为整体体验。通过照片以及事先接触大自然来激发幼儿想说话的兴趣,让他们想说、愿说、大胆说。在活动过程中,我通过让幼儿自主讨论→欣赏学习诗歌→学习仿编诗歌→幼儿操作等,给幼儿以视觉和听觉上的享受,不断推进幼儿的学习。

2.幼儿利用秋天的自然物标本进行剪、切、拼等各种操作,选择各种材料自由表现,大胆想象,感受秋天的多彩。在活动中充分体现幼儿的主动性、创造性。

【活动过程】

一、教师引导幼儿观察"我眼中的秋天"照片展览

(说说自己眼中的秋天是怎样的,美丽在哪里。)

幼1:秋天是丰收的季节,稻子最美丽。

幼2:秋天是舒服的季节,不冷也不热。我们穿的衣服最美丽。

把幼儿召集到老师身边。

师:"你们喜欢秋天吗?为什么?"

幼儿齐声:喜欢!

幼1:因为农民伯伯的稻子变黄了,丰收了。

幼2:因为有很多好吃的水果吃,甜甜的。

师:都有哪些好吃的水果呢?

幼1:苹果、香蕉、菠萝。

幼2:柿子、猕猴桃、山楂。

(教师让幼儿结合生活经验,运用自己的想象、利用自身的动作,来表现对秋天的认识。)

二、在美的意境中欣赏学习诗歌

1.播放歌曲《秋日私语》和秋天的多媒体背景图,教师有感情地朗诵诗歌《秋天的画报》。

2.提问巩固对秋天色彩的认识:"秋天的梨/枣/苹果/葡萄是什么颜色的?"

师：秋天的梨是什么颜色的。

幼：秋天的梨是黄澄澄的。

幼儿通过视觉、听觉感官积极参与活动，通过教师演示课件直接获得印象，并在讨论、谈话中无拘无束地说出自己的理解与看法。在这个环节中，作为老师，我采用了提问法，因为采用提问法能引导幼儿有目的地、仔细地观察，启发幼儿的积极思维。我运用启发式提问让幼儿将看到的具体形象用语言描述出来，这是解决活动重点的有效方法。

三、幼儿自由选择区域操作

1. 教师引导："何老师也喜欢美丽的秋天，因为秋姑娘给我们送来了许多礼物——五颜六色的果实、各种各样的秋叶，她想让我们用这些礼物做成《秋天的画报》，你们愿意吗？我们用水果做拼盘，用秋叶和果实做拼贴画，老师用照相机拍下来，去送给秋姑娘好吗？"

2. 幼儿进行活动，教师巡回指导。

幼儿自由选择区域，学会协商，选择合作伙伴。

美工区：蔬菜水果变变变。

益智区：树叶粘贴画。

语言区：《秋天的画报》小书制作。

（让幼儿自己来选择游戏材料和游戏区域，有利于幼儿运用原有经验按自己的想法和方式来解决问题，获得有益的经验，从而使幼儿以极高的热情投入到游戏中去。）

教师引导幼儿观察秋叶、果实的形状和颜色，并进行合理的想象。（如，这片银杏叶像什么？可以把它拼成什么图案？）

四、展示自己的作品，分享成功的喜悦

（幼儿相互介绍作品或向老师介绍自己的作品，老师一边听一边拍照。这样的交流，不仅促进了幼儿与幼儿之间的互动，也促进了老师与幼儿的情感交流。最后，师生共同与作品合影留念，让幼儿体验到成功的喜悦。）

（华占梅，2012）

【解析】

该教师采用了展示式结束方式，教师组织幼儿展出作品，自然地结束活动，使幼儿在展示的过程中获得成就感。结束时的展示有利于帮助幼儿体验成功的喜悦，激发幼儿对以后学习的积极性。因此，该教师并没有为了展示而展示，而是注重在幼儿展示的过程中，引导幼儿相互介绍自己的作品，或向教师介绍自己的作品。这不仅能帮助幼儿更好地获得成就感，同时也提高了幼儿的鉴赏能力。

在此活动中，环节二进行了如此的设计：在美的意境中欣赏学习诗歌。教师播放《秋日私语》和秋天的多媒体背景图，有感情地朗诵诗歌《秋天的画报》，引导幼儿欣赏学习诗歌。而环节三则进行了如此的设计：幼儿自由选择区域操作。环节四则是引导幼儿展示自己的作品，分享成功的喜悦。这样的安排体现了幼儿园活动安排"动静交替"的原则。

**案例2-8 中班活动：玩锁**

【活动目标】

1.通过认识锁的活动，发展幼儿完整、连贯的语言表达能力。
2.通过"开锁"活动，激发幼儿探索的兴趣，让幼儿体验成功的喜悦。
3.培养幼儿的想象力和思维的创造性。

【活动准备】

设置锁店（摆放各式各样的锁），每人配备一把与提供的锁相对应的钥匙；几种特殊功能的锁的图片。幼儿在家中已有开门锁的经验。

【活动过程】

1.参观锁店，初步认识锁。

师：小朋友们，今天老师带你们去参观锁店，你们要用心看一看，摸一摸，然后用"我看到的有……有……还有……"的句型告诉大家。

幼儿自由探索与讨论，并把自己的感受告诉大家。

讨论：它们是用什么材料制成的？

师：这些锁都是用金属制成的。那么，你们知不知道为什么要用金属做呢？

幼：因为很硬，不容易坏。

师：对了，因为金属坚硬牢固，用起来才安全，可以帮助我们保管好自己的物品，给我们的生活带来方便。

2. 开锁。

讨论：你们开过锁没有？开锁时需要什么？怎样开锁？

幼儿自由探索，尝试打开各种各样的锁。

教师重点帮助有困难的幼儿：把钥匙插进锁眼儿里，转一转看看是否能打开锁。

3. 介绍几种特殊用途的锁。

师：小朋友们，除了刚才我们玩的锁，你们还见过什么样的锁？

看录像，了解各种锁的用途及开锁方式：

"宾馆大门运用红外线光敏元件。只要有人站在门口挡住了红外线光敏管，电流发生变化，门便自动打开；人离开后，门又自动关上。"

"电脑锁，它的钥匙是一张卡，只要密码相同，就能打开。"

看图片，让幼儿了解科学技术能让童话中的幻想得以实现：童话故事中的阿里巴巴说"芝麻开门"，石门便打开。现代科学运用声音启动门锁已成现实，只有主人的声音才能让锁自动开启。

4. 发明新锁。

师：小朋友们，认识了这么多锁，我们也来发明一把锁。想一想你发明的锁可以用来干什么。请用"我想……一把……"的句型完整地告诉大家。

幼儿自由讨论。

"我想发明一把鞋锁，游泳时，鞋就不会丢了。"

"我想发明一把遥控窗锁，出门时，不用走过去关窗。"

"我想发明一把花瓶锁，想看花时，就打开；不想看花时，就关掉。"

【解析】

该教师在活动中使用了拓展延伸式的结束方式，教师在引导幼儿初步认识锁、尝试开锁、了解一些特殊用途的锁的基础上，引导幼儿发明新锁，自然地结束活动。教师注意到拓展内容与原有内容的联系，同时，活动的拓展延伸建立在幼儿经验的基础之上。

结束活动只是整个活动的一个组成部分，教师考虑到最后一个环节在形式上与前面的环节有所交替、相互补充，前一个环节"了解几种特殊用途的锁"，主要是通过看录像及图片的方式进行，所以结束环节安排为"发明新锁"，让幼儿动手动脑。这体现了幼儿活动的"动静交替"的原则。

此外，结束部分不宜占用过多的时间，因此，教师没有要求幼儿把新锁当场做出来，只是要求幼儿讨论或记录，把自己发明的新锁用同伴能理解的方式表现出来。

## 第四节　幼儿园教育活动的调控技能

幼儿园教育活动的调控是指教师在教育活动过程中，为达成教育活动目标，运用一定的手段和策略，对教育活动过程进行管理、调节和控制的教育行为。对教育活动进行调控的目的是为了提高教育活动的效率，进而更好地促进幼儿的发展。在教育活动中，教师如何有效地对影响教育活动效率和质量的各种因素进行调控是教育活动有效和高效开展的保证，也是教师最重要的任务。幼儿教师应该努力掌握幼儿园教育活动的各项调控技能，努力做个高效的教师。

### 一、教育活动的调控方法

#### （一）非言语调控

非言语调控是指教师运用动作、表情、眼神、姿态等体态语言传达教育活动管理信息，调控教育活动秩序或气氛的方法。在幼儿教育活动中，非言语调控的方法主要有：

**1. 短暂沉默法**

在教育活动过程中，幼儿不专心、开小差，或者说话、做小动作时，教师突然收住话沉默片刻，这时刺激强度发生了变化，幼儿会不自觉地把目光转到教师身上。此时，教师再以目光予以注视，幼儿就会有所收敛，重新将注意力集中到教育活动之中。

**2. 目光调控法**

(1) 注视法。

注视指教师根据教学需要把目光投注到个别幼儿身上。有经验的教师常常运用目光和视线接触来调控教育活动中的相互作用。

教师运用注视法能细致地观察个别幼儿的心理变化，及时了解个别幼儿对所教授内容的掌握程度；能制止个别幼儿的躁动，同时不中断有声语言，保证课堂教学的流畅；注视还能因材施教，如，对于胆小的幼儿给予鼓励他大胆发言的目光，对于回答错误的幼儿给予他宽容信任的目光。

(2) 环视法与平视法。

平视的使用：教师的视线与幼儿的视线进行平行的交流，教师在不需要走动时，蹲下身子，让自己的视线与幼儿的视线平行，这样可以避免幼儿因仰视而带来的压迫感。

环视的使用：教师在与幼儿交流时用目光环顾全体幼儿，不断地与每个幼儿进行目光交流，让幼儿感觉到老师对他的关注和尊重，使每个幼儿都感到教师在和自己对话，同时，它又是控制教育活动秩序，提醒幼儿专注于教育活动的一种艺术。在整个教育活动过程中，教师不时用热情的目光环视全班幼儿，使全班幼儿都感到被重视，其学习的积极性、主动性就会提高，教育活动的目标达成率也就会提高。

一般来说，在活动开始时，教师首先环视，使所有的幼儿都感受到教师在和自己说话，让每个幼儿都能感受到教师的关注。之后，随着活动的深入进行，在交流活动指向个别幼儿时，教师则采取平视。

(3) 探视法与虚视法。

探视指教师针对内向、胆小的幼儿投注关心、温柔的目光。探视能增强胆怯幼儿学习的信心，减轻其紧张心理，教师慈祥的目光能给予他自信、自尊。

虚视指似看非看的艺术。教师的虚视对于个别上课爱动、爱说话的幼儿有提醒的作用；对于自尊心很强的幼儿偶尔思想开小差，教师的虚视立刻能唤起他的注意，如果长久地注视反而会伤害他的自尊心，影响他参与活动的积极性及良好的学习情绪。

（4）视角调控。

视角指教师的视线与眼睛水平方向形成的角度。

- 斜视：视线从眼角放射出去，但要尽量保持眼球依然居正位，表示对某种行为的不满。
- 仰视：视线从眼水平线上方45°以内看出去，不能高于45°角，表示赞美和敬仰之情。
- 点视：视线高度集中于一点上。注意力在一名幼儿身上，表示对他的期望或等待他做一件事情（回答问题或停止注意力不集中等行为）。
- 视线长短软硬。"长短"即视线的距离远近，"软硬"即视线的力度强弱大小。教师要根据教学需要合理地进行调整。

### 3. 身体逼近法

该法是指教师通过逐渐向有不当行为的幼儿走近，促使幼儿有所意识并及时改正的方法。事实上，只要教师表露出准备向有不当行为的幼儿走近的倾向，就会使该幼儿迅速地改正不当行为。

### 4. 有意忽视法

当幼儿的不当行为暗藏着寻求他人注意的愿望时，教师可以采取有意忽视他的办法来减少该幼儿不当行为的发生。因为在这种情况下，教师对幼儿的不当行为有反应（包括处罚），仍是一种"注意"，反而会增加幼儿不当行为发生的频率。如果教师过分地关注那些捣蛋的幼儿，就有可能让其不合宜的行为持续发生。而教师采取有意忽视法，实际上是向其表明，教师对他的不当行为完全可以保持泰然自若，无须用言语方式回敬他，使其自觉没趣后改变这种行为。如：

有一个特别难哄的小男孩，连续好几天哭着喊着："我要找爸爸，我要找奶奶……"三个老师一起哄都不管用。他还爬到老师身上，要老师背着他去找爸爸、找奶奶。刚开始老师们觉得又好气又好笑又好玩，可是连着几天下来，老师们觉得有点受不了啦。因为哭丧着脸的小朋友不少,老师们不可能只顾着他一个。后来,老师们很惊讶地发现,老师不理他了,他反而不哭了。果然,接连几天这个小朋友都是刚进教室就开始哭,当发现没人关注他时,就慢慢地收起哭声。

### 5. 微笑的运用

法国文学家雨果曾说过:"笑就是阳光,它能消除人们脸上的冬色。"的确,微笑是人类最甜美、最动人的表情,微笑可以表达人们的喜爱,传递友善的信息,使人们显得可爱而有魅力。作为一名教师,面对幼儿,就更加需要微笑。现代心理学研究表明,情绪和情感具有感染力,教师的微笑可以给幼儿营造一个美的氛围。微笑可以美化教师的形象,提高教师的亲和力,是让幼儿亲近教师的一种极为有效的沟通方式。

一般来说,在教育活动的开始,教师往往微笑着环视所有小朋友,给幼儿以和蔼可亲的形象,也能马上把幼儿的注意力吸引到教师身上,有利于教育活动的开展。但若教师在整个活动的过程中都一直保持着微笑,效果就会大打折扣。教师始终不变的微笑可能无法让幼儿的注意力集中,甚至会使幼儿觉得疲劳。因此,随着活动内容的变化及活动的深入进行,教师的微笑可以隐去,代之以丰富的面部表情。在教师讲述故事时,当主角的情绪变化时,教师的表情也随之发生变化:悲伤、愤怒、紧张、忧愁等。总之,教师的微笑不是一成不变的,随着情境的变化,微笑会转为丰富的面部表情,这有利于弥补幼儿有意注意时间短的不足。

### 6. 体态语的运用

体态语是指教师的躯干所发出的某种信息。教师应该正确使用体态语来调控教育活动,增进师幼的积极互动。

(1)亲情式体态。

亲情式体态特征:教师面带微笑,伴有与幼儿拥抱、抚摸、拉拉手、摸摸头、拍拍背、亲亲脸、梳梳头、理理衣服等动作。

此体态带有强大的亲情感,教师与幼儿的关系亲密,能让幼儿在教师的亲密区内尽情互动,感受亲人般的情感互动体验,达到师幼心理零距离的效果。

(2)平等式体态。

平等式体态特征：教师与幼儿交流时弯腰、低头、下蹲、上身前倾、眼神注视、微笑。

平等式体态给幼儿的感觉是亲切、平等，丝毫没有教师高高在上的感觉，师幼交往就像是同伴与同伴的交流，能使幼儿敞开心怀，自然放松。

(3)感染式体态。

感染式体态特征：教师用积极的情绪、夸张的动作感染幼儿，让幼儿得到心灵上的感应，形成积极向上的情绪状态。

幼儿的情感具有易感染性，教师的感染式体态对他们有较强的感染力，能让其产生涟漪式的情感效应，取得浸入式的渐进效果，使师幼达到双向投入的境界。

(4)回应式体态。

回应式体态特征：由幼儿主动发起的体态互动，在亲密区和社交区内（师幼距离在1米之内）教师做出适当的体态回应，如眼神、注视、微笑、点头等。

回应式体态使师幼在交流的刹那间达到心灵的会意与沟通。

(5)示意式体态。

示意式体态特征：师幼达到默契无须解释的手势语，如招手、用食指掩口等。

教师的示意式体态能使幼儿在看见后即心领神会，产生反应，减少了语言交流的语意差。

(6)巡视式体态。

巡视式体态特征：教师用目光巡视或来回走动，表情肯定或否定，或者以动作辅助，适用于在教育活动中对幼儿的体态进行观察。

巡视式体态以教师观察为主，教师对在自然状态下的幼儿体态进行观察、记录、分析，以获得发起体态互动的第一手资料。

(7)鼓励式体态。

鼓励式体态特征：教师对幼儿翘大拇指、微笑、点头、拍手、点头等。

教师的鼓励式体态对幼儿有极大的鼓励作用，能让幼儿产生成就感和受重视感，有利于提高幼儿的自信心。

(8) 仰视式体态。

仰视式体态特征：在与幼儿交流时，教师的视线略低于幼儿的脸部，仰视幼儿，幼儿俯视教师。

教师略低的身体和仰视的神态，能使幼儿心里产生一种老师在乎他的感觉，从而放松自己的身心。

心理学研究表明：

信息资料的总效果 = 7% 的词语 + 38% 的声音 + 55% 的人体动作和面部表情

因此，幼儿教师要善于利用各种非言语手段来调控教育活动，进而提高教育效果。

### (二) 言语调控

言语调控是指教师通过运用指示（教师一般在教育活动各环节之间做指示，掌控教育活动进程，让幼儿遵照执行，使教学活动顺利展开）、批评或维护权威（教师用说理、宣布规则和决定等方式，说明决策的理由，使幼儿改变他们的态度和行为；或以权威身份制止幼儿的违纪行为，执行相关行为规范或规章制度）、沟通（教师用恰当的态度和语气与幼儿交流，理解或接受其所表现的各种感受，让幼儿积极配合教师，说出他们的思想，帮助和引导幼儿解决问题）等言语传达教育活动管理信息，调控教育活动秩序或气氛的方法。在幼儿教育活动中言语调控的方法主要有：

**1. 音量控制**

声音的变化可以由低到高，也可以由高到低，一个有技能的、训练有素的教师能自觉地运用这一方法来调控教育活动的进程和气氛。

教师在教育活动过程中变换音量主要是要改变一种音量响到底的做法，做到使音量具有可察觉的明显的变化，而这种变化又必须能够引起、保持幼儿的注意，使幼儿保持适宜的精神状态。

(1) 多种音量法。

教师可运用多种音量的技巧引起并保持幼儿的注意。涉及关键句子和短语时，教师要提高或降低音量。提高音量是教师熟悉和常用的方法，但在原来高音的情况下突然降低音量也可产生很好的效果。

（2）高音量法。

教师在幼儿注意力不太集中时运用高音量法能使幼儿感受到教师的不满，将幼儿的注意力集中起来，避免幼儿的精力进一步分散。如果幼儿只是窃窃私语，教师用高音量法的效果较好。

（3）夸张法。

夸张法即教师运用幽默笑话来实现音量的夸张，使幼儿感觉到教师语言与教育活动内容某种程度的差异，以此促使幼儿集中注意力，或促进幼儿对教育活动内容的感知与理解。需要注意的是，幽默的主题必须与教育活动内容有关，否则，它又将成为分散幼儿注意力的一个因素。

**2. 音高调控**

音高是指音的高度。变化教育语言的音高就是使教育语言在音上有高有低，错落有致。教师的音调变化要求有三个方面：一是语音要高低相间，一般以全班幼儿都能听清为准；二是语调要抑扬顿挫，时而激昂高亢，时而抑郁平缓；三是声调要亲切、柔和，带有音韵感。

**3. 音速调控**

教师语速的快慢对幼儿的思维活动有重大的影响，教师的语速要与教学内容的难易程度，以及幼儿的情绪相适宜，语速要有快有慢，富有变化，总是一个语速，易使幼儿产生单调乏味感，导致幼儿开小差。

## 二、教育活动中幼儿注意力的调控技能

注意力是人的心理活动对某一对象的指向与集中。它具有选择、维持、监督与调节功能，它是教育活动有效进行的前提条件，教师是否善于调控幼儿的注意力，将直接影响教育、教学的效率和效果。

因此，教师有必要掌握调控幼儿注意力的相关技能。

### （一）避免无关因素对幼儿注意的干扰

幼儿的注意以无意注意为主，因此，教师组织教育活动时要注意努力避免与教育活动无关的因素对幼儿注意的干扰，比如，活动室的布置不要过于繁杂凌乱，教师的穿着打扮不要过于华丽耀眼，教具的出示要注意时机等。

### （二）利用无意注意规律提高教育活动对幼儿的吸引力

教师在讲解教育活动内容时，要利用生动有趣的教玩具、表情、语气、语速、动作，或制造神秘气氛来吸引幼儿的注意力，切忌单调乏味地讲解。如，在"认识动物"活动中教师用奇特的语言制造一种神秘的气氛——开始，教师压低声音，生动地说："小朋友们，今天老师请来了一位客人，你们知道这位客人是谁吗？噢，不知道，小客人就要来了，小朋友们要注意细心地看看他是谁。"这样一来，幼儿会静静地等待客人的到来，盼望知道客人是谁、他是什么样子的。又如，手工活动"折飞机"开始时，教师可出示一张白纸，说："老师会变魔术，比如这一张纸，我能让它变成一架飞机。"教师迅速地折一架飞机，然后说："看！我变好了。你们是不是也想变呀？"这样幼儿会感到惊奇，并且对折飞机产生兴趣，注意力自然也就集中了。

### （三）教育活动形式要富于变化

单调的活动形式会让幼儿厌倦，注意力分散。因此，教师在组织教育活动时，要动静交替，使个别活动、小组活动、集体活动相互交替，游戏与非游戏交替，竞赛活动与非竞赛活动交替，做到有张有弛。

### （四）教育活动要以符合幼儿需要的方式展开

幼儿参与教育活动的根本动力在于，他需要在活动中获得满足，对幼儿来讲最有吸引力的活动是能满足他们需要的活动。因此，教师在设计和组织幼儿园教育活动时，要考虑如何满足每个幼儿的自我表现、交往、归属、关爱、尊重、成就、自由、自主等需要。在观摩教育活动过程中，我们时常看到一些孩子在老师提问其他孩子时开小差，其中的主要原因就是教师漠视了这些孩子的自我表现需要——幼儿更需要的是自我表现而不是看别人的表现。

### (五) 调控幼儿注意力的具体方法

当幼儿出现注意力分散时，教师可以采取如下方法调控幼儿的注意力。

**1. 凝视**

当某一两个孩子出现注意力分散行为时，当班教师可暂时停讲，凝视注意力分散的孩子，或向他摇摇头等。

**2. 邻近控制**

为了使调控信号更加有效，教师可一边讲课，一边走近注意力分散的孩子。

**3. 提出问题**

(1) "小朋友们要认真听老师讲课，一会儿老师要提问的。"

孩子们为了回答老师的提问，以免因回答不出问题而被批评，往往会认真地听老师讲课。

(2) "××小朋友你来说一说，老师刚才讲什么了？"

如此直接提问刚才注意力分散的孩子，会让他因回答不出老师的提问而得到"教训"，今后变得"老实"。

(3) 当某个孩子出现注意力分散行为时，教师装作面向全体孩子提出问题，然后指名让注意力分散的孩子回答，当他因不专心听讲而无法正确回答老师的提问时，教师可因势利导地对他和其他孩子进行教育。

**4. 特殊安排**

当某一两个孩子反复出现注意力分散行为时，教师可以将他的位置安排在适当靠近教师的地方。

**5. 直接批评**

当某个孩子的注意力分散时，教师直接点名批评相应的孩子，起到警示教育其本人和其他孩子的作用。

**6. 通过"口令"等整顿全班纪律**

当超过20%的孩子出现注意力分散行为时，教师可以通过如下方式达到将孩子的注意力吸引回来的目的。

(1)"请你像我这样做。"

教师做出某种动作的同时嘴里说:"请你像我这样做。"然后幼儿在跟着教师做相应动作的同时嘴里回应:"我就像你这样做。"

(2)对答法。

幼儿对教师的口令做出回答并做出相应的行为。当幼儿东张西望、手脚乱动时,教师可采取如下方式来调控幼儿的注意力:

教师:"小手儿?"幼儿:"背好。"

教师:"小脚儿?"幼儿:"并好。"

教师:"小眼睛?"幼儿:"看老师。"

教师:"小嘴巴?"幼儿:"不说话。"

教师:"一、二!"幼儿:"安静。"

教师:"三、四!"幼儿:"坐好。"

教师:"一、二、三!"幼儿:"请安静!"

教师:"请安静!"幼儿:"我安静!"

这些方法能迅速地使幼儿的注意力集中起来。

(3)弹奏法。

就是在幼儿注意力分散的情况下,教师利用钢琴弹奏幼儿熟悉的旋律或歌曲,让幼儿随着老师弹奏的音乐做动作或唱歌,其注意力自然就集中到教育活动中来了。

(4)找眼睛。

当教师发现有的幼儿东张西望、左顾右盼,不注意听课时,不妨和小朋友们做个"找眼睛"的游戏。"小朋友们,现在老师要来找你们的眼睛,你们仔细看看,老师的眼睛里有没有你的眼睛。"这时,小朋友们就会两眼紧盯住老师。这种方法常常用于教育活动的开始。

(5)"录音"。

当幼儿的注意分散时,教师对幼儿说:"小朋友们,你们的小耳朵就是录音机,现在请你们打开录音机准备录音,看谁的录音机最灵。"小朋友们的注意力自然而然地被教师的话吸引过来。这种方法常常用于教育活动中途教师要范唱、范诵或交代某一重要事情。

(6)看口形。

譬如，音乐教育活动中的范唱或幼儿跟唱几遍后，教师要求幼儿看教师的口形跟唱，而教师并不发出声音。在幼儿熟练以后，教师再让小朋友不出声地唱，教师看小朋友的口形。这样做，既集中了幼儿的注意力，又激发了幼儿学习的兴趣，增强了幼儿记忆的效果。音乐、故事、诗歌、散文教育活动皆可采用此法。

(7)铃铛铃鼓节奏法。

即幼儿开小差时，教师用铃铛或铃鼓或者用手掌打出一定的节奏，让幼儿用手击掌跟着打同样的节奏，那么，东张西望的幼儿会很快地把视线转移到教育活动中来。

上述7种"口令法"一般都需要多次训练、强化，让幼儿熟念于心方能有效。因此，教师平时要注意对幼儿进行适当的训练，让他们形成条件反射——"口令"喊出即出现相应的行为。

**7. 表扬他人**

当有超过20%的孩子出现注意力分散行为时，教师还可通过表扬遵守纪律的孩子来达到让所有的孩子认真守纪的目的。比如，教师在混乱的班级中发现有几个特别老实的孩子端坐着听课，这时教师可以对孩子们说："××小朋友的纪律最好，我看谁能像他一样。""××小朋友听得最认真了，小眼睛一直看着老师。""××小朋友坐得最好了，两脚并得好好的，一动不动。""我发现××小朋友表现得很好，一点都不吵闹，我想和他做游戏。""××小朋友做得真好。他听课认真，还大胆举手回答老师提出的问题。"其他小朋友听了会很快模仿他，继续专注于教育活动。

**8. 许诺**

当班上的多数孩子在教学活动中都注意力分散时，教师可以利用教学活动后的"好处"来让孩子们控制好自己，专心地听老师讲课。比如，有的老师说："如果大家现在好好地听课，今天放学时，老师给每个小朋友发一朵小红花。""老师一会儿要给听课认真的小朋友一个五角星。""如果……老师将……"

### 9. 降音法

当部分幼儿注意力不够集中，甚至交头接耳，影响了其他幼儿时，教师如果提高声音制止，往往收效甚微；如果突然降低声音，反而会引起幼儿的注意。

值得注意的是，上述所列的9种具体的控制幼儿注意力的方法，只是治"标"之法，而非治"本"之法，它们不可能从根本上改变孩子的注意力分散状况，只能让孩子们形似"老实"，而不是被教师组织的教学活动所吸引，所以无法达到较好的教学效果。方法1至方法6只能让孩子们暂时变得"老实"——一动不动或者装模作样地"用'眼睛'看着老师""小嘴巴闭得紧紧的""小手背得好好的"，但孩子们可能身在曹营心在汉，并没有真正把心思放在当前的教育活动上。而方法7仅仅能让孩子们为了得到老师的表扬和肯定而变得"老实"。方法8可能会误导孩子们为了教育活动结束后的"五角星""小红花"等而变得"老实"，但他们并不一定因此而真正地发自内心地喜欢当前的教育活动。

因此，我们要努力寻找矫治幼儿注意力分散的治"本"之法，即让幼儿对教育活动本身感兴趣。为此，各种教育活动必须以符合幼儿心理需要的方式来展开，以幼儿的身心需要为出发点和归宿，教育活动的目标、内容、实施方法和手段等都要充分关照幼儿的各种需要。唯有这样，教育活动才能变成孩子们发自内心向往的活动，他们被教育活动本身所吸引，才会乐在其中、神情专注。

当幼儿表现出注意力分散的行为时，教师不要认为注意力分散是幼儿的错，更不要对幼儿生气，而要多从自身找原因，努力思考如何改进教育活动方法、教育活动组织形式，甚至调整教育内容和目标，让教育活动以符合幼儿需要的方式来展开，让每个幼儿在各项教育活动中都感受到教师的关爱。各项教育活动中都要有孩子们自我表现的平台，使他们在活动中都能找到自己心灵的归属，在活动中都过得很充实，使不同能力层次的幼儿在每次教育活动中都有所成功和进步，都有成就感。这样，幼儿的注意力分散问题就会在我们的教育活动中减少甚至消失。

 **典型案例解析**

### 案例2-9 谁的小眼睛没有找到我呀

在一次讲故事活动中,李老师将表示故事情节的贴绒画贴在黑板上,便于幼儿理解故事情节……

大部分幼儿的眼睛都好奇地看着李老师贴出来的贴绒画,但黄勇小朋友的眼睛不仅不看黑板上的图画,而且不停地东张西望,小声说话。

李老师看到这种情况后,用温和的语气对全班小朋友说:"谁的小眼睛没有找到我呀?"

大家都不知道李老师说的是谁,此时东张西望的黄勇察觉到李老师说的就是他,于是马上将注意力集中到了黑板上的图画上。

【解析】

李老师不点名的语言提示,让黄勇在同伴没有察觉的情况下知道了自己的错误,并且在同伴没有察觉的情况下纠正了自己的错误。让幼儿在同伴未察觉的情况下知错改错,是一种教育智慧,代表着教师对幼儿的尊重和爱护。

### 案例2-10 无言的教育

闫老师说:"有时一个幼儿做了怪动作,其他幼儿也开始学样,大家都不专注于教育活动了。这时我通常会使用铃鼓打出一定的节奏,让幼儿一起跟着节奏拍手,他们很快就回过神来了。有时我干脆不说话,眼睛看着他们,他们注意到我的眼神之后,会自然而然地停下来,保持安静。"

【解析】

跟着铃鼓打节奏,暂停讲课,确实是有效调控幼儿注意力的手段。一线幼儿教师应该学会运用这些非言语调控手段。

## 三、教育活动偶发事件的调控技能

教育活动偶发事件是指在幼儿园组织教育活动的过程中发生的教育活动计划之外的偶然事件。由于影响教育活动的因素是十分复杂、难测、难控的，所以教育活动偶发事件时不时会发生，这些偶发事件会给教育活动带来强烈的干扰和冲击，教师或幼儿园处理不当会使事态蔓延甚至加剧，导致教育活动秩序难以为继；处理得当，则能有效平息事态，使幼儿受到教育，从而推动教育活动顺利进行。因此，作为一名幼儿教师，必须掌握必要的偶发事件调控技能。

### （一）处理教育活动偶发事件的原则

#### 1. 教育性原则

教师对教育活动偶发事件的调控要以有利于幼儿身心健康发展为原则。偶发事件也是促进幼儿发展的一种资源，教师在处理偶发事件时，要以促进幼儿健康发展为出发点和归宿。

#### 2. 及时性原则

教师对教育活动偶发事件的处理一定要及时，否则，将影响教育活动的正常进行。请看下列案例：

**案例 2—11　嘭——嘭嘭嘭……**

在一次中班语言活动中，教师正指导幼儿看图讲述。突然，一个孩子不慎从椅子上滑倒在地，椅子随之倒地，发出"嘭"的响声，因为当时有许多家长和老师在听课，教师很紧张，没有采取任何措施，只是继续按计划组织活动。孩子们见老师没说什么，就有意识地把椅子一次次地推倒。教室里顿时响起了一片"嘭嘭"的椅子倒地声，"嘭嘭"声盖过了教师讲课的声音，教育活动再也无法进行下去，教师只好草草收场结束活动。

### （二）处理教育活动偶发事件应有的思路

不管处理什么样的教育活动偶发事件，都应该按如下思路理清处理该事件的方案：

- 此事件有何教育意义，它可用来促进幼儿哪些方面的发展——面对各种教育活动偶发事件，有教育智慧的幼儿教师总是会用专业的教育理论、专业知识和实践经验来对该事件进行教育价值判断。
- 如何利用这一事件来促进幼儿更好地发展——如何做，为什么这样做；这样做的积极效应是什么，消极效应是什么，如何避免消极效应。
- 后续还可以拓展哪些教育活动。

专业水平高的教师，他不会错过任何促进幼儿发展的机会，更不会让相应的教育活动偶发事件成为幼儿今后发展的障碍。

### 典型案例解析

#### 案例 2—12  争夺三轮车

在户外体育活动中，有四个孩子为了一辆三轮车你争我夺——两个孩子扯车头把手，两个孩子扯车尾，你不让我，我不让你。老师们有五种不同的处理方法：

A 老师大声呵斥四个抢车的孩子后说："你们四个不会谦让的孩子都别玩了！"于是一把抢过三轮车，让那些没有参与抢车的孩子玩车去了，四个孩子很是郁闷地站在旁边看着别人玩车。

B 老师大声呵斥四个抢车的孩子后说："你们四个不会谦让，谁也别想玩了！"于是把车锁起来了，孩子们看着心爱的车被锁在那里站了良久才悻悻地离开。

C 老师对抢车的四个孩子说："你们这样可不好呀！不会谦让的孩子不是好孩子！"结果抢车的孩子还是没有一个愿意放手。

D 老师对抢车的四个孩子说："你们四个人都放手，因为你们这样抢，谁也玩不成。你们不如采取轮流骑的办法，让每个人都能玩一下！"然后 D 老师具体指导：张三→王五→李四→……孩子们有序地、开心地、轮流地玩着三轮车。

E老师对抢车的四个孩子说:"你们这样抢,谁也玩不成。你们四个人现在都放手,想想办法,看看有什么办法能让每个人都高兴地玩一下,而不至于个个都不能玩。"孩子们经过讨论和商量最后决定采取轮流玩,每人每次骑两圈的办法来一起玩。

【解析】

E老师是最有教育智慧的,因为他不仅解决了孩子之间的冲突,而且利用这一偶发的冲突事件促进了孩子们社会性的发展。

具有教育智慧的教师面对各种偶发事件,不是采取简单的办法把问题"解决"(平息或化解)掉,而是充分利用这些偶发事件来促进幼儿更好地发展。

### 案例2—13 蝴蝶也来听老师讲故事

春暖花开的时节,我和十几位园长、教研员到某幼儿园听语言课……

当李老师用生动的语言和丰富的表情讲故事时,孩子们听得很专心。但好景不长,李老师的故事刚刚讲了一半时,一只从窗户误闯进来的蝴蝶打破了孩子们专注听老师讲故事的状态——所有孩子的注意力都转向了这只美丽的花蝴蝶。

李老师看到这种场景,灵机一动说道:"孩子们,大家看,小蝴蝶也来听课了。它是来看看哪些小朋友在认真听讲,哪些小朋友没有认真听讲。我们要好好表现给蝴蝶看哦!"话音一落,孩子们的注意力马上转向了老师所讲的故事……

评课时,在场的园长和教研员都认为李老师很有教育智慧。

【解析】

李老师使用一种带有欺骗性的手法转移了孩子们的注意力,达成了他预设的教育目标,完成了他预设的语言教育活动任务。但这在有意与无意间向孩子们转递一种经不起道德检视的做法:一个人为了达到目的可以选择说谎——随着年龄增长,如果孩子还记得这一教育活动经历,那么,他们一定能从中悟出这一"道理"。

所有园长、教研员都默认这一不道德的教育活动手法,并称之为教育智慧——这就更可怕了,因为它说明大家已经默认,甚至是习惯于为了"教育"而不惜采取不道德的手段。

不道德的教育方法虽然可以取得暂时的教育效果,但它潜在的危险是让孩子学会了不道德的做事规则。因此,处理教育活动偶发事件时,教师除了要思考这样做的积极效应外,还要思考如此做是否还蕴藏着其他不良的教育效应。

**案例 2-14　王老师,有人说你长得丑……**

课间活动时,王老师处理完刘天逸与同伴的一场纠纷后,就和孩子们一起谈论着一些有趣的话题,说着说着,忽然冒出一个突兀的声音:"王老师,有人说你长得丑……"顿时,王老师的好心情消失得无影无踪,"是谁说的?"王老师生气地问。立刻,就有小朋友告诉王老师:"是刘天逸,他说你长得丑……"其他的孩子也叽叽喳喳地说着。

这时候王老师发现刘天逸小朋友满脸通红,低着头不说话。王老师正想冲他发火,但转念一想:刚才因为他把另一个孩子推倒了,我批评了他,虽然他也知道自己做错了,但一时还无法从低落的情绪中走出来,有些消极情绪反应及想法是可以理解的。于是,王老师走到他面前,轻轻地安慰他,并且对全班的小朋友说:"刘天逸小朋友的意思是王老师没有他妈妈漂亮,拿老师和妈妈相比,刘天逸更爱他的妈妈!孩子们,你们是不是也像他一样,非常爱你们的妈妈呢?"一句话把全班小朋友的话题转移开了。

**【解析】**

面对幼儿的"无礼",王老师采取了转移话题的方式淡化处理,这不仅反映了王老师的胸怀,而且反映了王老师具有教育智慧——体谅幼儿的心情,同时给孩子的"错误"一个合理的解释,让师幼都有一个"合理"的台阶,这样,有利于化解矛盾,而不是激化矛盾。

### 案例 2-15　给娃娃穿上裤子

在美术教学活动中，我教幼儿画娃娃（由圆形和椭圆形组成）。小朋友们都画得很认真，他们陆陆续续把画好的画交给我。这时候，大鹏在喊："周老师，咪咪给娃娃画了个'鸡鸡'。"小朋友们的目光一下子集中到咪咪的身上，他果真在娃娃的两脚间添加了一条竖线。我拿着咪咪的画，小朋友们都跟着笑，有的用手在脸上擦动，嘴里不停地说："羞羞羞，不害臊。"这时候，活动室里一片欢闹。小朋友们的说笑赶走了咪咪原来的得意劲儿，取而代之的是一副难堪的样子。

我被这一突如其来的事件弄得不知所措，望着天真无邪的咪咪，我该怎么办呢？批评、指责他吗？这显然是行不通的。咪咪能为娃娃画出小"鸡鸡"，说明他平时对人体观察得很仔细，并非他存在什么不健康的思想，按理说应该表扬他。可是幼儿好模仿，以后画人物时，大家都像他这样做，那该怎么办呢？

就在我不知如何是好时，我听到妞妞和蹦蹦两个小朋友的对话："咪咪画的娃娃不穿裤子，很好笑，好羞人哟。"我灵机一动对小朋友们说："妞妞和蹦蹦说得对，不穿裤子的娃娃真羞人，你们看小娃娃都不好意思了，他对我们说：快帮我穿上裤子吧。小朋友们，我们给娃娃穿上裤子好不好？"我用笔加粗娃娃的两条腿。然后对小朋友们说："咪咪小朋友观察得很仔细，男娃娃都长了个小'鸡鸡'，但是我们画画的时候，一般都不画出来，因为小朋友都要穿裤子的，光着屁股不文明，多羞人呀！以后我们画娃娃时都要给他穿上裤子。"小朋友们听了我的话，不再嘲笑咪咪了，咪咪的脸上也露出了微笑。

（周淑芳，2004）

【解析】

周老师能正确理解和肯定孩子，并且富有教育智慧——即时利用孩子们的智慧，以"文明"为借口，给"娃娃"穿上裤子，化解了这一教育活动过程中的尴尬。不过，我倒觉得对孩子如此真实的绘画作品，老师没有必要那么慌张，慌张反而说明我们对人体没有一个正常的心态，这种不正常的心态也会给孩子带来消极的影响。

总之，在幼儿园教育活动过程中偶发事件是难以避免的，关键是我们要有教育的意识，要有教育的知识，努力让每个偶发事件都能转化为促进幼儿健康成长的一次契机。

## 第五节 幼儿园教育活动的提问与答问技能

### 一、教育活动中的提问技能

幼儿教育活动中的提问是指以教师提出问题的形式，通过师幼相互作用，检查学习，促进思维，巩固知识，促进幼儿学习的行为方式。对于教师而言，提问可以引导、检查、评价、调控教育活动的进程；对于幼儿而言，提问可以吸引幼儿的注意力，引起幼儿的学习动机，激发幼儿的兴趣和好奇心，使幼儿更积极主动地加入到教育活动之中。因此，幼儿教师必须掌握教育活动的提问技能。

#### （一）幼儿教师提问的原则

1. 目的性原则

提问应该有鲜明的针对性和明确的目的性，不能随心所欲，信口开河，要为教育活动目标的实现服务，要为幼儿理解和运用知识服务。教育活动中教师提问的目的在于：

- 激励幼儿参与活动。
- 发动幼儿回顾以前所学。
- 发动幼儿运用过去所学讨论某一话题、论题和问题。
- 引导幼儿进行创造性思维。
- 判断幼儿的能力，如，有些提问是为了查明幼儿是否掌握了某些知识与技能，存在哪些问题要进行补救。
- 估计幼儿对某一学习任务的准备情况。

- 确定教育活动目标所达到的程度。
- 激发和保持幼儿的兴趣与注意力。
- 控制幼儿的行为。
- 鼓励幼儿参与教育活动过程并在教育活动过程中做出贡献。

在教育活动设计中，教师首先要清楚：自己为什么要提问？提问的目的和重点是什么？提问要有明确的目的性，使幼儿明确探究的方向，并为幼儿解答相关问题奠定基础。例如，在中班科学活动"动物睡觉了"中，有位老师设计了这样一些提问："动物是怎样睡觉的？""睡觉方法都是一样的吗？"通过这些有针对性的提问，幼儿加深了对动物睡眠的印象，主动获取了知识。

### 2. 启发性原则

好的提问，必须富有启发性，不仅要使幼儿能答出什么，还应该使幼儿能讲出"为什么"，进而能提出自己的见解。切忌什么都问，什么都提"是不是""对不对"之类的有关问题，要围绕教育活动的重点内容和突破教育活动难点，设计一些关键性的问题引起幼儿主动思考，并力求让幼儿自己去解决这些问题。如，在"斜坡玩小车"的活动中，可以让幼儿想一想："为什么有的车子开得远，有的车子开得近？"让幼儿自己探索发现。又如，在科学活动"镜子反光"中，老师提问："反光是怎样产生的？怎样使光斑动起来？"让幼儿通过自己的操作实践寻找答案。

### 3. 针对性原则

提问应从幼儿的实际出发，在面向大多数幼儿的前提下，教师还必须根据每个幼儿不同的基础、不同的个性、不同的能力，有针对性地向不同水平的幼儿提出难度不同的问题，要特别顾及基础较差的幼儿。一般来说，难度和灵活性较大的问题要求幼儿重新组合所获得的信息来创造答案，这类问题对于能力较强的幼儿来说，他们经过思考的回答，有助于启发全体幼儿的思维。基础性及综合性的提问是为了巩固教育效果，问题的设计要考虑中等能力的幼儿，这样做可以吸引大部分幼儿的注意，调动他们的积极性。对于能力相对较弱的幼儿，要适当设计一些难度不大，经过认真思考能够回答出的问题，这样可以帮助他们恢复自信，提高学习兴趣。如，在大班科学活动"省力的轮子"中，教师提出问题："我们看到的轮子是什么形状的？轮子为什么是圆形的？如果我们用其他的形状做轮子会怎么样？"这样的提问就比较适合能力较弱的孩子的认识水平。

更具体地说，要求回答"是什么"的判别问题主要针对个别能力较差的孩子；回答"怎么样"的描述型和"为什么"的分析型问题可针对中等能力的孩子；回答"有什么异同"的比较型以及"有哪些不同意见"的创造型问题主要用来提问能力强的孩子。如，在故事活动"小熊的一家"中，对于能力相对较弱的幼儿，设计提问："熊妈妈爱小熊吗？"对于能力中等的幼儿，则设计提问："熊妈妈是怎样做的？"而对于个别能力相对很强的幼儿，则设计提问："你从什么地方感受到熊妈妈爱小熊的？"教师准确地针对幼儿的个体差异来选择恰当的提问方式，进行有目的和有层次的提问，可使每个幼儿都乐于主动地回答问题，在互动的氛围中积极参与活动。

**4. 适量性原则**

提问是启发式教学的重要手段，也是获得信息反馈的重要渠道，我们必须予以足够的重视。但这并不是说在一次教育活动中的提问越多越好。对于一次教育活动的提问，我们不但要看其量，还要看其质，更重要的是要适量。

**5. 及时性原则**

教师提问要把握稍纵即逝的时机，要问在幼儿接受知识、思考问题的"节骨眼"上。

**6. 循序渐进性原则**

教师的有效提问应面向全体幼儿，内容要有梯度，循序渐进，注意由浅入深，从具体到抽象，由个别到一般的认识过程，减少幼儿的思维障碍。如，在科学活动"站起来"中，教师首先以"你可以去试一试，看看它们能不能站起来"来激发幼儿操作的兴趣；接着，在幼儿操作后可提问："为什么有些东西能站起来？有些却不能？"通过这些提问引导幼儿思考；然后，又问："这些不能站起来的东西，有什么办法能让它们站起来？"再一次引发幼儿思考，引导幼儿分享经验；最后以"去找找生活中不能站起来的物体，帮它们站起来"引导幼儿将获得的经验运用到实际生活中去。整个活动中教师从经验入手，一步步加深幼儿的学习，体现了提问设计的层次性。

### 7. 全体性原则

教师的提问要面向大多数幼儿，问题的难易程度应能分别适应不同层次的幼儿，促使全体幼儿都能参与到教育活动中来。

### 8. 及时评价原则

教师对幼儿的回答要及时做出恰当、中肯的评价。教育活动中的每一个问题，幼儿回答后教师必须及时给予积极的点评，切忌问而不评，不理不睬，甚至挖苦讽刺等做法。特别是一些开放性问题，本身答案就不唯一，从不同的角度进行思考，可能得出不同的答案，教师绝不能因为幼儿的回答不符合自己思考的角度而随意定论，甚至贬低、打击和伤害幼儿的自尊心和自信心，使其逐渐丧失学习的兴趣。因此，教师对幼儿的回答，都应给予客观科学而合情合理的评价。对于创造性的回答予以赞美；对于正确的回答予以表扬；特别是对于那些有进步的幼儿以及胆小、害羞的幼儿予以鼓励；对于一时回答不上来的幼儿给予希望，希望他下次能回答好，从而使不同层次的幼儿都对教师组织的教育活动感兴趣。教师只有通过不断提问、不断鼓励来培养幼儿的学习兴趣，才能让幼儿积极主动地参与教育活动。

总之，幼儿教育活动过程中的提问要为教育活动目标的达成服务，要有一定的挑战性，要有利于调动幼儿思维的积极性，要对教育活动的顺利开展和幼儿的发展有效。

### （二）提问的类型

了解提问类型，有利于我们在教育活动过程中更加有效地提出符合教育活动目标要求的问题。

**1. 依据教育活动目标来分，可将提问分为六个不同的层次水平**

（1）知识水平的提问。

这类提问是最低层次的，目的主要是让幼儿回忆先前所学过的知识。此类提问较其他提问更为重要，因为如果幼儿不能记住基本知识，就无法回答较高水平的提问。不过，对于这类提问，幼儿只需凭记忆回答。一般情况下，幼儿只是逐字逐句地复述学过的一些内容，不需要自己组织语言。知识水平的提问限制了幼儿的独立思考，没有给他们表达自己思想的机会。因此，教育活动中的提问不能局限在这一层次上。

在知识水平的提问中，教师通常使用的关键词有：谁、是什么、在哪里、什么时候、有哪些、说出等。如，"故事中有谁？故事的名字是什么？""国旗上有几颗星？""大象的鼻子长得是什么样子的？""这是什么声音？""大猩猩是怎么叫的？""回家的路上有什么？""每一层楼梯有多少个台阶？""信号灯最左侧的灯是什么颜色呢？""小朋友们，老师手上拿的是什么呢？"等等。

（2）理解水平的提问。

此类水平的提问是教师用来检查幼儿对已学的知识及技能的理解和掌握情况的，多用于某个概念、原理讲解之后，它可帮助幼儿组织所学知识、弄清其含义。此类提问要求幼儿用自己的话叙述所学知识，帮助幼儿比较、对照事件的异同，把一些知识从一种形式转变为另一种形式。

在理解水平的提问中，教师经常使用的关键词句有：请你用自己的话叙述、阐述、比较、对照、解释等。如，"你能说出水污染对人类的生存有什么影响吗？""图片上讲了一个什么故事？""西瓜和冬瓜有什么不同？"等等。

（3）应用水平的提问。

这一水平的提问主要帮助、鼓励幼儿用已学的知识去解决问题。要求幼儿能所将学规则、原理运用于解决某些问题，帮助他们对问题进行分析、选择，以确定正确的答案。

在应用水平的提问中，教师经常使用的关键词有：应用、运用、分类、分辨、选择、举例等。如，"教室里有哪些图形是长方形？""图片中哪些是禽类，哪些是兽类？""哪些是蔬菜？哪些是水果？"等等。幼儿通过回答问题及操作活动反映其对知识、概念的应用情况。

（4）分析水平的提问。

此类提问可用来分析知识的结构、因素，弄清事物间的关系或事件的前因后果，引导幼儿进行批判性思维。此类提问要求幼儿能分析资料、信息以进行推论。幼儿仅靠记忆并不能回答这类提问，必须通过认真的思考，对材料进行加工、组织，寻找根据，进行解释和鉴别才能解决问题。

在分析水平的提问中，教师经常使用的关键词句有：为什么、哪些因素、什么原理、什么关系、得出结论、论证、证明、分析等。如，"为什么一片薄铁片在水中会沉下去，而钢铁制成的小船会浮在水面上？""你怎么知道小宝是个爱帮助人的好孩子呢？"等等。让幼儿通过分析后做出回答，如果仅仅依靠再现所学知识是不能回答这层水平提问的。

（5）综合水平的提问。

综合水平的提问是要求幼儿发现知识之间的内在联系，并在此基础上使幼儿把教育活动内容的概念、规则等重新进行组合的提问方式。这类提问强调对内容的整体性理解和把握，要求幼儿把原先个别的、分散的内容以创造性方式综合起来进行思考，找出这些内容之间的内在联系，形成一种新的关系，从中得出一定的结论。这种提问可以激发幼儿的想象力和创造力。

在综合水平的提问中，教师经常使用的关键词句有：预见、创作、假如……会……、如果……会……、结合……谈……、根据……你能想出……的解决方法、总结等。如，"假如地球上的森林被砍伐光了，地球会发生什么变化？""如果地球上没有水，世界会变成什么样子？""如果人能飞，世界会发生什么样的变化？""看到迷路的小狗时，应该怎么做呢？""如果突然没电，该怎么做呢？""如果你是卖年糕的老奶奶，碰到老虎你会怎么做？""你一个人在家时，如果着火了，你该怎么做呢？"等等。此类水平的提问，常用于发展幼儿的创造性思维和对某一问题做整体性了解。

(6) 评价水平的提问。

此类提问是一种要求幼儿运用准则和标准对观念、作品、方法、资料等做出价值判断，或者进行比较和选择的一种提问方式。这是一种评论性的提问，需要运用所学内容和各方面的知识与经验，并融进自己的思想、感受和价值观念，进行独立思考，才能回答。它要求幼儿能提出个人的见解，形成自己的价值观，是最高水平的提问。

在评价水平的提问中，教师经常使用的关键词句有：判断、评价、证明、你对……有什么看法等。如，"你是赞成这个结论还是反对这个结论？原因是什么？""你认为哪幅绘画作品最好？好在哪里？""孔融让梨对吗？为什么？""你为什么认为他的这个办法好？""你认为我们班哪位小朋友表现最好？为什么？"等等。

教师要根据教育活动目标的需要，选择适当的提问方式。

**2. 根据对问题回答的不同要求，可把提问分为四类**

(1) 判断类问题。

此类提问主要是对事物加以判定。在此类提问中，教师经常使用的关键词有：是不是、对不对、行不行、好不好、能不能、会不会、知不知道等。由于这种提问的回答多数只限于一种回答，即单纯的肯定或否定，所以也叫做闭锁式提问。

这类提问在教育活动交流中具有收集信息、澄清事实、缩短回答时间，使师幼交流集中在某些特定问题上等功效。但这类提问也存在缺陷：其一，要求回答者仅用"是"或"否"就能解决提问，尽管教师也引导幼儿思考，但提问方式本身容易误导幼儿不做思考，所以思维程度要求很低；其二，难以发现幼儿的真实水平，一个简单的"是"或"否"常包含偶然因素，从概率来说，即使靠猜，也有50%的正确率；其三，难以找到幼儿错误的症结所在，一个判断失误可由多种因素导致，不找到原因就无法对症下药。

因此，教师应用此类提问要适度，不要过多使用，最好在这种类型的提问后面紧跟一些引导思考的提问。

(2) 描述类问题。

此类提问主要是对客观事物加以陈述和说明。在此类提问中，教师经常使用的关键词有：是什么、怎么样等。

这类提问的特点是：其一，能引导幼儿将注意力集中并指向课题，调节幼儿学习的心理状态；其二，能提高幼儿从众多信息中辨认出某些相关信息的能力；其三，缺乏引起思考的功能，因为提问本身只要求回答是什么，所以这类提问难以培养幼儿的思考能力。

我们建议将这类提问和引起思考以及引导讨论的提问结合起来使用，以增加这类提问的思考性。

(3) 探索类问题。

此类提问主要是对事物的原因、规律、内在联系加以阐释，目的是引导幼儿发现知识的某些本质特征，在探究和比较中抓住知识的本质，从而加深对相关知识的理解。在此类提问中，教师经常使用的关键词句有：为什么、你从中能发现什么、你该如何、有什么相同（不同）之处等。

这类提问的缺点是：其一，问题指向不明确、不具体，范围过大，难以引导幼儿较快地抓住本质特征。对于同一课题，幼儿可以发现许多信息，有些是非本质的（如情节特征、数据特征），有些是本质的（如关系特征、结构特征）。其二，这类提问后面常伴随讲解或讨论，如果幼儿因问题目标不明确而感到茫然，此时进入讲解和讨论，不仅不利于思考，反而使幼儿难以掌握知识本身。

这类提问应尽可能地做到目标明确，要求教师选择具体的提问，实实在在地引导幼儿思考。

(4) 叙理性提问。

这类提问多见于幼儿完成某个解答后。目的在于引导幼儿叙述有条理，加深理解，同时教师也容易发现幼儿的错误所在。教师常用的关键词句有：为什么、怎么想等。如，"为什么要有广告？""我们为什么要穿衣服？"

这类提问的特点是：其一，具有培养初步逻辑能力的功能，一个较完整的"为什么"的叙述，其本身就是一个较完整的逻辑思维过程，包含着因果关系。其二，它能引导幼儿在叙述过程中加深对知识的理解，同时，在教师的点拨下，可使一些原来不知其所以然或略知其所以然的幼儿能知其所以然。

我们建议采用这类提问时视幼儿的年龄特点而调整教师的活动，因为这类提问的逻辑要求相对高些，故年龄小的幼儿在回答时常有些困难，这时应增加一些教师的活动。如，启发、纠正、点拨、商讨等，以提高幼儿的逻辑思维能力。

（5）发散类问题。

此类提问主要是从多角度、多方面、多领域去认识客观事物。在此类提问中，教师经常使用的关键语句有："除此之外，还有哪些方法？""你从中体会到了什么？""你是怎样理解的？""说说你的看法。""还可以怎么做？""还可以怎么想？"如，"哪些办法能让热水快点变冷呢？""关于这个问题你还有什么看法吗？""未来的汽车会是什么样子的呢？如果你是设计师，你会设计出什么样的汽车来？""如果不遵守交通规则，会发生什么事呢？"等等。

这类提问的特点是：其一，问题目标指向具有扩散性，能引导幼儿充分、自由地去思考，提出具有独创性的见解，有利于培养幼儿思维的创造性；其二，需要有一定的基础知识和基本能力，无论是直觉思维还是创造性思维，其水平的发挥首先取决于基础知识的积累，其次还取决于幼儿的想象、思维等智力水平。

这类提问应根据幼儿的年龄不同，由简单到复杂逐渐增加问题的难度。

**3. 从教育活动提问的方式来分，可将提问分为五种方式**

（1）设问。

其特点是教师将问题提出，并不要求幼儿作答，而是自问自答。它能引起幼儿的注意，造成幼儿的悬念感。设问常用于复习与引入新的教育活动内容。复习中的设问，一般不是知识的简单重复，而是着眼于培养幼儿的多向思维能力，以利于知识与技能的巩固和提高。引入新教育活动内容的设问，其作用是设置悬念，以激发幼儿的学习兴趣、热情和求知欲。

(2) 追问。

教师把所要传授的知识分解成一个个的小问题，一环扣一环，不断地提问幼儿。追问的特点是教师发问的语气较急促，问题与问题的间隔时间较短，能创设热烈的气氛，训练幼儿敏捷、灵活的思维品质。追问能使幼儿保持注意的稳定性，刺激其积极思考，有利于幼儿全面掌握知识的内在联系。

(3) 互问。

就是由幼儿互相提出问题，回答问题。互问是一种你来考考我、我来考考你的教学活动。互问可在局部也可在全班进行。教师要限定问题的范围，注意引导幼儿围绕教学重点去展开互问互答，切忌偏离教学内容讲题外话。

(4) 反问。

就是从反面把问题倒过来提出，让幼儿利用事物间相反相成的矛盾关系，以反推正。其特点是以反推正，扩大信息反差，构成矛盾情境。它容易引起幼儿心理上的矛盾冲突，能将幼儿容易忽略的地方提出来，以引起注意。如，"我看啄木鸟那样站在树上会掉下来，你们说会不会掉下来？""我想爸爸妈妈不给我买玩具，我大哭大叫也没什么不好，我是小孩嘛！你们说对吗？"

(5) 直问。

这是最常用的提问形式，即教师为引起幼儿的某种思考而进行的直接提问。如，就某一问题而明确地发问："……的意思是什么？""你认为这个问题该怎样解决？"等等。

**4. 从幼儿理解知识的程度来看，可将提问分为四种方式**

(1) 引发性问题。

此类提问是激发幼儿的学习积极性，创设问题情境，使幼儿形成问题意识,开展定向思维的提问方式。此类提问一般用在教育活动的起始阶段,教师为了引起幼儿的学习兴趣,进行定向思维,或为幼儿营造某种学习氛围,或是使幼儿的注意力集中到某一特定内容上。如,"小蝌蚪为什么要去找妈妈?小蝌蚪是怎样找妈妈的?"又如,在故事活动"会动的房子"中,教师可提问:"是谁带着小乌龟走的?它们是怎么走的?""小乌龟起床后发现自己到了新的地方,它是怎么做的?""后来,小乌龟的房子又到哪里去了?它又是怎么去的?"这样的提问,不仅能开阔幼儿的思路,还有助于提高幼儿的语言组织能力和连贯表达能力。

(2)疏导性问题。

此类提问是幼儿在学习过程中,思路受阻或是偏离正确方向时,教师进行点拨、疏导的提问。如,"小花猫认为鱼是最好的礼物,但为什么小兔子不喜欢呢?小花猫送小兔子什么礼物最好?"等等。

(3)总结性问题。

此类提问是在某项活动结束后,教师向小朋友提问引发幼儿对所学所听的内容进行总结。如,"小动物们是怎样打败大灰狼的?""你为什么认为蚯蚓是好的?"等等。

(4)感想性问题。

此类提问是在某项活动结束后,教师向小朋友提问引发他们对所学所听的内容谈自己的感想。如,"我们终于把玩具整理好了,你们内心怎么想的呢?"等等。

**5. 从提问引发幼儿的思维方向来分,可将提问分为六种方式**

(1)描述性提问。

即教师指示幼儿细致地观察并描述事物。如,"猴子的尾巴长得什么样?""兔子的耳朵长得什么样?""苹果表面是什么样的?"等等,这种提问有利于引导幼儿抓住事物的主要特征。

(2)比较性的提问。

即教师通过提问启发幼儿比较事物的异同。如,"三角形和正方形有什么不同?""长方形和正方形有什么不同?""沙子和土有什么区别?

干沙子和湿沙子在堆小山时有什么不同呀？""小朋友们，你们在笑的时候，嘴有什么相同之处呀？哭的时候嘴有什么相同之处呀？""物体膨胀现象和我们的生活有着密切的关系，你们知道哪些物体膨胀现象给我们的生活带来了方便吗？而哪些物体的膨胀现象会妨碍我们的生活呢？"等等，这种提问有利于培养幼儿观察的细致性和分析比较的思维能力。

(3) 分类性提问。

即教师启发幼儿运用事物的某项特征进行分类的提问。如，"说说哪些植物是蔬菜？哪些植物是水果？"等等，此类提问有利于培养幼儿的分类能力。

(4) 假设性提问。

即教师启发幼儿想象的提问。如，"如果地球上没有了水，人们怎么办？""假如地球上没有了空气，人们怎么办？""小朋友想一想：你有什么好办法帮助小白兔打败大灰狼？"等等，这种类型的提问，可以培养幼儿的想象力、扩散思维能力。

(5) 选择性提问。

即教师对几种结论进行取舍的提问。如，"你认为这三种方法哪种最好？""你认为小马和老牛谁能过河？"等等。这种类型的提问可以提高幼儿辨别事物的能力。

(6) 反诘提问。

即教师对幼儿在观察、感知过程中初步得出的判断进行反问。如，"你怎么知道这个长、那个短呢？""你怎么知道兔子会比乌龟跑得快呢？""你为什么认为青蛙是小蝌蚪变的？"等等。这种提问，可以促使幼儿进一步精确、仔细地观察，从而形成正确的结论。

### （三）提问实施应注意的事项

#### 1. 提出的问题应有思考价值

教师提问的目的在于使各个层次的幼儿在认知水平、知识水平、思维水平上都有所提高。因此，问题必须根据幼儿的实际情况合理、科学地进行设置，使各个层次的幼儿都能参与到问题的思考当中。教师设置的问题必须具有引导性、启发性，不管在内容上还是在形式上都要符合幼儿的知识水平和心理特点，提出的问题要能激发幼儿的兴趣，引导其进行积极有效的思考，必要时可以组织幼儿进行小组讨论，分析整合自己的观点。

### 2. 态度友好从容

教师应以愉快、友好、从容、谈话式的态度来进行提问，使幼儿在轻松、自由、和谐的气氛中，愉悦地、积极主动地思考和回答问题。不要带有考问口气，表情不能太严肃。幼儿一时回答不出问题，教师要善于补充提出一些起启发作用的问题。幼儿实在回答不出来，教师不要强迫他回答，可让他坐下注意听其他幼儿的回答，然后让他用自己的话复述一遍。

### 3. 面向全班幼儿

提问应吸引全班幼儿的注意，教师不能为了教学顺利只提问能力强的幼儿，而应使全班幼儿都积极地参加到思考活动之中。一般情况下，教师先提出问题，让全班幼儿思考，再指定某个幼儿回答。重要的问题，可多叫几个幼儿回答，回答以后，还可叫其他幼儿议论补充。这样做可使每个幼儿都认真思考，都做好回答问题的准备。不要按座位依次发问，或按点名册上的名次发问。

### 4. 不浪费时间

一次教育活动的时间是有限的，教育活动中不可能什么都问，为了不浪费教育活动中的宝贵时间，大部分的提问教师应以设计教育活动时准备的问题为主，小部分问题可临场发挥。不浪费时间的具体要求是：

- 教师的问题要扣紧主次，要求要十分明确，不使幼儿费解、曲解。
- 教师事先对幼儿的可能回答要有所准备，并想好将幼儿的思路引回到教师所要讲的问题上。
- 幼儿对问题的理解产生了偏离时，如果这种偏离对理解本次教育活动内容不十分重要，教师可留到课后解答，防止节外生枝。
- 难度大或是引路性问题，可找能力强的幼儿来回答；难度小的问题，可提问能力弱、基础较差的幼儿；属于了解幼儿知识掌握情况的问题，可侧重提问能力一般的幼儿和能力较弱的幼儿。

### 5. 给幼儿必要的时间

教师提出问题后，一般要停顿3～5秒钟的时间，让幼儿思考后再回答。有的教师一提出问题就马上要幼儿回答，幼儿没有思考时间，不可能回答好问题。不过，到底停顿多长时间较合适呢？这要随问题的难度、幼儿的知识准备情况和幼儿能力结构中的思维敏捷程度而定。通常对比较简单的铺垫性、过渡性的问题，或为了考查幼儿对某个问题的熟练程度和反应速度，教师提问停顿的时间可以短些；对比较关键的问题或为了巩固复习而提出的问题，教师提问停顿的时间可稍长一些；对较重要的问题，提问后要让幼儿思考较长一段时间后再让其回答。幼儿回答问题之后，有时教师还可再等待一段时间，让幼儿的答案在大家的脑子里回旋一下，然后再指定幼儿补充和评价，或转入新的问题。

### 6. 明确提问中对幼儿回答问题的要求

提问不仅是发展幼儿智力因素的手段，也是发展幼儿非智力因素的一种手段。

（1）表达的要求。

- 教师应要求幼儿回答问题时把自己的意思说清楚，没说清楚的应重说。
- 幼儿的表达要尽可能全面、有条理，力求不遗漏、不重复、不带口头语。
- 幼儿的声音要洪亮有力，发音准确，其表达要不害羞、不胆怯。

（2）态度的要求。

教师应要求幼儿回答问题时态度认真，不马虎应付，不信口开河，不挤牙膏式地回答问题。教育活动中教师应要求幼儿回答问题态度积极，同时讲礼貌、不说粗话、不讥讽，对答问不好的幼儿，不随意打断别人的发言。幼儿回答问题时要站立，想发言时要先举手，待老师许可后再起立发言，别人发言时，不得争先起立发言。

### 7. 提问应做到"五先五后"

(1) 先提问，后指名。

教师用准确、清晰、简明的语言提出问题后，要观察幼儿对问题是否理解，然后再指名。若是先指名后提问，被指名回答问题的幼儿尚能积极思考，其余的幼儿则认为"事不关己，高高挂起"。这样的提问让未被指名幼儿的思维处于"靠边休息"的状态，是没有面向全体的提问，是没有价值的提问。

(2) 先思考，后回答。

教师提出问题后，要给幼儿留出思考的时间，"开车不等客"的做法，不利于幼儿思维能力的发展。提出问题后，在大多数幼儿"跃跃欲试"时，再指名幼儿回答，如果幼儿对所提问题一时回答不出来，教师要以适当的方法鼓励、启发、诱导幼儿回答。

(3) 先讨论，后结论。

对于教师的提问，尤其是具有一定难度的问题，幼儿回答后，教师不要立刻判定"对"或是"不对"，可以让别的小朋友补充、纠正，表示赞同或反对，提出不同的答案，提出更佳的解答方案等。在此基础上，教师便可"顺水推舟"，根据幼儿成熟的讨论对所提问题做出结论。

(4) 先幼儿，后教师。

当幼儿在回答问题时，教师的态度要亲切温和，让幼儿充分发表自己的观点，认真倾听幼儿的回答（哪怕是错误的回答），不要轻易打断幼儿的发言（特别是幼儿吞吞吐吐、表达不清时，不能因怕耽误教学时间而责令幼儿坐下，可以让幼儿把回答的内容写在纸上后再回答）。如果幼儿回答有困难，教师要鼓励幼儿继续思考，必要时教师适当引导或暗示，从而让幼儿正确地理解问题，做到问中有导。如果幼儿回答有错，教师可以让其他幼儿进行评价，让幼儿自己纠正错误或请别的幼儿帮助纠正，在幼儿充分发表意见后，教师再发表自己对所提问题的看法。

(5) 先激励，后更正。

教师对幼儿的回答要热情地鼓励，请不要吝啬你的鼓励语言和掌声，即使是幼儿(特别是能力弱的幼儿)回答错了，也要表扬他敢于举手、敢于站起来和敢于积极答问的精神。如,"别泄气,还有机会,我们再争取。""你的进步真大,敢于站起来,已经走出了迈向成功的第一步!"对于回答不全面的幼儿,教师要着重表扬他(她)对的部分。如,"真不错,你快要成功了!""要是补充上这个条件,该有多好啊!""再想一想,老师相信你一定能成功!""我们让暂时还没有理解的小朋友想一想,给他们一点时间好吗?""你真有勇气,为大家开了个好头!"让他们听在耳里,甜在心头,树立起克服困难的信心。当能力强的幼儿回答得很"精彩"时,教师可用"你真棒,真了不起!""你想的连老师都没有想到!""太好了,祝贺你!"等语言进行鼓励。但也要在更高层次上提出要求,促使他"更上一层楼",防止其产生骄傲自满情绪,不能让其"故步自封"。

### 8. 要正确评价,注意多鼓励

课堂提问时教师要环视每个幼儿,态度和蔼、热情,让幼儿有一种被重视、被欣赏的感觉。教师对幼儿的回答,要注意倾听。要以温和的态度去接受。教师应对幼儿回答问题的内容进行恰当的评价。对幼儿经过独立思考并有创见的回答应及时肯定,鼓励大家效法;对和教师预期的答案不同的回答,如确有道理也应该肯定;如果幼儿解答的根据待考证,可以作为不同理解,留待大家教育活动结束后思考;如果幼儿答错了,经过补问、启发仍答得不怎么如意,可请别的幼儿纠正或补充,教师要帮助幼儿找出错误的原因,切不可对答错的幼儿白眼相待,讽刺挖苦,也不能无原则地赞美;如果幼儿没有尽力思考问题,教师可补充问题追问,使之做出满意的回答,克服马虎的习惯和自满情绪;如果幼儿对某些基本概念答得不准确,找人补充也不完整,教师可做补讲;对教育活动中积极发言、大胆回答问题的幼儿,教师要给予鼓励;对问题回答得好或回答问题有进步的幼儿,要及时表扬,或以满意的目光、微带示意的点头表示赞许。

教师提问之后一定要对幼儿的回答做出适当的评价。教师的评价极为重要,它能保持幼儿学习的积极性,让幼儿了解自己的学习情况,从而以积极主动的心态投入到新一轮的学习中去。

 **典型案例解析**

### 案例 2-16 "不知道就不要举手"

活动时,老师问:"在这个故事里你最喜欢谁,为什么?"小朋友们纷纷举手。红红撅着小屁股,把手举得很高很高,老师说:"红红,你来说说。"红红站起来,看了一下老师,然后低下头,什么话都没说……

老师十分气愤地对红红说:"不知道就不要举手!"

【解析】

每个幼儿都有强烈的自我表现欲,幼儿在意的是老师对他的关注,而往往并没有真正地用心思考老师提出的问题。教师对幼儿的自我表现欲应该表示理解,并且多创造机会让每个孩子都有机会表现自我。

### 案例 2-17 我们请×××小朋友再来回答一个问题

活动时,老师用力压弹簧,问:"现在弹簧怎么样了啊?"小朋友们纷纷举手。"丁丁来说说。"丁丁回答道:"变形了。"老师又问:"我们生活中还有哪些东西用力压就可以变形?"小朋友们又纷纷举手。老师又说:"丁丁你再来回答这个问题。"丁丁回答道:"有沙发、海绵……"在整个教育活动过程中,丁丁回答问题的几率最高,总共回答问题8次,绝大多数幼儿都没有回答问题的机会。

【解析】

注意这其中的"再"。在幼儿园公开课中,能力强的幼儿在教育活动中往往被教师反复提问,而绝大多数幼儿仅仅是绿叶,无论其心中的想法怎样,都是为红花做陪衬的。从情感态度价值观的角度来说,这是对大部分幼儿生命活力的扼杀和摧残。

教师在课后要反思这几个问题:这节课,还有哪些幼儿我没有提问到?还有哪些幼儿没有回答问题?因为对于教师而言,一个幼儿可能仅仅是三十几分之一,而对于幼儿而言,失落的情绪可能伴随他几天,甚至影响其一生。

### 案例 2—18 和蔼之外的伤害

当丛丛小朋友回答不出问题时，当班的木老师和蔼地对丛丛说："你先坐下来想想，听听别的小朋友是怎么说的。"然后，小惠小朋友轻而易举地回答了该问题。

木老师："小朋友们，刚才小惠小朋友回答得好不好？"

小朋友们："嘿！嘿！嘿！小惠小朋友你真棒！嘿！嘿！嘿！嘿！小惠小朋友你真棒！"

【解析】

上述案例是我在幼儿园见习中看到的真实案例。

当我看见丛丛小朋友坐下来之后，我的心里却很难受，因为教师的话让他感到自己不如别人。当我向这位老师指出她的不足时，该老师却感到很冤枉，她说："我都没有责备他，态度还那么温和！"她不知道她自己的话和后续的教育活动已经深深地伤害了丛丛小朋友的自尊心。

## 二、幼儿教师应对幼儿提问的技能

幼儿对周围的事物有着强烈的兴趣和好奇心，他们的小脑袋装满各式各样的疑问。3—4岁的幼儿常常会指着身边的事物问"这是什么"，4—5岁的幼儿常常问"为什么"，而更大一点的幼儿的问题更是五花八门。幼儿教师对幼儿千奇百怪的问题，持有各种不同的态度，有的不予理睬或敷衍了事甚至粗暴地回应，这严重扼杀了幼儿探索事物本质的积极兴趣，将掐灭幼儿智慧的火花。因此，幼儿教师要掌握应对幼儿提问的技能，并且利用幼儿的提问来促进其全面发展。

### （一）接纳并鼓励幼儿的提问

幼儿经常会提出一些令人忍俊不禁、无法回答的问题，如果教师不接纳幼儿的问题，只是一笑了之、敷衍了事或粗暴地回应，久而久之，幼儿就不想再问了，这将导致其智慧的萌芽逐渐枯萎。因此，教师必须接纳幼儿的问题。

教师不仅要接纳还要鼓励幼儿提问。当遇到幼儿提出问题的时候，教师可以对幼儿说:"这个问题问得好!"还可以表示出惊奇和欣赏:"我怎么没有想过这个问题呢?"或者说:"你真厉害,把老师也问住了!"

教师这种接纳鼓励的态度会让幼儿对周围的事物一直保持一种好奇心,同时激励他们不断地表达自己对周围世界的困惑。

### (二)应对幼儿的提问要及时

教师对幼儿的提问应该不失时机地立即回应。因为幼儿的注意力不能维持较长时间,如果教师不马上回应,幼儿或忘掉了刚刚问的问题,或兴趣降低,都会影响其智力和求知欲的发展。当然,这里所说的"立即回应",并不是主张马上把问题的标准答案直接"告诉"幼儿,而是主张立即回应幼儿所提出的问题,并努力通过对问题的回应来促进幼儿对有关问题的思考,促进其能力的发展。

### (三)要引导幼儿通过探索解决问题

如果幼儿提出的问题有探索意义,教师就不要通过简单的回答来直接"告知"幼儿标准答案,而要引导幼儿通过探索来发现问题的答案。因为幼儿通过探索发现新知,比教师直接"告知"更能促进幼儿的发展。比如,幼儿问:"花不浇水会不会死掉?"你不要急着告诉他:"当然会了,傻孩子。"你可以鼓励他:"你自己试试看,不给花浇水,它会怎样呢?"当幼儿问:"我可不可以不吃饭?"你不要急于骂他,可以让他试一次看看。又如,在种植园参观时,幼儿因分辨不清葱和韭菜,他们会问:"老师,怎么区分葱和韭菜呀?"教师这时可引导幼儿自己进行比较鉴别,通过实地实物的考察,让幼儿自己得出正确的答案。又如,幼儿问:"为什么长颈鹿的脖子那么长而我们的脖子不那么长呢?"教师可引导幼儿从动物寻找食物、自我保护的角度来考虑,问题的答案自然而然就出来了。因此,教师不仅要帮助幼儿找到问题的答案,更重要的是,要让幼儿在探索过程中逐渐掌握解决问题的方法,并在以后的求知和探索过程中有意识地加以运用和创新。

当然,如果是不可以试的事情,你要用斩钉截铁的语气告诉他:"绝对不可以。"比如,幼儿问:"我可不可以试试跳楼,看会不会死掉?"你一定要告诉他:"千万不可以!"

### （四）以问代答

为了鼓励幼儿养成有问题先自己动脑筋思考的习惯，教师对幼儿的问题可适当地反问，反问时要启发、引导，问题的难度要适宜。平时许多教师惯于用对与不对、可以与不可以、好与不好等肯定或否定的回答，如，幼儿问："老师，这朵花漂亮不漂亮？"教师说："不漂亮。"这样的回答虽然简洁明了，但不如这样回答——"你认为怎么样？""你认为漂亮吗？"更能促进幼儿的思考；如果幼儿回答"不漂亮"，你又可以这样问："为什么不漂亮？"……经常用反问，能促使幼儿主动积极地思考问题，并渐渐地形成对周围事物特有的、属于自身的认识。幼儿问你某些问题，只是想验证一下他自己的想法，这时你采用反问的方式正合他的心意，并且这样的回答比你挖空心思去从科学的角度来回答更能让幼儿感到满足。如，幼儿问："男的和女的有什么地方不同？"对于这个问题，如果你回答说"男的有力气，女的温顺"，就不符合现代社会的实际情况。如果你回答说"男的有胡子，女的没有胡子"，也不符合实际情况，因为幼儿看到有些男的是没有胡子的。对于幼儿的这一问题，你可以这样反问他："你看男的和女的有什么地方不同呢？"可能幼儿会迅速做出反应，得意地回答："这个问题我知道。男的短头发，女的长头发。男的不穿裙子，女的穿裙子。"教师听后，可在重复幼儿答案的同时这样附和说："对，老师也是这么想的。"这样的回答既很得体，又鼓励了幼儿的创造力。

### （五）间接回答

幼儿的提问是多种多样的，有的答案是凭幼儿的认知水平难以理解的，有时极平常的问题会使教师难以回答，或者即使回答了，也难以使幼儿感到满足。这种体验连续几次之后，幼儿提问的次数就会减少，甚至会使幼儿对事物失去了应有的好奇心。对这类提问我们可以采取间接的方式来回答。如，幼儿问："为什么狗不会说话，只会汪汪汪地叫呢？"你就可以说："我们人说人话，狗说狗话呗，也许狗听我们说话以为我们也在叫呢！""为什么袋鼠跳着走而人不跳着走？"你可以回答："你不也会跳吗？爱跳你就跳，只要你不怕累。袋鼠可是跳远健将。"听到这个回答,小朋友们会禁不住哈哈大笑,在笑声中,他们心中的疑问也就化解了。这样,教师既没有把问题的答案完全限定,又为幼儿今后的继续探索留了空间。

### (六)以答引思

有些提问,答案有多个,如果以偏概全,简单作答,是不科学的。如,有的小朋友提问:"活动室里的灯怎么熄了?"教师可答:"我说可能是停电了,你说呢?"巧妙启发,抛砖引玉,点燃思维火花。幼儿会开动脑筋:"我说可能是灯管坏了,可能是停电了……"再如,听完《狼和小羊》的结尾,狼向小羊猛扑过去时,幼儿问:"狼吃了小羊,还是没吃?"如果简单地说"吃了"或"没有吃",都违反了作者的意图,这时教师应利用这些"空白",发展幼儿的想象力,比如,用辅助提问:"牧羊人赶来了,会是怎样呢?聪明的乌龟赶来了又会怎样?"等等,启发幼儿发挥想象然后自己作答。

### (七)直接回答的答案是幼儿可理解的

当幼儿提出的问题教师不能通过启发探索让幼儿弄清答案而必须采取直接回答时,回答幼儿的提问应该做到容易理解。幼儿的知识经验和理解能力是有限的,所以教师告诉幼儿的答案一定要做到浅显易懂、深入浅出,便于幼儿理解。千万不可复杂化或故弄玄虚,使幼儿难于理解。

总之,我们应该重视和正确对待幼儿的提问,让幼儿的提问成为幼儿增长见识和形成好学好问的良好学习习惯的重要契机,为其今后的发展奠定良好的基础。

**案例 2—19  蝴蝶和蜜蜂**

春光明媚,老师带幼儿去欣赏桃花,一个小朋友被飞舞的蝴蝶和蜜蜂吸引:"老师,蝴蝶飞舞为什么没有声音,而蜜蜂飞舞有嗡嗡的声音?"

A老师对幼儿一顿呵斥:"别的小朋友都不问,就你'问题'多,讨厌,讨厌,不要来烦我!"幼儿郁闷地走开了。

B老师直截了当地告诉幼儿:"在蝴蝶飞动的时候翅膀振动慢,而蜜蜂飞行时翅膀振动很快。"幼儿点点头,似懂非懂地走开了。

C老师引导幼儿说:"你观察蜜蜂和蝴蝶飞舞时翅膀的振动有什么不同?"幼儿通过观察得到了答案,满意地走了。

D老师引导幼儿说:"你观察蜜蜂和蝴蝶飞舞时有什么不同?"这个幼儿花很多时间观察蜜蜂和蝴蝶并且最终得到了答案,满意地走了。

【解析】

A、B、C、D四位老师的依次回答,反映其专业水平和教育智慧逐渐提高。A老师属于毫无教育智慧的老师,他如此粗暴地回答,不仅不能促进幼儿的发展,反而会成为幼儿发展的一种障碍。D教师不仅让幼儿获得了满意的答案,还让幼儿获得了解决问题的方法。

## 第六节 幼儿园教育活动的讲解技能

讲解技能是指幼儿教师在组织教育活动中,运用口头语言向幼儿直接、明确地传递信息的一种行为方式。教师的讲解能使幼儿更加深入地理解和记忆相关的知识与经验,另外,教师在讲解的同时,辅助以大量的感性材料,符合幼儿形象思维的特点,更能帮助幼儿正确地体会活动内容。

### 一、幼儿教师讲解的原则

教师的讲解应注意以下几点原则:

#### 1. 教师讲解的准确性

教师在选择讲解内容时,向幼儿传递的信息应该是准确的,面向幼儿的讲解内容要科学、没有错误,否则,将有碍于幼儿的智力开发以及思维方式、审美观等的形成。

### 2. 教师讲解的逻辑性

教师在讲解时要能够准确地运用概念，恰当地进行判断，严谨地进行推理，具有内在的逻辑性。为此，教师在讲解前要弄清楚讲解所涉及的概念、意义、原因、动作或技能等，并熟记于心。只有当教师对需要讲解的内容了如指掌、烂熟于心时，讲解才可能精练、精当。此外，在讲解的过程中，切忌颠三倒四、支离破碎、前后重复，甚至是自相矛盾。

### 3. 教师讲解的生动性

幼儿的注意力容易分散，且以无意注意为主，他们不喜欢语言平淡无奇、表情呆板冷漠的讲解。因此，教师讲解时宜使用生动活泼、诙谐幽默的语言，结合教学内容，进行生动的讲解。可以说，教师生动活泼的讲解不仅可以吸引幼儿的注意，推动他们对教学内容的领悟，也有利于幼儿幽默感的感染和熏陶。

但是，讲解的生动活泼及幽默性应有度，教师如果在讲解时刻意地追求笑声，反而会打断幼儿的思维，分散幼儿的注意力，干扰教学活动的正常进程，进而影响教育活动效果。教师追求讲解的生动性，还应注意避免使用粗俗的语言。

### 4. 符合幼儿的实际情况，具有可接受性

教师在讲解时要考虑到幼儿的年龄特点、实际情况。年龄越小的幼儿，越依赖于思维的形象性。因此，教师在讲解时，要注意讲解语言的形象性。如，在体育活动中，我们不会要求幼儿"两臂打开呈180°"，而是如此讲解："手伸直，像飞机翅膀一样平平的。"此外，由于幼儿的注意力易分散，所以教师讲解时要避免语言过于啰唆，应使用简练的讲解语言，避免幼儿的注意力分散。但语言简练并不意味着越简短越好，必要时，教师通过话语重复，可以更好地理解幼儿想要表达的意思，也能让幼儿理解自己想要表达的意思。

教师通过讲解要帮助幼儿生成新的信息，即能发现字里行间的"意义"——那些隐含的信息，而不是照本宣科地"念"或有口无心地"说"。

因此，教师在讲解时要考虑到幼儿的实际情况，考虑如何把书本里的文字进行加工。教师讲解时的遣词用句都要斟酌，要让幼儿容易接受。

### 5. 借助辅助工具提高讲解效果

教师干巴巴的讲解很难引发幼儿对讲解内容的兴趣，因此教师要善于利用辅助工具完善讲解的内容，提高讲解的效果。一般来说，幼儿对于鲜明、生动的形象感受十分深刻，并能牢牢地铭刻在记忆中。所以，教师借助色彩鲜明、主题突出的教具，吸引幼儿的注意力，能更好地提升讲解的效果。例如，教师在故事讲述中常用的教具有彩色挂图、木偶、手偶等，在讲述雪景时，又常辅以雪景的视频或图片、幻灯片，这样能更好地帮助幼儿理解教师讲解的内容。

## 二、幼儿教师讲解的类型与操作要点

根据不同的语言运用方式，幼儿教师的讲解可以分为三种类型，即解释型讲解、描述型讲解和叙述型讲解。

### （一）解释型讲解

#### 1. 解释型讲解的含义

解释型讲解是指教师对词语、概念、意义进行准确的解释，对活动规则、要求、方法进行说明的一种讲解方式。解释型讲解可能是对词语、概念及意义进行讲解，也可能是针对具体的目的进行演示讲解或示范讲解。因此，我们把解释型讲解又分为意义讲解、演示讲解、示范讲解。

（1）意义讲解。

意义讲解是指教师在教育活动中，对教育活动中涉及的概念、原因或意义，用简明严谨的语言进行解释的一种讲解方式。教师把抽象的意义用简明的语言进行讲解，讲解既要通俗易懂，又不能违反准确性原则，这就需要教师在讲解时注意做到深入浅出。如：

教师在组织中班教育活动"人体的支架"时，为了解释人体骨骼各部位的不同及作用，教师给幼儿准备了人体骨骼模型。

教师："原来我们人身上的许多地方都有骨头。这些骨头是什么样子的呢？老师为你们准备了人体骨骼模型，我们可以看一看、摸一摸。"

然后，教师接着追问："人体骨骼的各部位有什么不一样呢？"

幼儿回答：（略）

教师："人体骨骼有的长，有的短；有的粗，有的细；有的扁，有的圆。这些各不相同的骨头像一个架子把我们人体支撑起来，使我们人可以站起来。"

（张惠霞，2005）

人体骨骼的作用，其实是一个深奥的问题，但我们的讲解要通俗易懂，因此，教师仅仅提出"像一个架子把我们人体支撑起来"。虽然教师没有进行深奥的讲述，但已经让幼儿明白了教师要传递的信息。

(2) 演示讲解。

演示讲解是指教师在教育活动中，伴随着一定的演示内容而进行讲解的一种方式。在演示讲解过程中，教师的演示主要是为了帮助幼儿理解他所讲解的内容。因此，如何配合讲解进行演示，是教师需要考虑的问题。如：

教师在组织大班科学活动"吃下去的食物到哪儿去了"时，为了向幼儿讲解清楚食物在人体里的旅行，进行了如下演示讲解：

教师："（出示消化系统的模型）食物先到口腔里，嚼烂以后沿着像管子一样的食道来到胃。（教师指着胃）胃就像一个大口袋，在这里，食物被胃磨得更烂。然后，这些食物来到小肠。在这里，食物的营养都被吸收了，剩下的食物废渣来到大肠。（边讲解边演示）它们到了大肠，最后被排出了体外。"

在演示的过程中，教师是边演示边讲解，要注意的是，演示是为讲解服务的。因此，教师不能为了演示而忽略了讲解。

(3) 示范讲解。

示范讲解是指在教育活动中，教师对示范动作或技能进行讲解的一种方式。在这一过程中，教师是边示范边讲解，要做到眼、手、口一致。如：

教师在组织中班健康教育活动"学习侧面钻"时，为了让幼儿明白侧面钻的动作要领，教师进行了如下讲解：

教师："我今天带来了一个小玩具，你们看，这是什么？现在请一个小朋友出来表演表演，大家看他是怎么钻的。"（教师出示拱门）

教师："他是这样钻的。我这里也有一种钻法，你们看看跟他的钻法有什么不一样的地方？"（先伸腿过去）

教师："我钻的方法和他的不一样，我用的是侧面钻。先是正面站立，转身下蹲，伸腿过去，双手撑地，移动身体，然后起立转身。"（边示范边讲解）

该教师为了让幼儿理解侧面钻的方法，边示范边用简洁的语言向幼儿进行讲解。教师的语言虽然简洁，但把动作要领均概括出来了，且通俗易懂。

### 2. 解释型讲解的操作要点

（1）意义讲解宜简练、通俗，讲解时间不宜过长。

对于一些深奥的、无法向幼儿详细讲解的意义，可以用通俗的语言，让幼儿理解其大概意思。如在讲解磁铁吸铁的现象时，我们很难解释清楚磁铁两极间的相互作用，所以只要告诉幼儿磁铁有磁性，能吸起铁和其他金属即可。

（2）在演示讲解时，一般是边讲解边演示直观教具。

教师演示的速度要把握好，与讲解的速度一致。在演示时，教师注意自身的站位，不要挡住幼儿的视线。

（3）在示范讲解时，一般是边示范边讲解。

教师示范的速度也应配合讲解的速度。很多复杂的方法、过程，幼儿往往依赖于教师的示范来学习。所以教师的示范动作要正确，无多余动作干扰幼儿的学习。示范时，讲解的语言要简练，过于啰唆的语言往往无法让幼儿抓住教师示范的要点。如在前述案例"学习侧面钻"中，对于侧面钻如此复杂的一个新动作，教师仅用"先是正面站立，转身下蹲，伸腿过去，双手撑地，移动身体，然后起立转身"这么简练的语言结合示范就讲解清楚了。讲解的语言虽然简练，但突出了动作的要领。

## （二）描述型讲解

### 1. 描述型讲解的含义

描述型讲解是指教师运用语言对事物或事件的具体形象、特征以及发生、发展的经过进行描述的一种讲解方式。描述型讲解可能是对人物形象进行描述，也可能是对场景进行描述。

在描述人物形象时，教师往往需要重点描述人物的主要特征。如：

教师在组织幼儿玩游戏"猜猜我是谁"时，让幼儿通过教师的描述，猜测谁是被描述的对象。

教师进行了这样的描述："她是个女孩，扎了两根长长的辫子，小小的眼睛，穿着红色的裙子、白色的皮鞋，你知道她在哪儿？"

教师在进行人物描述时，突出了"女孩、长长的辫子、小眼睛、红裙子、白皮鞋"这样的明显特征，让幼儿能很快地找到目标。

描述型讲解也可能是对场景进行描述，这需要教师重点描述场景的具体特征。教师在诗歌、音乐、美术等欣赏活动中，经常要采用这种讲解。如：

教师在描述冬天的雪景时，先让幼儿观看雪景的图片，然后进行描述："冬天北风呼呼吹过，雪花纷纷从天上飘落下来。雪花落在树枝上，树枝变白了；雪花落在地面上，地面也变白了，好像铺上了一层厚厚的盐。冬天真美啊！"

教师在描述冬天的雪景时突出了雪景的具体特征——大地都变白了，让幼儿深刻体会到冬天与众不同的美。

### 2. 描述型讲解的操作要点

（1）教师首先应明确描述对象的主要特征。

不管是描述人物还是场景，教师在进行描述讲解时首先要明确其主要特征。我们在面对幼儿进行描述时，不可能把所有的细节都描述出来，这样容易拉长描述讲解的时间，也很难让幼儿抓住重点。因此，教师在描述讲解前要去掉不重要的信息，把主要特征提炼出来。

（2）教师在描述时要善于借助图片、实物等辅助材料。

在描述的过程中，为了让幼儿理解教师的描述讲解，教师可以利用各种辅助材料。如，我们向幼儿描述苗族儿童时，可以借助图片或把幼儿打扮成苗族儿童的样子，这样可以帮助幼儿直观地认识教师所描述的对象。

### （三）叙述型讲解

#### 1. 叙述型讲解的含义

叙述型讲解是指教师按照时间或空间的顺序，讲述事物发展变化的过程和各部分之间关系的一种讲解方式。如：

在讲解树木的主要作用时，教师进行了这样的讲解："树木的本领可大了。下大雨的时候，雨水落下来，被树叶和树枝挡住，落下来的速度就变慢了，而且树叶把一部分雨水喝掉了。当雨水落到地面上，地面上的落叶又喝掉一部分雨水。雨水渗到泥土里，泥土里的树根又把一部分雨水喝掉了。树根还牢牢地抓住泥土，不让泥土被水冲走。"

在这一讲解过程中，教师使用的是叙述型讲解。按空间顺序，对雨水从空中落下，直至渗入泥土的过程，以及树木所起的作用进行了叙述。

#### 2. 叙述型讲解的操作要点

（1）注意按时间或空间顺序进行讲解。

叙述型讲解要注意内容的秩序性、情节性和完整性。因此，在讲解时，教师往往按照时间或空间顺序，讲述事物发展变化的过程。如在上文中，教师讲解树木的本领，依据的是空间的顺序。先讲解雨水落在树叶上的变化，然后再讲解雨水落到地面上、渗入地下的变化，保证了讲解的秩序性。

（2）叙述型讲解的重点是讲清楚事物发展变化的过程。

在叙述时，需要重点讲解的是事物发展变化的过程，因此，教师首先要弄明白所讲解的事物如何发展变化，并熟记于心，这样才能避免叙述的混乱。

 **典型案例解析**

### 案例2-20　中班美术活动：鞋底会画画

【活动目标】

1. 观察并比较不同鞋底的花纹和轮廓。
2. 大胆想象用鞋底的花纹和轮廓拓印添画。
3. 小组合作体验同伴互动创作的快乐。

【活动准备】

材料准备：大小形状不同的鞋，动画片，幼儿绘画材料，背景图。

经验准备：幼儿有拓印的经验。

【活动过程】

一、导入活动

引导幼儿观看动画片：奇奇是一双爱画画的鞋子，它喜欢跟着主人到处去旅行。它走过沙滩，留下了一只只小乌龟和美丽的贝壳；它走过皑皑白雪，留下一把把彩色的伞；它走过草地，美丽的蝴蝶就翩翩起舞。旅行是幸福的，旅行是快乐的，旅行还带来了一幅幅漂亮的画。

师：你们发现鞋印藏在图画的什么地方？它变成了什么？

幼：我发现鞋印藏在蝴蝶的身上，变成了蝴蝶的身体。

幼：三只鞋印藏在伞上，变成了五彩的伞面，还变成了乌龟和小贝壳……

幼：小乌龟壳上的一朵不太清楚的花是画上去的吗？

师：你们观察得很仔细，小朋友们知道鞋印是怎么变出来的吗？你想让鞋底画画吗？

（重点：引导幼儿发现鞋印。欣赏优美的鞋底想象画，给幼儿以视觉的冲击，调动幼儿对鞋底花纹想象的兴趣。）

二、观察鞋印，想象变化

教师引导幼儿欣赏现场印好的鞋印，说说不同鞋印的花纹和轮廓的特点。

师：（示范拓印的方法）鞋底放在海绵上，从鞋跟到鞋尖摇一摇，让鞋底全部沾上颜料，再按在纸上摇一摇。谁想试一试？

师：这个鞋印是什么形状？像什么？教师选择鞋印并按幼儿的想象创作。

幼：我觉得这个鞋印横着看是椭圆形，上面有三朵花。

师：你说的是三朵花。它像什么呢？

幼：它像长颈鹿身上的花纹，如果加上长长的脖子和腿，就是一只长颈鹿。

幼：我觉得它像飞机。

幼：我觉得它像小船……

师：在你们的眼里鞋印可以变出这么多的东西，真神奇呀！

（重点：强调拓印的方法，关注鞋底的花纹和轮廓，引导幼儿大胆想象。）

……

（毛应翠，2011）

【解析】

在环节二中，教师示范拓印的方法：鞋底放在海绵上，从鞋跟到鞋尖摇一摇，让鞋底全部沾上颜料，再按在纸上摇一摇。可以看出，教师在此环节使用的是示范讲解。教师的讲解语言虽精练，用词也通俗易懂，完全能让幼儿明白拓印的方法。难能可贵的是，教师在示范讲解的过程中，结合合理有效的提问，引导幼儿积极思考，没有让幼儿一味地模仿自己，而是鼓励幼儿大胆想象，给其提供自由表现的机会。

此外，教师的示范讲解要生动形象，能激发幼儿感受美、表现美的情趣。如，"从鞋跟到鞋尖摇一摇，让鞋底全部沾上颜料，再按在纸上摇一摇。"可见，示范讲解并不一定会限制幼儿的想象，教师应在示范讲解的同时对幼儿加以引导，给幼儿提供自我创造的空间。

## 第七节　幼儿园教育活动的演示技能

演示是指教师根据教学内容、特点和幼儿的实际情况，运用各种教学媒体把事物的形态、结构或变化过程等内容展示出来，传递教学信息，以更好地实现教学目标的教学活动方式。如，教师在教育活动过程中，展示实物、模型、图片等教具，或使用幻灯、录像展示教学活动内容。

感性认识是幼儿掌握知识的重要基础，而教师传授的知识，大多以抽象的语言文字为载体，而幼儿的直接经验相对有限，对于很多新内容的理解是有困难的。教师的演示能够丰富幼儿的感性经验，把理论与客观事物或现象联系起来，减少幼儿掌握新知识尤其是抽象知识的困难。如，教师要向大班幼儿讲清楚地球、月亮、太阳运行之间的关系，使其理解白天和黑夜的交替，这的确是一件较为困难的事情，我们很难单纯地用语言把这些深奥的内容讲解清楚。但教师可以利用月亮、地球和太阳模型进行演示，在演示的过程中结合恰当的语言讲解，帮助幼儿正确地理解三者之间的运行关系及昼夜的交替。同时，演示可以引发幼儿的学习兴趣，集中幼儿的注意力，激发幼儿积极思考，促进幼儿良好学习习惯的形成。

### 一、幼儿教师演示的基本要求

#### 1. 演示结合恰当的语言讲解

在演示过程中，若只有演示，没有教师必要的语言提示和解释，幼儿往往会由于自身经验和知识的不足，不仅在观察演示时难以形成正确的感性认识，而且难以将事物的本质特征与非本质特征及表面现象加以区别，无法真正发挥演示的作用。因此，演示要与讲解结合。一般来说，在演示过程中，教师可以边演示边讲解，教师在演示的同时对教学内容进行语言描述，让幼儿在观察的过程中领悟教师所授的内容。如：

在演示画葡萄时，教师讲道："我们先拿起一支笔，粘上颜料，轻轻地按在纸上，然后轻轻转动笔尖，瞧，一粒葡萄出现了！"

教师在演示的同时，配以简练的语言讲解，更能让幼儿了解葡萄绘画的技巧。教师也可在演示前先提出问题，然后让幼儿对演示进行观察，或者在演示结束后讲解，主要起到总结、概括和强化的作用。如：

教师在给幼儿讲述故事《乌鸦喝水》后提问："把小石头一个一个地放进瓶子里，水真的能升上来吗？现在老师来做这个实验，你们仔细看看，水面会有什么变化？"（教师开始一个一个地往瓶子里放石子。）教师演示后，请幼儿个别回答。最后，教师小结："对了，石子放下去，水面越来越高。"

在这一演示过程中，教师在演示前先提出问题，主要是让幼儿明确观察的目的，而活动后的讲解，则起着总结的作用。

总之，教师需要根据具体情况有针对性地采用讲解与演示相结合的方式。

**2. 选择好演示的时机**

演示要在恰当的时候进行，提前或延后演示，往往都不容易达到目标。一般来说，不需要演示时，教师会把演示材料收起来或遮掩住，以免过早地呈现材料导致幼儿对演示缺乏兴趣。

**3. 选择好演示的材料**

演示要能够让幼儿获得鲜明的感知印象，因此，演示材料的大小、颜色都必须符合幼儿的需要。一般来说，在相对静止的背景下，活动的事物容易成为感知对象，所以，演示时应尽可能选择可活动的材料。此外，根据幼儿的心理活动特点，教师为幼儿选择的演示材料应色彩鲜艳、大小适合，保证所有的幼儿均能清晰地看到演示材料。如，我们在教幼儿如何刷牙时，会选择牙齿模型进行演示。但是，为了让所有的幼儿均能看到教师的演示，教师选择的牙齿模型会比实际的牙齿尺寸大很多。

#### 4. 明确演示目的，重难点突出

有的教师没有认真研究教学内容，只是为了演示而演示，甚至是把演示作为活跃课堂气氛的手段，使演示流于形式。如，某教师在科学教育活动"沉和浮"中，出示了一大盆水和一筐材料，教师逐一把筐子里的材料放入水中，问："哪些东西放入水中后沉了下去？哪些东西在水中会浮起来？"幼儿回答后，教师进行了简单的小结。表面看来，教师进行直观演示，也进行了相关的提问，但没有给幼儿留下思考的空间和时间，没有引导幼儿自己去探索、去发现，归纳出沉和浮的规律后，也只是简单地把结论交给幼儿。由此可见，演示的设计首先要有明确的目的性，要有利于突出教学内容的重点和突破教学内容的难点。也就是说，教师在演示前要弄清楚：我为什么要演示？演示能如何为活动目标服务？总之，教学演示该用则用，我们坚决反对盲目地进行演示。

## 二、幼儿教师演示的类型与操作要点

演示技能有不同的种类，一般来说，幼儿教师常用的演示技能主要有下列几种：

### （一）实物、模型演示

#### 1. 实物、模型演示的含义

实物、模型演示是指在教学过程中，教师通过演示实物、模型，使幼儿充分感知教学内容所反映的基本特征，获得对有关事物直接的感性认识。

实物演示中，教师引导幼儿观察实物，把与教学内容有关的实物直接呈现在幼儿面前，供他们观察、触摸、听、闻、尝，使幼儿获得感性认识，其最大特点就是直观。如：

某教师在教幼儿如何穿上衣时，使用了实物演示法：（教师出示上衣，边演示穿上衣，边配合进行讲解。）两手抓住衣领子，绕到头上做房子。拽住门边伸袖子，就像两只小耗子。整好领子扣扣子，我们都是好孩子。

模型演示是指教师通过展示模型，帮助幼儿掌握教学内容的教学手段。如：

为了帮助幼儿掌握刷牙的正确方法，教师采用了模型演示的方法：（教师出示牙齿模型，演示刷牙同时配合进行简单的讲解。）小牙刷，手中拿，上牙从上往下刷，下牙从下往上刷。上下牙碰在一起，来回刷，里里外外都要刷。

**2. 实物、模型演示的操作要点**

(1) 演示要与语言讲解恰当地配合。

教师在演示时，不做任何讲解，只让幼儿自己观察，会使幼儿很难领悟教学的重点。教师在演示时讲解过多，过于啰唆，则易使幼儿的注意力分散，难以给幼儿留下深刻的印象。因此，教师的讲解不宜过多、过长，给幼儿留足观察及思考的时间。如上文提及的实物演示及模型演示，教师在演示穿上衣和刷牙时，讲解的语言都较为简练，但又注意到对重点内容的讲解。如在讲解刷牙时，突出了刷牙的主要要求"上牙从上往下刷，下牙从下往上刷。上下牙碰在一起，来回刷"。

(2) 模型的演示应做必要的说明。

为了实现教学目标，教师使用的模型有时会与实物在尺寸、颜色等方面有所出入，教师在这样的情况下应向幼儿做必要的说明。如上文提及，教师使用牙齿模型向幼儿演示如何刷牙，但所用的牙齿模型比实际牙齿的尺寸要大很多。因此，教师应向幼儿做解释，让幼儿清楚，人类的牙齿并没有这么大。

(3) 必要时可以进行重复演示。

教师在进行一些较为复杂的演示时，为了能让幼儿观察清楚，必要时教师可以重复演示，加深幼儿对演示的印象。如，在教小班幼儿穿上衣时，第一次演示讲解后，可能还有些幼儿不太能掌握，此时教师可以重复演示。

**（二）图片演示**

**1. 图片演示的含义**

图片演示是指教师利用挂图或图片向幼儿展示事物的局部、整体面貌或发展过程的教学手段。如：

教师在讲述《小蝌蚪找妈妈》时，向幼儿展示了五幅图（图一画的是小蝌蚪，图二中的小蝌蚪长出两条后腿，图三中的小蝌蚪长出两条前腿，图四中的小蝌蚪尾巴变短了，图五中的小蝌蚪变成了青蛙）。教师问："小朋友们仔细看这五幅图，你发现小蝌蚪开始是什么样的？后来它的身体出现了怎样的变化？"教师为了向幼儿展示青蛙的生长过程，使用了图片演示的方法，让幼儿直观地感知小蝌蚪是如何变成青蛙的。

教师平时使用的图片一般有两大类：一类是现有的印刷图片，另一类是教师自制的图片。

**2. 图片演示的操作要点**

(1) 把握图片的出示时机。

一般来说，图片不宜在活动前就展示给幼儿，教师使用的图片，一般会用布或其他遮盖物遮住，教师演示时才掀开遮盖物。演示后，若无需要，教师会把图片收起来，以免分散幼儿的注意力。

(2) 图片的大小、形象及颜色应适合幼儿的需要。

在日常教学过程中，幼儿教师往往根据教学内容自制演示图片。演示图片的尺寸大小要保证坐在后面的幼儿也能看清楚，图片的用色要鲜艳。图片中往往会出现各种人物及动植物的形象，这些形象可以不必过于写实，特别是动植物可以为了突出形象而采用拟人化的画风，把各种形象画得可爱些。如画小猪的形象时，突出小猪胖乎乎的肚皮、圆乎乎的脸蛋，还可以给小猪穿上可爱的衣服……

(3) 图片不宜过于花哨，应依据教学内容和目标突出重点。

图片的演示是为了帮助幼儿理解教学内容，因此图片不应太花哨，过于花哨的图片很难引导幼儿观察与教学内容有关的事物，甚至会使幼儿将注意力放在与教学内容无关的图案上。如：

某教师在组织幼儿歌唱活动"小黑猪呀，胖乎乎"，相关的歌词大意为："小黑猪呀胖乎乎，跟着那猴子学爬树，树干粗呀抱不住，倒在地上打呼噜。"教师为了帮助幼儿理解歌词的内容，绘制了四幅图片。

第一幅图表现的是小黑猪的样子,突出了它胖乎乎的可爱模样。教师在图片上画了一只可爱的小黑猪,它在草地上玩,四周围绕着许多五颜六色的蝴蝶。图片出示后,幼儿的注意力都放到了蝴蝶身上,幼儿感叹:"好美的蝴蝶!"教师急忙问:"图片上还有谁?"幼儿回答:"小猪。"但是,幼儿的注意力很快又回到蝴蝶身上。教师不得不加以引导:"这是一只什么样的小猪?"结果,只有部分幼儿留意到小猪的模样,其他幼儿还在比较哪只蝴蝶身上的斑纹最漂亮。

仔细分析,幼儿的不合作与教师图片的花哨有关。在第一幅图中,教师只突出小黑猪的形象即可,至于花哨的蝴蝶,与教学内容无关,应该去掉,否则易导致幼儿的注意力分散。

### (三) 多媒体演示

#### 1. 多媒体演示的含义

多媒体演示是指教师利用电脑多媒体现代教学手段,把教学内容以文字、图片、动画、声音等多种信号载体呈现给幼儿,帮助幼儿理解和掌握学习内容的教学演示方法。这是目前幼儿教师常用的一种演示方法,这种演示方法给幼儿提供了感性材料,在加深幼儿对抽象知识的理解、拓宽幼儿的知识面等方面都有着重要的作用。如:

在"小蝌蚪找妈妈"的游戏活动中,教师可以播放《小蝌蚪找妈妈》的动画片。生动的动画形象、故事情节和美妙的配音,会让幼儿看得津津有味。然后,教师再引导幼儿回顾动画片的内容,理解故事情节,在此基础上组织幼儿结伴玩游戏"小蝌蚪找妈妈"。如此一来,幼儿有了丰富的感性认识,在游戏的过程中就更能自我发挥。

#### 2. 多媒体演示的操作要点

(1) 演示时间不宜过长。

多媒体的演示的确容易吸引幼儿的注意力,激发幼儿的学习兴趣,但长时间的演示既会使幼儿产生视觉疲劳,也会过多地占用教学活动时间,不利于教师的教学与幼儿的练习。

(2) 保证多媒体演示的质量。

多媒体演示时,为了保护幼儿的视力及维持幼儿的注意力,画面要大而清晰，确保每一个幼儿都能看到并看清。多媒体演示的形象生动逼真、色彩鲜艳，通过音像、动画等效果的结合，可帮助幼儿理解教学内容。一般来说，模糊的、颜色暗淡的、形象难看的多媒体演示不仅无法激发幼儿的兴趣，反而会引起幼儿的厌恶情绪。

### （四）实验演示

#### 1. 实验演示的含义

实验演示是指教师采用演示实验的方式，帮助幼儿获得直观的感性认识的一种教学方法。如：

某教师在组织中班科学活动"生蛋和熟蛋"时，目标之一是"幼儿喜欢参与区分生蛋和熟蛋的探索活动，学习用记录纸进行记录，并能大胆讲述自己的操作结果"。因此，在活动中，教师鼓励幼儿用各种方式区分生鸡蛋和熟鸡蛋。最后，教师问："我这里也有一种区分生鸡蛋和熟鸡蛋的方法，和你们的都不一样。我准备了盐水，我们把生鸡蛋和熟鸡蛋都放入盐水中，你们猜猜，它们会有什么变化？"当幼儿纷纷猜测后，教师进行了实验演示，把一生一熟两个鸡蛋放入盐水中。结果发现，浮起来的是生鸡蛋，沉下去的是熟鸡蛋。

在上述案例中，教师使用了实验演示的方法，帮助幼儿直观地区分生鸡蛋和熟鸡蛋。教师的演示在幼儿猜测之后，属于验证的实验演示。除此之外，实验演示也可以是为获得新知识的演示。

#### 2. 实验演示的操作要点

（1）结合实验演示，启发幼儿进行思考。

我们并不是为了做实验而做实验演示，在幼儿看到实验现象后，教师应启发、引导幼儿对实验现象进行分析、解释，而不是做完实验后就草草结束。

（2）做好预备性实验。

幼儿对演示实验总是感兴趣的，他们总想看看将要发生什么新奇的现象。因此，教师的实验是否成功在很大程度上影响了教学效果，实验演示的失败甚至会导致活动无法往下继续。因此，教师对演示实验的自我要求应该是万无一失的。但是，在教学过程中，我们往往发现部分教师曾经遭受过实验演示失败的打击。如：

某教师在中班科学活动"生蛋和熟蛋"中也进行了"在盐水中区分生鸡蛋和熟鸡蛋"的实验演示。在实验前，教师说："这两个鸡蛋一个是生的，一个是熟的，它们在盐水里的变化是不一样的。你们仔细观察它们的变化，看看谁能区分出哪个是生的、哪个是熟的。"然后，教师开始把两个鸡蛋放进盐水中。结果，令幼儿和教师惊讶的事情发生了，两个鸡蛋同时沉入水底，一动不动。教师着急地又重复了一次实验，结果还是一样。这位年轻的教师急得满头大汗……后来，在老教师的指点下，该教师才明白，生鸡蛋是否会浮起来和盐水的浓度有关。

可见，要保证实验的成功，教师要做好预备性实验。有些教师在活动前可能只是看过实验的文字说明，很多小实验看起来都很简单，因此教师便麻痹大意了，没有做过预备性的实验就组织正式实验活动，这样容易导致实验的失败。教师在课前必须进行预备性实验，发现不足之处及时调整。在上述案例中，教师若做过预备性实验，就极有可能在教学活动中获得实验演示的成功。

### 典型案例解析

**案例 2—21  大班科学活动：有趣的影子**

【活动目的】

1. 幼儿通过找一找、变一变、演一演，获得光和影子的感性经验。
2. 发展幼儿的观察、合作能力，让幼儿体验科学探索的乐趣。

【活动准备】

白色屏幕框架4个，皮影道具5个，皮影、手影录像各一，篓子4只，与师生人数一样多的手电筒，小动物图片若干，音乐《健康歌》，大投影屏幕1个。

【活动过程】

一、寻找屏幕上的影子，激发幼儿对影子的兴趣

师：小朋友们，这儿有我们的影子，一起来看一看！

师：挥挥手、摇摇头，我们一起来和影子跳个舞吧！

【评析】

小朋友们兴奋地在大屏幕前急切地寻找自己和同伴的影子，不停地和自己的影子一起舞动，继而产生了对影子的好奇。

二、猜一猜手影并欣赏手影录像，感知手影的神奇魅力

1. 幼儿互相讨论。

师：白色的屏幕上怎么会有影子呢？

师小结：光照在身上，身体挡住了光线，屏幕上就有了影子。

【评析】

在教师抛出问题后，小朋友们争先恐后地表达自己的见解，几乎一致地说出了"因为有光"这个答案。他们纷纷站起来，寻找发出光源的东西——投影仪。

2. 师生做手影、猜手影，感受影子的多样性。

师：光照在我的手上，屏幕上就有了手的影子。我来表演几个手影，你们来猜猜是什么。

师：看这是谁呢？（教师分别用手变幻出小鸟、大灰狼、孔雀的影子。）

师：你们真厉害，都被你们猜到了。现在，谁想表演手影来考考大家？（请三四名幼儿分别表演手影。）

师：你们知道为什么会有这么多不同的影子吗？（幼儿自由讨论。）

师：你们真聪明，原来手的不同姿势形成了不同的影子。

【评析】

小朋友们表现得很积极，都情不自禁地跑到屏幕前跃跃欲试。"我也会""我来"……他们试着表演一番与众不同的手影动作。

3. 观看手影录像，体验手影的神奇。

师：有一位大师做的手影特别棒，我们一起来猜猜他表演的手影是什么。（放手影录像让幼儿观看。）

【评析】

此环节旨在让幼儿感受手影的神奇魅力，幼儿被大师精彩的手影表演所折服，纷纷把掌声送给了表演大师。

三、通过找一找、变一变，感知影子的变化，幼儿获得光和影子的感性经验

1. 找一找影子。

师：还有许多小动物也想在白色的屏幕上找到影子，等一会儿三个小朋友一组，去找一找、玩一玩，和你的好朋友说一说你找到了谁的影子。（幼儿分组在小屏幕后面操作。）

师：你找到了谁的影子？谁来做给大家看看？（请3～4名幼儿操作演示。）

师：你用什么办法找到了小动物的影子？（幼儿答"手电筒"）为什么？

幼：因为光照在小动物的身上，小动物挡住了光线，就有了影子。

师小结：刚才小朋友们找到了小鸟、小兔和小乌龟的影子，发现了光照在这些小动物身上，就被小动物挡住了光线，白色的布上就有了它们的影子。

【评析】

小朋友们亲自参与操作、探究，发现原来影子形成的条件是"光"和"物"缺一不可，明白了光照在小动物的身上，小动物挡住了光线，就形成了影子。

2. 变一变影子。

师：刚才我发现小乌龟的影子还会变戏法呢！（教师边操作，边让小乌龟的影子分别变大变小、点点头、挥挥手、摇摇小尾巴、跳个圆圈舞……）

师：啊，这真是太神奇了！你们想不想也让小动物的影子变戏法呢？等一会儿把你发现的秘密告诉大家。

师：小朋友们，你们发现影子的秘密了吗？谁来说说影子是怎么变戏法的？

幼1：光离小动物近，影子就大；光离小动物远，影子就小。

幼2：灯光不动，小动物近，影子就大；小动物远，影子就小。

幼3：小动物不动，灯光离得远，影子就小；灯光离得近，影子就大。

幼4：小动物和灯光一起动，小动物的影子就像在跳舞。

幼5：小动物不动，灯光动，小动物的影子就像在跳舞。

幼6：把小动物的头、脚、尾巴、翅膀折一下，灯光也动，小动物的影子就像在跳舞……

师小结：刚才小朋友们都发现了影子的秘密，光离小动物越近，影子就越大；光离小动物越远，影子就越小。把小动物的头、脚、尾巴、翅膀轻轻一折，随着光的移动，小动物的影子就像在跳舞了。（教师边说边示范。）

〖评析〗

此环节通过教师的设疑"影子是怎么变戏法的"设下悬念，小朋友们不断地猜测变戏法的秘诀。在反复操作、验证的基础上，进一步感知不同角度、不同距离的光照后影子的不同变化，继而获得光和影子的感性经验。

四、欣赏皮影戏，演一演皮影戏，感受影子在生活中的作用

1. 欣赏皮影戏表演。

师：影子除了会变戏法、跳舞之外，还会演戏呢！我们一起来欣赏皮影戏吧。

2. 合作表演皮影戏。

师：哥哥姐姐也来表演皮影戏了（出示哥哥姐姐形象的皮影道具），小朋友们要三人一组，分别拿着头、手、脚的道具，一起合作表演。现在，就让老师看看哪一组表演得最棒。（幼儿分组、合作表演。）

师：小朋友们想不想当一回小观众，欣赏一下同伴表演的皮影戏呢？（幼儿轮流当小观众欣赏同伴的表演。）

〖评析〗

此环节中，教师别出心裁地用废旧X光片，制作了形象逼真的皮影道具。"观看皮影戏"，给幼儿后来成功地合作表演皮影戏，预先搭建了"脚手架"。幼儿手拿道具伴随着欢快的音乐节奏，不断地在屏幕上呈现出影子的各种姿态。教师还通过互换"演员"与"观众"的角色，让幼儿体验到了合作成功的喜悦。

【活动拓展】

1. 影子有什么用处？（教师介绍古代用影子确定时间。）

师：今天，小朋友们玩得很开心，也知道了许多影子的秘密。古时候，人们还根据影子的变化发明了一种仪器叫日晷，通过它来告诉人们时间是几点了。太阳照在铁针上，就有了铁针的影子，通过这根铁针影子的变化，来判断大约是几点钟。你们猜，现在这个日晷上的时间大约是几点钟呢？（五点钟。）

2. 影子有什么不方便呢？（教师介绍医院用的无影灯。）

3. 游戏"踩影子""找一找生活中还有哪些影子"。

（朱鸿菊，2011）

【解析】

在此活动中，教师根据不同的目的采用不了的演示方式。首先，为了让幼儿感知影子的多样性，教师采用了实物演示的方式，利用手电筒进行演示，教师说："光照在我的手上，屏幕上就有了手的影子。我来表演几个手影，你们来猜猜是什么。"教师演示结束后，并没有草草结束演示，而是引发幼儿思考："你们知道为什么会有这么多不同的影子吗？"在幼儿进行思考、探索后，教师才进行小结。

接下来，为了体验手影的神奇，感受手影的神奇魅力，教师采用了多媒体演示的方式，放手影录像让幼儿观看。这一演示不仅加深了幼儿对手影的理解，也拓宽了幼儿的知识面。

然后，为了让幼儿感知影子的变化，获得光和影子的感性经验，教师又采用了实物演示的方式，且让幼儿成为演示的主人，教师提出："你们想不想也让小动物的影子变戏法呢？等一会儿把发现的秘密告诉大家。"教师并没有为了演示而演示，而是在演示前提出问题，让幼儿带着问题去演示。此环节，教师的疑问"影子是怎么变戏法的"设下悬念，孩子们不断地猜测变戏法的秘诀。在反复操作、验证的基础上，孩子们进一步感知不同角度、不同距离的光照后影子的不同变化，继而获得光和影子的感性经验。

可见，在活动中使用哪种演示方式，并不是固定不变的，关键是教师要依据教学活动的目标学会灵活地运用各种演示方式。

## 第八节 幼儿教育活动中的表扬奖励和批评惩罚技能

对幼儿进行表扬奖励，就是教师对幼儿所表现出来的符合教育者预期的认识或行为进行肯定性评价的过程。表扬奖励是强化幼儿良好行为和心理品质的一种重要手段。而对幼儿进行批评惩罚，就是教师对幼儿所表现出来的不符合教育者预期的认识或行为进行否定性评价的过程。也就是将幼儿的不良行为与某种不愉快的或惩罚性的刺激结合起来，多次重复配对出现，使幼儿以后在类似的情景或刺激下，降低该不良行为的发生频率，甚至消除这一行为。批评惩罚是纠正和防止幼儿不良心理或行为问题的一种重要手段。

但是，不适当的表扬奖励和批评惩罚，会成为幼儿发展的一种障碍，甚至会导致幼儿产生严重的心理或行为问题。因此，我们要掌握科学合理的表扬奖励和批评惩罚技能，促进幼儿更好地发展。

### 一、表扬奖励和批评惩罚的基本技能

#### （一）表扬奖励和批评惩罚要有正确的指导思想

表扬批评是为了促进幼儿更加健康地成长，但是教师表扬批评什么，表扬批评谁，怎样表扬批评，这些都需要有正确的教育思想做指导，否则，就会出现该表扬或批评的，没有得到表扬或批评，而不该表扬或批评的，又得到表扬或批评了。这样就会误导幼儿的行为和发展。如，当教师发新玩具时，一部分好奇心强的幼儿兴趣强烈，要求看看、玩玩，这时教师立即批评道："你们要干什么？回去坐好！瞧丁晓蓓、王晓莹坐在那里一动不动！"好奇心强的幼儿挨了批评，而无动于衷的孩子则受到了表扬，被教师树为大家学习的"榜样"，这样的表扬导向当然不利于幼儿的健康发展。我们向不同年龄的幼儿调查"怎样才能得到小红花"的问题，结果，他们的回答出奇地一致：听老师的话，吃饭时不说话、不乱动，表现好等。这些都反映了教师的教育观念方面的深层次问题。又如，有一天放学时，我看见一个幼儿手中拿着一朵缺了一个花瓣的

小红花,我很好奇,于是就问她其中的缘由。她说,她今天犯了一个小错误——乱扔了一张纸,除了这一点小错误外,其他方面的表现都不错,所以老师便把小红花的一瓣摘掉,奖给了她。小姑娘还说:"我们老师说了,我要加油,下次就奖给我一瓣也不缺的小红花。"这个小女孩的老师没有因孩子的一点小错误而否认她一天的表现,而是用少一个花瓣的小红花来勉励她今后努力得到完美的花。对犯错误的孩子给红花还是不给,反映了不同的教师在教育理念和教育艺术方面的差异。

### (二)明确表扬奖励和批评惩罚使用的范围

正确的表扬奖励和批评惩罚对幼儿的发展具有激励作用,因此,教师在对幼儿进行表扬奖励或批评惩罚之前,首先要明确幼儿的哪些行为是应该表扬奖励或批评惩罚的,哪些行为是不该表扬奖励或批评惩罚的。这样,教师才能给予幼儿适当的表扬奖励或批评惩罚,取得预期的教育效果。

**1. 批评惩罚的使用范围**

(1)教育中的惩罚现象应该伴随着违反道德规范的行为而出现。

即当幼儿违反道德规范,在道德方面出错时才可以采用惩罚,而不应因学习成绩差而惩罚幼儿——因为惩罚不仅不能提高幼儿的学习成绩,而且会使幼儿对相关的学习心存恐惧,并最终对学习失去信心,甚至会形成习得性愚蠢。

(2)幼儿重复地犯同样的错误时才给予惩罚。

当幼儿因缺乏某方面的知识和经验而首次犯某方面的错误时,教师不要惩罚孩子。否则,将会使孩子终日处于不安之中——他们总是担心犯错误和犯错误后被惩罚,进而变得胆小、懦弱、无主见,凡事都不敢去尝试,凡事都要征求教师的意见才敢去行动,这将会成为幼儿发展的一大障碍。

(3)幼儿已经认识到所犯错误的原因,并有悔改的意愿,教师就不要再惩罚幼儿,因为惩罚的目的是要使幼儿知错、改错。

(4)幼儿因探索欲望的驱使而损坏物品,不应受到惩罚。否则,会使幼儿因此而逐渐失去探索求知的欲望，不利于培养幼儿的探索精神，更不利于幼儿从探索过程中获得经验、获得发展。

（5）对好心做了坏事的幼儿不能惩罚。

教师惩罚幼儿要考虑动机，不能光看结果。由于能力和经验的限制，幼儿常会"好心"办"坏事"。如，幼儿想"自己的事自己干"，自己倒水喝，水倒多了溢了出来。这时，教师就不应批评幼儿，否则，将会挫伤幼儿做事的积极性。

（6）对幼儿表现出来的一些心理或行为问题，如吮手指、吃衣角、咬嘴唇、咬指甲、拔头发、发脾气、强迫行为、恋物行为、性自慰行为等，教师不能采用简单的惩罚手段来处理。

由于幼儿出现这些行为的根本原因是内心紧张和不安，所以惩罚并不能解决他们的问题，相反还会加重其内心的紧张和不安，进而使类似行为发生的频率进一步提高，使相关的问题行为变得更加严重。

**2. 表扬奖励的使用范围**

（1）幼儿完成了对他而言具有挑战性的任务时，教师应该给予表扬奖励——这样，有利于培养幼儿的进取心和自信心。

（2）幼儿以独特而有效的方式完成任务时，教师应该给予表扬奖励——这样，有利于培养幼儿的创造性。

（3）幼儿表现出了我们所渴望的亲社会行为、态度和良好的习惯时，教师应该给予表扬奖励——这样，有利于培养幼儿相应的行为习惯。

（4）当一个幼儿在活动中已经有内在动力的时候，就不需要奖励。

比如，幼儿自己非常喜欢画画，他并不需要教师的表扬和物质奖励，而只要获得认可就足够了。如果幼儿画出很美的画，教师只要关注一下就行了，但如果教师说："宝贝儿，你真棒！等一下我奖给你巧克力吃！"这样的溢美之词多了，反而会使幼儿画画的兴趣逐渐减弱，甚至出现厌烦心理。

（5）教师不要仅仅表扬幼儿的成功，也要表扬幼儿的尝试和冒险，即使他们不成功。

（6）切记，表扬会使人沉溺。

如果教师觉得幼儿依赖表扬，就要帮助他们懂得感受内在的回报和满足。

(7) 不要用事先许诺的表扬奖励来激励幼儿。

在教育幼儿的过程中，教师有时为了让幼儿听从要求，往往会采用事先许诺的表扬奖励来调动幼儿的积极性。如，"你别闹了。你不闹的话，老师就给你一块糖。""别爬到桌子上去，如果听话，老师就把新的积木分给你玩。""你们现在要是好好听话，下课了老师就带你们去做游戏。""请你去拿扫帚来帮老师扫走这些纸屑，等一下老师在全班小朋友面前表扬你。"教师的这些许诺可能会在一时一事上发挥积极作用，幼儿在得到教师的许诺后，确实会出现某些好的行为，如真的听话了，遵守纪律了；但是，这种事先许诺式的表扬奖励，如果用多了，其不良后果也是十分明显的。它会使幼儿变得非常功利，使他们在采取行动之前，只计较自己是否得利，或考虑利大还是利小，养成斤斤计较、见利忘义、自私自利等浓厚的功利主义意识和品质，使他们难以认识到自己对待事情应负的责任，以及其行为对他人和社会的意义，这就使其今后很难与人共事、共处。

### （三）以表扬奖励为主，批评惩罚为辅

心理学研究表明：表扬奖励与批评惩罚的比例最好控制在3:1。如果远远超过了这一比例，那么，你的表扬或许不太真诚或者有点夸大其词的成分；如果低于这一比例，那么，你就可能是个过于挑剔的教师，这将令幼儿的情绪长期不安，进而会破坏幼儿的自然成长，使其变得神经质、怯懦或者不诚实，甚至还可能学会用粗暴的态度对待他人。

教师要多看到幼儿的优点，要多看到幼儿的进步，要多给幼儿以肯定式的评价，要鼓励幼儿把自己的优点发扬光大，这样有利于幼儿不断地进步。不要总是盯着幼儿的缺点不放，更不要认为只有幼儿把所有的缺点改正完了才是好孩子，有缺点的幼儿也可以是好孩子，真正没有缺点的幼儿是不存在的。

表扬奖励和批评惩罚，都是对幼儿进行教育必不可少的手段，但我们应该记住，表扬奖励应该是教育幼儿的主要手段，而批评惩罚则

是一种辅助手段。在整个教育过程中，应该以表扬奖励为主，批评惩罚为辅。

**（四）表扬奖励和批评惩罚都要让幼儿有相应的"感觉"**

表扬奖励，要让幼儿感觉到"甜"的滋味；批评惩罚，要让幼儿感觉到"痛"的滋味。只有这样，表扬奖励或批评惩罚才能触及幼儿的内心，才能对幼儿的进步具有真正的意义。

如，幼儿玩水，教师可以悄悄将总水龙头关掉。当幼儿要用水时发现没水了，教师可以说："因为你刚才玩水浪费得太多。"幼儿经过几次体验到"没有水用"的"痛"之后，下次就知道玩水不是件好事。

很多时候，我们对幼儿讲再多的道理都是没有实际意义的，只有让幼儿从自己的不良行为中获得了"痛"的感受，其相应的认识才会真正到位，其改正不良行为才会有内在的动力。

同理，奖励也要研究幼儿的需要，奖品或奖励的形式应是幼儿比较想要或比较喜欢的，这样的奖励才会对孩子产生激励作用。

**（五）表扬奖励和批评惩罚不宜过多、过滥**

过多的惩罚，会使幼儿自卑；过滥的惩罚，会让幼儿对批评惩罚产生"免疫力"，而使批评惩罚失去其应有的教育效果。过多的奖励会让幼儿变得对奖励"上瘾"——对自己所做的任何琐事都期望得到表扬，或者会使幼儿对奖励产生依赖心理——有表扬奖励的就去做，没有表扬奖励的，应该去做的也不去做。过多的奖励还会减弱活动本身对幼儿的吸引力，同时还会泯灭幼儿的自我激励能力和创造能力。

另外，心理学研究还表明，过多的奖励和惩罚会使幼儿形成在别人的评估下学习和生活的习惯，久而久之会使幼儿缺乏主见，总是察言观色，过于注意他人的评价。而一个人总是为了别人的看法而学习和生活是很痛苦的，为了迎合别人的看法，不得不伪装自己，隐瞒自己的观点，甚至失去是非观念，失去个性和自信。

**（六）表扬奖励和批评惩罚要及时**

对于幼儿所犯的错误，教师应及时加以批评教育，因为早上发生的事情等到下午幼儿早就忘记了，如果此时你再批评他，他会莫名其妙，这样就很难取得预期的教育效果。另外，根据行为主义理论，及时批评惩罚，会让不良行为与不愉快的体验建立更加牢固的"刺激－反应"联结，进而减少犯同一错误的几率。

同理，及时表扬奖励，会让良好行为与愉快体验建立更加牢固的"刺激－反应"联结，进而增加良好行为发生的几率。

### （七）要注意因材施奖或施罚

表扬奖励和批评惩罚要因人而异。如，一些胆小和没有信心或刚刚遭受挫折的幼儿特别需要鼓励，这对他们树立自信心是有好处的。而一些情绪稳定、有骄躁表现的幼儿，过多的奖励反而对其有害，因为过多的表扬往往容易使他们产生错觉，认为自己什么都好，滋长其骄傲自满情绪。如果幼儿只爱听赞扬话，不愿听反面意见，长此下去，就会影响其良好个性的形成。

批评惩罚也要因人而异。对于有自卑心理的幼儿，教师应尽量少批评，因为他们的自信心十分脆弱，任何不当的批评都会使他们变得更加缺乏自信心；对于过于敏感的幼儿，教师也应尽量少批评，因为不当的批评可能会导致他们变得更加忧郁。

## 二、表扬奖励细则

### 1. 让每个幼儿都有受到表扬和得到奖励的机会

表扬奖励代表着教师对幼儿的关注和肯定，同时也代表着教师对幼儿的期望。如果一个幼儿经常得到教师的表扬奖励，他就会自我感觉良好，就会对自己充满信心；相反，如果一个幼儿很少得到教师的表扬奖励，他就可能产生自卑心理或自认为微不足道等负面感觉，他就会对自己失去信心。因此，我们应该让每个幼儿都有经常受到表扬和奖励的机会，就算那些能力稍欠缺或者行为方面存在某些问题的幼儿，我们也要学会用欣赏的眼光去看待他们身上每一点微小的值得赞赏的地方。这样，这些幼儿将会从我们肯定的眼神中得到支持和鼓舞，使本来很微小的优点变得越来越突出，从而不断进步。但遗憾的是，我们在对7个幼儿园所进行的相关调查中发现，半年来小班约有15.7%,

中班约有23.5%,大班约有28.6%的幼儿很少或者基本上没有得到过教师的表扬和奖励。对这些幼儿的不表扬、不奖励,就意味着我们教师对他们发展的漠视甚至是放弃,这当然不利于幼儿心理的健康发展。

**2. 要注意通过多种形式表扬奖励幼儿**

如,我们可以通过消费性奖品(如糖果、饼干、饮料、水果、蛋糕等)、活动性奖品(如看动画片、游公园、野餐烤肉、做游戏、郊游、游泳、找朋友玩、唱歌、打球、骑车等)、操作性奖品(如发玩具、发碗、值日等)、拥有性奖品(如坐一会儿大人的椅子、让他坐一次飞机、玩一次大型玩具、发钱、发文具、发书等)、社会性奖品(如微笑、口头鼓励、关注、抚摩、点头、温柔的轻拍、拥抱等)、印章代币性奖品(如小红旗、红五星、小红花等)等多种奖励形式,避免幼儿对表扬奖励感到厌烦,进而减弱表扬奖励的教育功能。另外,我们还应注意:如果使用印章代币性奖品表扬奖励幼儿,印章代币性奖品一定要有累积兑换功能,即幼儿获得一定数量的印章代币(如小红旗、红五星、小红花等)后,就能根据自己的意愿选择特别喜欢的奖品(如拥有性奖品或消费性奖品等);相反,如果印章代币性奖品不具有累积兑换功能,那么,过不了多久幼儿就会把这些印章代币性奖品当做毫无价值的东西,印章代币性奖品就会失去其原有的激励功能。

**3. 让幼儿了解受到表扬奖励的具体原因**

表扬的潜在作用在于能为幼儿将来的行动指明方向,使幼儿受到鼓舞而更加努力。教师应特别强调幼儿令人满意的具体行为,表扬得越具体,幼儿对哪些是好行为就越清楚。比如,两个小朋友在一起玩耍,一个小朋友摔倒了,爬不起来就哭了,另一个小朋友跑过去把他扶起来,帮他拍净身上的泥土。如果教师见到后说"你今天真乖",幼儿往往不明白"乖"是指什么。教师可以这样说:"你今天把小朋友扶起来,做得很好,老师很高兴,以后和小朋友在一起玩耍,就要像这样互相关心、互相帮助。"教师用这种方法既表扬了幼儿,又培养了幼儿关心别人、助人为乐的良好习惯。相反,如果教师表扬幼儿未能让幼儿明了被表扬的具体原因,那么,这种表现对幼儿的作用是十分有限的。如,许多幼儿园都存在"星期五"现象，星期五离园时许多孩子的额头上贴上了一朵小红花。如果有人问孩子，老师为啥给他贴上小红花，他会说："因为我表现好。"当追问"你什么地方表现好"时，有些孩子则茫然不知如何作答——幼儿连得小红花的原因都不知道，那么，这种小红花只是给幼儿带来些许高兴而已，它对幼儿发展的激励作用几乎为零。

**4. 表扬幼儿，既要抽象定性，又要指明具体方向**

（1）肯定幼儿性格上的正面特质。

即教师找出幼儿身上积极的性格特点并告诉他，用具体的话加以肯定或赞美。如，"你是个负责任的好孩子。老师还没有提出要求，你就把玩具收拾得整整齐齐。""你今天在幼儿园里表现得很合群，虽然老师安排你和你不喜欢的小朋友在一起，但你的态度还是很好，很有集体精神。"

（2）赞美他的成绩、努力和工作。

"你这星期弹钢琴很认真。你弹得很好听！旋律很美！拍子也正确。""你的妈妈今天告诉我，说你已经可以一口气背完五首唐诗，我真为你骄傲。"

上述两种赞美幼儿的方式，既有抽象定性的，又有指明具体方向的，幼儿会很受鼓舞；同时也使幼儿的成就感、对自己充满自信的基础更加真实和稳固。

## 三、批评惩罚细则

**1. 批评惩罚幼儿要一事对一事，不要翻旧账**

教师不要因为幼儿做错了一件事，就把他以前的一切错误都翻出来一一数落，这样会大大地挫伤他的自尊心和自信心。只谈眼前，不翻旧账，做错的事已经教育过了就不应该再提，教师不要总是揪着幼儿以前犯过的错误不放，这样会让幼儿觉得他在教师面前永无"翻身"之日，进而自暴自弃。幼儿正处在不断学习、不断成长的过程中，教师要勇于原谅幼儿的过错。如果动辄翻旧账，就会让过去犯的错误永远成为幼儿发展中的一个挥之不去的精神阴影。另外，教师把幼儿从前和当前的事一起数落，有时会令幼儿莫名其妙——不知道自己为了什么事情而挨批评，也不知道要改正些什么，这当然不利于他们的进步。

另外，教师在周末总结或一天总结时，对幼儿进行评价也应注意，不要因为幼儿在某一方面或某一时段表现不好而将其一周的努力或一天的努力全部否定。在幼儿园，我们就经常看到许多孩子在许多方面表现都很好，可就是吃饭慢或是偶尔乱扔了一片纸屑，而无法得到教师的表扬肯定（给予小红花、五角星等），这些孩子在一周结束后或一天结束后大都是郁闷地离开幼儿园回家……

**2. 批评惩罚幼儿要重责其事，轻责其人**

教师不要因为幼儿一时一事的错误，而否认幼儿的一切，这样不利于幼儿心理的健康发展。如，幼儿不小心把一杯牛奶碰翻在桌子上，教师马上就大声叫嚷："都这么大的人了，你总该知道怎样拿东西吧！叫你小心，小心！给你讲过多少次了，你就是记不住！"教师也可能会说："连杯子都拿不住，笨手笨脚的，我看你呀，将来也不会有出息！"教师往往没有意识到，幼儿受到指责后自信心方面受到的损失，比一杯牛奶的价值不知要大多少倍。幼儿做错了一件事，教师却否定其一生的发展，这是不对的，这样会使幼儿对自己失去信心——这种心理甚至会成为其一生发展的一个障碍。

因此，我们不应该因幼儿做错了一件事，就给他下这样的结论："你总是……""你肯定……""你从来……""你将来一定……"我们应该对幼儿具体地说："你这个行为……""你这件事……"如果经常被教师全盘否定，幼儿可能会觉得自己一钱不值，从而对自己失去信心；再者，我们真正不满的是幼儿的某个行为，而不应是他这个人。

**3. 要让幼儿知道受批评惩罚的具体原因**

教师批评幼儿时，要告诉幼儿，他错在哪里，今后要注意些什么，而不应简单地惩罚幼儿了事，因为那样做，幼儿既不知道自己错在哪里，也不知道今后应该如何去做。为此，我们批评幼儿时应该注意：

（1）避免笼统模糊。

笼统模糊的表达方式常常会引起理解上的不一致。比如，你为某件事叮嘱幼儿早一点整理玩具，结果，你指责幼儿动作太慢，而幼儿则认为他已经很快了。平日里，师幼之间也常常为这样的事发生不愉快。究其原因，是因为不同的人、不同的角色对同一概念的理解是不完全一样的。所以，你与其笼统地提出"早一点""快一点""马上"等这样模糊的要求，还不如在日常生活中引导幼儿建立一个准确的时间概念，然后对幼儿提要求时具体说定一个时间，如几点几分。

（2）让幼儿明白所犯的过失与后果间的联系。

这样做的目的在于让幼儿清楚地知道他的行为会带来什么样的后果，从而学会对自己的行为负责。

（3）告诉幼儿正确的做法。

责罚只是一种教手段，而不是教育目的。教师在对孩子进行责罚时，必须教给幼儿做事的正确方法。最好是给幼儿做些暗示，让幼儿自己去思考并做出判断。

**4. 要尊重幼儿，不要让批评惩罚伤及幼儿的自尊心**

批评惩罚是为了幼儿更好地健康成长，但是如果教师在批评过程中不注意保护幼儿的自尊心，那么，幼儿失去自尊心后，就会对我们所有的批评和正面教育抱无所谓的态度，这将给其一生的发展带来无法抹去的消极影响。因此，教师在批评幼儿时应注意：

（1）不要挖苦嘲笑幼儿。

如，不能对幼儿说"傻瓜""笨蛋""亏你想得出这么愚蠢的办法，你可真聪明"等，因为这些伤害性语言会严重打击幼儿的自尊心。

（2）不要在公开场合批评惩罚幼儿。

因为经常在公开场合被批评，将会使幼儿失去自信心和自尊心。

（3）不要在自己感情冲动的时候批评幼儿。

当我们处在情绪失控的时候，就很容易意气用事而加大对幼儿的惩罚力度，这样可能会给幼儿的身心带来不可挽回的伤害。批评不是目的，批评的关键是使幼儿知错改错，批评和发火不是一回事。在幼儿犯错误后，教师要调整好自己的情绪，保持平和而理性的心态，采用适度的语言和行动，对幼儿进行教育。只有这样，才能既纠正幼儿的不良行为，又不伤及幼儿的心灵。

表扬奖励和批评惩罚仅仅是一种外部强化的教育手段，它的目的是培养幼儿在没有表扬奖励和批评惩罚的情况下仍然能自觉地去做他该做的事，即表扬奖励和批评惩罚是为了不表扬奖励和不批评惩罚。活动中的快乐才是激励幼儿不断进步的根本动力。幼儿只有从活动中获得了乐趣，才会有自觉的持久的行为并形成习惯。因此，教师应努力创造条件，让幼儿从活动本身带来的成功和快乐中得到发展，从自律中得到满足。教师要切记，幼儿学习、发展的积极性绝不能仅仅靠外部强化来实现。

 **典型案例解析**

### 案例 2-22  小明变了

小明是个拥有许多毛病的孩子。为了改掉他身上的众多毛病，让他形成良好的学习和生活习惯，幼儿园老师和小明的妈妈与小明做了如下的约定。

- 孩子能准时起床、睡觉各得1分。
- 能整理自己的床铺、衣服、书包和书桌，自己上学各得1分。
- 在幼儿园里吃饭的速度进入前10名得1分/次。
- 在幼儿园里举手然后再发言得1分/次。
- 骂人扣2分/次。
- 争吵扣2分/次。
- 打人扣2分/次。
- 在幼儿园里吃饭的速度进倒数5名之内扣2分/次。

每天由老师和妈妈在表格上打"√"或打"×"，一个星期结算一次，每分可以兑换人民币0.2元钱。

实施半年后，小明几乎变成了另外一个人。

【解析】

老师和妈妈对小明良好行为习惯的培养主要采取了"代币奖励法"，小明半年后的可喜变化得益于小明的老师和他的妈妈将他的不良行为列为扣分项目，良好行为列为加分项目，并且给分数附以累积兑换功能。即小明获得一定的分数后能结算成钱，然后去购买自己喜欢的物品。这大大激发了小明努力争取高分，然后去购买其喜欢的物品的动力。同时，经过持久的奖励活动，其不良行为逐渐消失，而良好行为习惯则逐渐形成。

### 案例 2—23　红格子与黑格子

有位朋友有一天十分气愤地告诉我他的孩子小玲在幼儿园里的一件事：

上周五，他到幼儿园班上接小玲，小玲十分高兴地跑过来拉着他的手说："爸爸，我今天终于涂红格子了！"在小玲的牵引下，他来到所谓的格子栏前……后来问老师才知道，红格子代表当天表现比较好，黑格子则代表当天没有表现好。他还了解到小玲存在的主要问题就是吃饭太慢。

【解析】

此时已经是小玲读幼儿园中班的第二学期，这意味着小玲一年多来每天都是在涂黑格子中结束幼儿园的一天生活的，这是一种何等煎熬的生活——孩子每天都在重复暗示自己："我今天没有表现好。""我不是个好孩子！"

前苏联著名教育家苏霍姆林斯基说过："教育人就是教育他对未来的希望。"而我们给孩子希望的一个最重要的方式就是引导幼儿发现自己的优点，而不是让孩子每天都强调自己的所谓缺点。如果这样，孩子就算有再多的良好表现，也会因为在涂黑格子的那一瞬间而变得毫无成就感，时间长了就会陷入深深的自卑之中。

## 本章主要参考文献

[1] 白利峰．倾听：走向幼儿的内心深处[J]．教育导刊，2004（12）：9-12．

[2] 蔡伟忠．跳出传统思维的幼儿园教师实用手册[M]．北京：农村读物出版社，2010：109．

[3] 曹燕．大班三八节教育活动设计[J]．早期教育：教师版，1993（2）：36．

[4] 杜雪美．大班科学活动：会唱歌的叶子[J]．教育导刊．2010(3)：54-55．

[5] 华占梅．中班活动：秋天的海报[J]．快乐阅读．2012（6）：55．

[6] 姜勇．如何真正做到倾听孩子[J]．教育导刊，2003（2/3）：61-62．

[7] 林艳华．大班科学活动蚂蚁喜欢的味道[J]．教育导刊，2009（8）：49-50．

[8] 刘娟娟，主编．小学数学教学技能[M]．上海：华东师范大学出版社，2011：135-154．

[9] 马瞬琴．幼儿科学探究活动中教师提问的设计[J]．学前教育研究，2010（10）：47-50．

[10] 马晓嘉．幼儿教师教学口语的提问语形式分析[J]．考试周刊，2010（43）：221-222．

[11] 毛应翠．中班美术活动：鞋底会画画[J]．早期教育：教科研，2011（12）：30-31．

[12] 欧阳芬，诸葛彪，主编．高效教学技能十项修炼[M]．重庆：西南师范大学出版社，2010：93-126．

[13] 钱芬．科学活动中引导幼儿提问的策略[J]．学前教育研究，2004（2）：31-32．

[14] 全国幼师工作协作会，组编．幼儿教师教育技能及训练[M]．北京：北京师范大学出版社，2002．

[15] 石顺宽．课堂提问要做到"五先五后"[J]．教学与管理，2006（7）：

39.

[16] 宋杨. 谈谈幼师生模拟教学活动中有效提问的指导策略 [J]. 成才之路, 2011（1）: 10.

[17] 王民君. 论幼儿园教学的非语言艺术 [D]. 华中师范大学, 2006.

[18] 王秋海, 主编. 数学教育活动技能训练 [M]. 上海: 华东师范大学出版社, 2010: 108-120.

[19] 王秋海, 主编. 数学课堂教学技能训练 [M]. 上海: 华东师范大学出版社, 2010.

[20] 王贞桂. 教育活动的导入五法 [J]. 山东教育, 2002（3月下）: 25.

[21] 邬艳艳. 幼儿园集体教育活动中教师体态语的研究 [D]. 广西师范大学, 2008.

[22] 吴采红. 幼儿园有效教学略谈 [J]. 教育导刊, 2007（3月下）: 15-17.

[23] 吴雅萍. 小班版画活动"为柳树姐姐梳头"[J]. 早期教育: 美术版, 2011（2）: 8.

[24] 谢美红. 幼儿教育呼唤现代评价观 [J]. 学前教育研究, 2003（Z1）.

[25] 杨柳. 大班戏曲活动: 捏面人 [J]. 早期教育: 教研版, 2011（10）: 6-7.

[26] 殷超君. 变"节外生枝"为教育契机: 谈如何面对教学过程中的突发事件 [J]. 学前教育研究, 2004（4）: 33-34.

[27] 张惠霞. 人体的支架: 骨骼（中班）[J]. 幼教博览, 2005（4）: 28-31.

[28] 赵旭艳. 奖励在幼儿教育中的运用艺术 [J]. 教育导刊, 2008（9）.

[29] 周淑芳. 给娃娃穿上裤子 [M]// 高美娇, 主编. 幼儿园课程实践研究. 北京: 新时代出版社, 2004: 21.

[30] 朱鸿菊. 大班科学活动: 有趣的影子 [J]. 早期教育: 教科研, 2011（6）: 40-41.

# 第三章　幼儿园教研活动技能

幼儿园教研活动是指组织全体教师参加的、以直接提高保教工作效率为目的的教育研究活动。参加教研活动是提高幼儿教师业务水平的有效途径，但其前提条件是幼儿教师必须掌握幼儿园教研活动的必要技能，否则，他永远只是幼儿园教研活动的旁观者，他在幼儿园教研活动中既不能发挥和展示自己的能力，也不能促进自己业务能力的提高。幼儿教师必须掌握的教研活动技能主要有说课的技能、听课和评课的技能、准备公开课的技能、教育教学反思的技能。

本章所提的教研活动中的"课"特指幼儿园的各种教育教学活动，包括教学活动、游戏活动、生活活动、节日活动等。

## 第一节　说课的技能

"说课"就是幼儿教师以教育教学理论为指导，在精心设计教育活动方案的基础上，向同行、领导或教学研究人员，用口头语言和相关的辅助手段阐述某一教育活动的设计及其原理。其内容主要涉及"教什么""怎么教""为什么这么教"，它不仅要说明要怎么做，还要说明这么做的道理，要对教育活动方案做出分析。说课是幼儿教育中一种新兴的教研形式。它既能提高教师的业务水平，又有利于提高教育教学质量。

## 一、说课的原则

### 1. 科学性原则

这一原则要求:

(1)说课中教师要从幼儿学习情况的原有基础和现有困难两个方面分层次地、客观地、准确地进行分析,为采取相应的教育对策提供可靠的依据。

(2)论证中教师所引用的幼儿教育理论应该是大家公认的,是被教育实践证明为正确的。

(3)教师所引用的事实材料也应该是客观存在的,而不应该是人为编造的。

### 2. 理论联系实际原则

说课是说者向听者展示其对某个教育活动的教育设想的一种方式,是教育与研究相结合的一种活动。因此,在说课中,说者不仅要说清其教育活动构想,还要说清其构想的理论与实际两个方面的依据,将幼儿教育理论与教育实践有机地结合,做到理论与实践的高度统一。

在说课中,教师既要避免空谈理论、脱离实际,又要避免只谈做法不谈依据,还要避免为增加理论色彩而张冠李戴。要做到理论切合实际,实践是在理论指导下的实践,这样才能达到理论与实践的高度统一。

## 二、明确说课的内容

说课的内容主要包括如下九个方面:

(1)说教育活动名称:表述清楚该教育活动是哪个年龄班、哪个领域的。

(2)说教育活动内容:说明本教育活动内容的来源(说明本活动的来源,让听者了解为什么组织这一教育活动,了解选择这一教育活动背后的原因,同时对幼儿的已有经验做简单介绍,如之前做过哪些相关活动等),内容的前后联系,内容的重点、难点(各是什么,为什么它们是重点和难点），情感态度教育关注点，以及学习类型，自己对内容的独特见解等。

（3）说教育活动目标：说明教育活动目标的确立及其实现的基本思路。

说课教师要说明通过教育活动，幼儿应养成的情感态度和获得的基础知识与基本技能需达到什么标准及各目标之间的关系；说明检测教育活动目标实现程度的基本思路。

（4）说教育活动准备：说明为做好本次教育活动做了哪些准备，为什么要做这些准备——这些准备在教育活动中的作用和意义是什么，这些准备的理论依据和实践依据是什么，如有必要，则通过相关实物的形式向大家展示。

教育活动准备包括物质准备和心理准备。

（5）说学情：说明学习者（幼儿）的情况。

它包括：说明幼儿的年龄特征、身心发展状况；说明幼儿现有的基础，即说出幼儿对原有知识和基本技能的掌握情况、智力的发展情况；说明幼儿的非智力因素，包括幼儿的兴趣、动机、行为习惯、意志等。

（6）说教法：说明本教育活动方法的选择及其原理。

它包括：说明组织该教育活动应采用哪种教法，或以哪种教法为主，哪些教法为辅，并说出根据；说明在该教育活动中如何使用教具、学具和电教手段，并说出根据；说明如何在面向全体幼儿的同时，还能做到因材施教，做好个别教育。

（7）说学法：说明本教育活动中幼儿在教师引导下如何进行有效学习。

教师主要说四个方面：一是要教给幼儿哪几种学习方法，如何教；二是要培养幼儿的哪些学习能力，如何培养；三是要训练幼儿的哪些学习习惯，如何训练；四是要采用哪些方法来调动幼儿的积极性。

（8）说教育活动程序：说明教育活动是如何发起的，又是怎样展开的，最终又是怎样结束的，并说明其中的依据。

教师要具体说明本教育活动要采用什么教育活动程序，为什么采用这样的程序;说明本教育活动一共分几步,每一步教师和幼儿各做什么,每一步的时间分配计划等,并且还要说出这样设计的根据。

其中,教师还要说明突出教育教学重点和突破教育活动难点的策略、步骤、方法、形式。

教师说教育活动程序,要说清楚教育活动过程中各环节的衔接和过渡。因为评委看不到教师真实的教育活动,要通过教师的说课感知教师的教育活动,所以说课教师要将"课"说得尽量详细、具体些。

(9)说教育活动延伸:说出本活动后的复习巩固活动,即采取什么方法复习,怎样复习,复习什么内容,有什么要求,并说出根据。

如果是活动后说课,那么,还应该包括说"活动后反思"——说明自己在组织教育活动过程中将原来的教育活动方案进行了哪些调整,原因是什么;说明本教育活动取得了哪些意想不到的效果,并说明原因;说明本活动哪些方面没有取得预期的效果,并说明原因;最后,说明如果有机会重新组织这一教育活动,将采取哪些改进措施。

**典型案例解析**

**案例 3—1  幼儿园小班语言教育活动"亲亲长颈鹿"的说课稿**

【说教育活动名称】

小班语言教育活动:亲亲长颈鹿。

【说教育活动内容】

《亲亲长颈鹿》这个故事选自小班下学期"有趣的动物"这一主题。该故事以小朋友们生活中比较熟悉并喜欢的小兔子和长颈鹿为角色,讲述了一个长颈鹿阿姨助人为乐的故事,特别是小兔子们亲亲长颈鹿阿姨这个情节既让人觉得有趣,又很符合小班小朋友的年龄特点。生活中我们也会经常看到自己班的小朋友亲亲老师的手或者脸蛋,来表达他对老师的喜爱之情。考虑到现在的小朋友大多数都是独生子女,特别是小班幼儿年龄小,个个都"以自我为中心",缺乏友爱互助的品质,我觉得这个故事既符合小班幼儿的年龄特点,又符合孩子的现实需要,因此，我选择了这个故事，并将它与语言和社会两个教育领域相结合。

教育活动的重点是"体验友爱互助带来的快乐""积极参与故事活动的讨论，大胆地表达自己的想法"。因为对幼儿发展而言，情感态度和行为比知识更重要。

本次教育活动的难点是"用比较完整的句子表达自己的想法"，原因是小班幼儿的语言表达能力比较弱，有时只说了半句话就无法再说了，或者较难表达出心中的想法。

【说教育活动目标】

《幼儿园教育指导纲要（试行）》（以下简称《纲要》）中提出："发展幼儿语言的关键是创设一个能使他们想说、敢说、喜欢说、有机会说并能得到积极应答的环境。"语言教育活动要达到"鼓励幼儿大胆、清楚地表达自己的想法和感受，发展幼儿的语言表达能力和思维能力"的目标和要求。结合小班下学期幼儿年龄小、注意力容易分散、以自我为中心、语言发展不连贯等特点，我将本次教育活动的目标进行了定位：情感态度目标为"体验友爱互助给大家带来的快乐"；行为目标定位为"积极参与故事活动的讨论，大胆地表达自己的想法"；认知目标定位为"在游戏情境中理解故事内容，加深对长颈鹿行为的认识"。

【说教育活动准备】

为了更好地达成本次教育活动目标，我做了以下准备工作：

（1）物质上的准备：给小朋友们准备了小兔头饰，这是为了让幼儿更能进入到小兔这一游戏角色中；根据故事内容，我布置了小河、森林等情境以及道具长颈鹿，这是为幼儿在情境中游戏并加深对故事的理解而准备的；音乐，是为进一步营造游戏的气氛而准备的。

（2）知识上的准备：让幼儿先认识长颈鹿，了解长颈鹿的基本特征；活动前让幼儿练习爬与滑这两个基本动作——因为这两个动作是游戏中必需的，也是理解故事必需的。

【说学情】

小班幼儿年龄在4岁左右，他们处于典型的游戏年龄阶段，也处于角色游戏的高峰期，他们对游戏特别感兴趣，平时总喜欢把自己想象成故事中的某一角色,但由于词汇贫乏,他们在游戏中想说又不知该怎样说,即使说了也很难把自己的意思表达完整。因此,我想让幼儿在游戏情境中体验说话交流的乐趣。

【说教法】

心理学家认为:"学习者,同时开放多个感知通道,比只开放一个感知通道,能更准确有效地掌握学习对象。"根据幼儿的学习情况,在本次活动中我运用了情境教学法、角色游戏法、提问法等。

(1)情境教学法:我尝试打破以往仅用图片进行故事教学的传统模式——我根据故事内容,为幼儿创设故事情境,幼儿就仿佛置身于真实的环境中,许多不能理解的问题也就迎刃而解了。幼儿有了实践的经验,联想也丰富了。如,小兔子马上要去参加演出了,又过不了河,这让幼儿多么着急啊,他们会主动地想出各种方法过河。当他们真正过了河,参加了表演,这种心情和我们以往仅仅用图片讲述的效果是完全不同的。

(2)角色游戏法:角色游戏是幼儿最喜欢的活动之一,特别是善良、可爱的兔子形象,深受小班幼儿的喜爱,让他们自己来扮演这一角色,不仅能增强他们参与活动的兴趣,还能让他们充分表现自我、大胆说话。

(3)提问法:在教学中,我尝试改变以往语言教学总是先讲完故事再进行提问的模式,将单一性、回忆式、封闭式的提问方法改成多样性、启发式、开放式的提问。如,"小兔子应该怎样过河呢?""我们该怎样感谢长颈鹿阿姨呢?"等问题既能启发幼儿的思维,又能让幼儿根据自己的生活经验表达自己的想法。

【说学法】

整个活动让幼儿在看看、听听、想想、说说、玩玩的轻松氛围中掌握活动内容的重点、难点,幼儿运用了讨论谈话法、游戏练习法等体验和学习相关的内容。

(1)讨论谈话法:幼儿在讨论、谈话中无拘无束地说出自己对故事的理解与看法,这是激发幼儿练习说话积极性的好方法。

(2)游戏练习法:幼儿在游戏中,边游戏边练习说故事中的相关句子,这正体现了《纲要》提出的"语言能力是在运用过程中发展起来的"教育原理。

**【说教育活动程序】**

结合幼儿的年龄特点和本次教育活动的目标,我设计了以下三个环节:

(1)交代角色,引出课题,激发幼儿的兴趣。

开始部分我就将小朋友们的角色交代清楚,并直接告诉他们要去参加"动物联欢会"了,小朋友们最喜欢去参加表演了,所以他们的兴趣很快就被调动起来了。

(2)在游戏情境中讨论故事情节。

在这个环节,我提出了以下几个问题让幼儿讨论:

①小兔子应该怎样过河呢?

②长颈鹿阿姨怎么帮助我们过河呢?(和长颈鹿阿姨一起讨论后,小朋友们按照讨论出的办法过河。)

③我们该怎样感谢长颈鹿阿姨呢?(大家一起亲亲长颈鹿阿姨。)

同时,我鼓励幼儿用较完整的语言表达自己的想法,从中体会友爱互助给大家带来的快乐。

这一环节通过提问、游戏,让幼儿在讨论、谈话中大胆地说出自己所看到的、所想到的,你一言我一语,幼儿在轻松、愉快的气氛中提高了自己的口语表达能力。它是学习活动重点、突破活动难点最关键的一个环节。考虑到故事中"小兔子"涂上口红去亲亲长颈鹿这个教具存在着不卫生的因素,所以在设计活动时,我将故事的后半部分进行了一些修改。这样既避免了卫生问题,又激发了幼儿的扩散性思维,让他们知道原来不只是嘴巴才可以亲的。

(3)完整地讲述故事。

这个环节其实重在揭示思想内涵,进行情感教育,我将它贯穿到整个故事的情节中,让幼儿通过回忆的方式完整地讲述故事,同时我还运用了提问法,引导幼儿去发现本质:长颈鹿阿姨为什么笑得那么开心呢?你帮助过别人吗?帮助别人后你的心里是怎么想的呢?通过谈话让幼儿懂得友爱互助是能给大家带来快乐的。

(4) 表演歌曲《春天》中的场景和情节。

这个环节是根据故事内容而设计的，它既可以让故事的情节变得比较完整，又可以满足幼儿的表演欲望，还能让幼儿在表演中充分地抒发他们的快乐情感，最终达到实现活动目标的目的。

俗话说"教无定法，贵在得法"。今天我所展示的这个活动肯定还存在着许多不足之处，希望在座的各位领导、老师能给予批评指正，让我在以后的教学实践中，在新的教育理念的熏陶下，和孩子一起探索，一起成长！谢谢！

（摘编自：http://wenku.baidu.com/view/2831c539580216fc700afdb1.html)

【解析】

该说课稿，基本要素完整，教育活动目标明确、具体、恰当，符合幼儿的实际，并能说出依据；讲清了活动前和活动中必要的准备工作；教学重点、难点把握准确；本次活动的教法和学法选择适当，并说清楚了相关的依据；各环节及其过渡设计合理，符合教育学的相关原理，符合幼儿的认识规律和特点。

## 第二节 听课和评课的技能

在幼儿园教研活动中，听课和评课这种方式使用最为广泛。幼儿教师也特别喜欢听课和评课这种教研活动方式，一有听课机会，就如同去参加精彩的联欢会，积极踊跃，乐此不疲。为了有效地参加听课、评课这种教研活动，幼儿教师应该掌握听课、评课的技能。

### 一、听课的技能

听课是指听课者凭借眼、耳、手等自身的感官及有关的辅助工具（记录本、调查表、录音录像设备等），直接地或间接地从教育活动情境中获取相关的信息资料，进而学习、评价及考察的一种教育教学研究活动。

听课是幼儿教师同行相互学习、共同提高专业素养的一个重要途径。

### (一) 听课的基本要求

**1. 做好听课前的准备工作**

听课教师听课前应做好如下准备工作：

(1) 熟悉教育活动内容，了解上课者设计和组织该教育活动的意图，弄清新旧知识技能的内在联系，熟悉教学内容的重难点。

(2) 明确该教育活动的目标，听课时只有明确了教育活动目标，才能看出教师教学的完成情况。

(3) 针对该教育活动，自己在头脑中设计出该教育活动的初步方案，粗线条地勾勒出大体的活动框架，为评课提供一个参照体系。

(4) 听课前要回忆自己是否组织过相似内容的教育活动，如果有，有什么困惑与问题。

**2. 听课易出现的问题**

(1) 只看表面。

听课时，有些教师喜欢拿着相机乱拍乱照，拍环境、拍材料、拍漂亮可爱的孩子，却忽略了对教师引导过程和师幼互动过程的关注；有的教师甚至从始至终只是用眼睛看，而不做任何记录。这样听课对听课教师的帮助并不显著。

(2) 缺少思考。

生动有趣的活动、新颖的教具、丰富的操作材料，常常让教师目不暇接。尽管专注认真，但缺少深层次的思考。只听不思，听课的效果会大打折扣。只有边听边想，才能事半功倍。

**3. 认真地听**

听课者要听清楚教师的"讲"，即在教育活动中是否讲在点子上，是否重点突出、层次分明、详略得当。要听教师的"导"，即在教育活动中他指导幼儿接受知识技能是否准确无误，是否能调动幼儿的主动精神，使幼儿积极参与探索知识的过程，从中学会学习、学会探究。

**4. 仔细地看**

一要仔细看教师在教育活动过程中是否精神饱满，着装是否雅致，仪态是否大方，教育活动环境的准备是否与教育活动目标和过程相匹配；二要看师幼互动是否积极、有效，师幼是否平等、和谐地沟通与对话，是否营造出鲜活的教育活动气氛，幼儿是否专注于活动，是否积极开动脑筋等。

**5. 深刻地想**

在听课的过程中，听者要始终处于积极的思维状态：想明白师幼在教育活动过程中这么做的理由；想明白教育活动过程中出现了什么闪光点，并且通过思考给闪光点找到理论依据，找到闪光之源；想明白教育活动过程中有哪些教育教学问题，问题的症结在哪里，并想出解决问题的策略；想明白在听课过程中自己受情境的启发有什么感悟，或引起了哪些联想。深刻地想，就是要对本次教育活动情况做科学研究，对获得的信息做加工、改造、分析、综合，从而抓住本质，找到教育教学活动的规律。

**6. 及时地记**

听课记录是重要的教育教学研讨交流资料，是听课者从别人的"课"中学习成功经验、吸取失败教训的依据，是促进听课者自身专业成长的原始材料。因此，听课记录应关注如下几个方面：

(1) 记录教师的"教"。

- 活动内容：活动属于哪个领域的教育内容，是否符合幼儿的兴趣需要，活动主题来源于教师还是幼儿，是否适合幼儿的发展需要，是否能为幼儿提供有益的经验等。
- 新的活动如何导入，包括：教师如何导入，当时引导幼儿参与了哪些活动，效果如何。
- 教师创设了怎样的教育活动情境，结合了哪些生活实际，它们是否有利于达成教育活动目标，是否有利于帮助幼儿突破难点，能否为幼儿提供较大的探索空间等。
- 教师采用了哪些教学方法与教学手段，听课者要认真琢磨教师如何把各种教育手段进行整合，发挥整体教育效应，它们的整体效果如何。

- 该教师设计了哪些教学步骤。(听课者要记录整个教育教学活动的环节与情况,还要注意思考,教师为什么这样安排教育教学环节,教师怎样使各个环节为教育活动目标的达成服务,这些环节是否符合幼儿的发展需要,什么时候教师引导,什么时候幼儿自主探究,什么时候幼儿合作交流,什么时候幼儿练习展示,什么时候反馈评议,什么时候质疑讨论,什么时候归纳小结,是否做到了合理安排、科学调配,充分发挥了每一分钟的效能。)
- 教师的提问设计是否符合幼儿的年龄特点,是否能帮助幼儿提升经验、引导幼儿发展等。
- 教师是否给给幼儿提供了较大的思考和操作空间,是否能灵活地回应幼儿的不同表现。
- 教师如何帮助幼儿突破学习的重点和难点。
- 听课者要关注练习设计与知识技能拓展。练习设计是否做到了有针对性、层次性、拓展性,达到了巩固新知识技能、培养能力态度的目的。同时,要关注活动中的练习形式是否多样,教师是否引导幼儿应用所学知识解决日常生活中的实际问题,提高幼儿解决实际问题的能力。
- 教师如何在关注集体的同时,对不同层次的幼儿进行个性化引导。

(2) 记录幼儿的活动。
- 幼儿是否在教师的引导下积极参与到学习活动中去,他们如何活动。
- 学习活动中幼儿的情绪反应如何,原因是什么。
- 幼儿的专注程度如何,他们是否经常积极主动地提出问题等。
- 幼儿的身心能力受到了哪些挑战,他们的知识经验是否得到了提升。

(3) 内容记录的方式。
- 原句实录。听课者听到执教老师言简意赅、生动有趣、富有感染力的词句或激励性强的话语等,都原句实录下来。
- 感悟散记。听课过程中,听者面对复杂多变的活动现场,或多或少地会产生一些联想和感悟，应该随时记下来。有时教师的提问方式欠妥，幼儿感觉茫然，这时听课者可以用简单的文字或符号在旁边注明。对于教师引导有方、随机应变的细节，更要及时记录。有时教师在幼儿回答问题后，常常不知道以什么样的语言回应；有时幼儿因语言贫乏不能完整准确地表达出内心的意思，需要教师加以提炼和概括。听课者可在听课时特别留意这样的情况，将执教老师机智应答的语言及动作及时记录，以便今后学习、运用。

● 图文摘录。听课时经常会看到执教老师出示图谱，生动、形象的画面为活跃课堂气氛、提高教学效果提供了极大的帮助。对于教师出示的图、表、符号等，听课者可以用数码照相机拍下来，也可以临摹下来，如果现场临摹来不及，可以用简单的符号和文字加以记录，以便以后用到时可以为现场回放做提示。

### 7. 听课后应做些什么

（1）整理好听课记录。

听课者记录听课内容，要按先后顺序提纲挈领地记录下来：记录时间分配，即各环节所用时间——教师"教"用的时间，幼儿"学"用的时间；记录教法学法的选择与应用，记录情境创设、过渡的语言、引导的技巧、激励的方法、组织活动的方式；记录教师挖掘与利用教育活动生成资源的情况，记录灵活处理偶发事件的情况；记录练习状况、练习内容、练习形式等。

（2）做好"课"后分析。

教育活动结束后听课者就应及时进行综合分析，找出本次教育活动的特点和闪光处，总结出一些有规律性的认识。明确能启发自己、能学会的有哪几个方面，并针对该教育活动的实际情况，提出一些建设性的意见与合理的修改建议，与执教教师进行交流切磋，以达到相互促进、提高的目的。

（3）以仿代练。

听课中学到的方法、经验，只有运用到实践中，才能变成自己的，才能真正提高自己的教学技能。听课后,听课者最简单直接的学习方式就是"模仿"。对精品课可以"全仿",在模仿的过程中体会他人的设计思路、语言的巧妙运用、教具的合理选择等。对有个人想法的课可以"半仿",将他人的精华与自己的理解融合起来,实践后再反思。

模仿可以根据自己的需要,进行语言模仿、行为模仿、过程模仿、形式模仿等。如,对于幼儿回答问题后不知道如何回应的情形,教师可以模仿他人肯定性的语言,但要注意肯定的范围要小,要有明确性、针对性,不能用简单的"你真棒"代替。模仿可以是迁移他人的方法,将其行之有效的教学方法、层次清晰的教学过程迁移到自己的活动设计中。

听名师课、展示课、研讨课等,每个教师的教学风格不同,只要在听课中有善于发现的眼睛,善于思考的头脑,就一定能有效地促进自己的专业成长。

### (二)听课记录表

为了提高听课的效果,可以根据需要制定适合自己需要的听课表。

**案例 3—2　听课记录表**

听课人姓名_____　被听课人姓名_____　班级_____　时间_____

| 活动名称 | | | |
|---|---|---|---|
| 活动目标 | | | |
| 活动准备 | | | |
| 时间 | 教师"教" | 幼儿"学" | 点评 |
| | | | |
| | | | |
| | | | |
| | | | |
| | | | |
| 精彩捕捉 | | | |
| 问题与反思 | | | |
| 对本活动的几点改进建议 | | | |
| 写下听课得来的、你会用于自己今后教学中的几点做法 | | | |

# 典型案例解析

### 案例 3—3 大班数学教育活动"4以内加法口述应用题"听课笔记

听课人姓名：×××　　被听课人姓名：×××
班级：大(1)班　　　　时间：××××年11月2日上午

| 活动名称 | 4以内加法口述应用题 | | |
|---|---|---|---|
| 活动目标 | 1.初步了解应用题；2.自己能创编一些简单的应用题；3.体验创编应用题的乐趣。 | | |
| 活动过程 | 教师"教" | 幼儿"学" | 点评 |
| 导入 | 以一个4以内的碰球歌开始，老师说："我的1球碰几球？" | 幼儿答："我的1球碰3球。" | 以碰球歌开始这节课，一开始就引起了幼儿的兴趣，有利于这节课的开展。 |
| 基本部分 | 1.老师说："今天我们来玩一个买水果的游戏，现在哪位小朋友先来我这里买水果呢？"<br>2.老师问："你买了什么水果呀？"<br>老师又说："不能说'合起来'，应该说'一共买了'。那现在再请几个小朋友上来买水果，这次呢，你们每个小朋友都要买4个相同的水果。"<br>3.老师又问其他小朋友："这两位小朋友都买了多少个水果？""都买了几次？"<br>"现在，一共买了几个水果？不用把总数说出来。比如，我先买1根香蕉，再买3根香蕉，我一共买了几根香蕉？""根据第一次买的和第二次买的提出问题。这就是应用题。" | 1.第一个小朋友上去了。<br><br>2.小朋友回答说："我买了2个苹果，2个桃子，合起来4个水果。"<br><br>第二个小朋友上去买了4个相同的水果，说："我先买了2个桃子，再买了2个桃子，一共买了4个桃子。"<br>第三个小朋友说："我先买了1根萝卜，再买了3根萝卜，一共买了4根萝卜。"<br><br>3.小朋友回答："4个。""2次。" | 教师通过提问一步一步去引导幼儿学习创编应用题，她首先开展了一个买水果的游戏，来复习4以内的加法，然后举例引导幼儿去了解什么是应用题，最后让幼儿自己学会创编应用题……我认为这样的教学思路是很好的，有利于幼儿思维能力的发展和对应用题的了解。在课程进行的过程中，教师也会不断提醒他们量词的搭配和词语的恰当用法。教师提问幼儿时，不断重复"我喜欢举手的小朋友"，这样有助于幼儿养成举手回答问题的好习惯。 |

(续表)

| | | |
|---|---|---|
| | 4.老师开始提问:"我买了1个苹果,后来又买了3个苹果,怎么提问题呢?"<br><br>老师说:"现在我请几位小朋友利用西瓜来编一道应用题。"<br><br>老师问其他小朋友:"××小朋友提出问题了吗?"<br><br>"那应该怎么提出问题呢?"<br><br>接着,老师又请几个小朋友提出问题。<br><br>5.老师出示几张图片,让小朋友们看着图片编应用题。 | 4.小朋友回答说:"我一共买了几个苹果?"<br><br>一个小朋友站起来回答:"我买了1个西瓜,后来又买了3个西瓜,我一共买了4个西瓜。"<br><br>小朋友回答:"没有。"<br><br>"我一共买了几个西瓜?"<br><br>最后有一位幼儿能够顺利地完成创编应用题。<br><br>5.小朋友们根据图片一起来编应用题。"草地里有1只兔子,后来又来了3只兔子,一共有几只兔子?""猫妈妈生了3只小猫,后来又生了1只小猫,猫妈妈一共生了几只小猫?"…… | |
| 结束部分 | 老师给每个幼儿各发了一张操作纸,让他们回家后跟自己的爸爸妈妈一起复习今天所学的应用题,最后,老师说:"我们下次就学5和6的应用题。" | 幼儿高兴地答:"好。" | 老师的做法使这节课收尾并布置了幼儿的课外拓展任务,同时也有利于幼儿和家长的亲子合作。 |
| 总评 | 这节课从总体上来讲,不管是在幼儿的学习方面还是在老师的教学方面都是非常好的。能让幼儿初步了解应用题,并能自己创编应用题。同时,幼儿在整堂课上也很兴奋,没有感到枯燥无味。 | | |

(摘编自:http://blog.sina.com.cn/s/blog_6d5dfb7c0100nhfn.html)

【解析】

听课是幼儿教师向同行学习、促进自己专业成长的一个十分重要的途径。该听课记录如实地记录了大班数学教育活动"4以内加法口述应用题"

的整个活动过程的各个细节,并做出了一些粗浅的分析。但是,听课者没有发现本活动所存在的问题,也没有明确自己从本教育活动中得到了什么具体的收获,这样的听课记录,对自己专业水平的提高无法发挥其应有的作用。

## 二、评课的技能

听课是评课的基础。就一个完整的教研活动而言,听课是收集有关教育活动及其相关因素的材料,而评课则是对这些资料的研究,以获得理性认识。评课可以促进教师专业素质的提高和幼儿园教育教学质量的提高。

评课是听课者或评委在听课后对该教育活动效果的评价,以及对构成教育活动过程的各要素(教师、幼儿、环境、材料、内容、方法等)和活动效果进行的分析和评价。评课不光看评价教师如何执教,还要看执教效果如何,其中最主要的是评价幼儿的学习方式和学习成效,看目标达成度的高低。

掌握评课技能、学会评课,是幼儿教师参与听课、评课教研活动必备的一项基本技能,也是展现自身专业素质的必备技能。

### (一)明确评课的目的

评估型评课,目的在于对某个研究课题进行评鉴。如果是评估型评课,听课者就不必在教师基本功上大做文章,要着重评议这样的教育活动是否体现课题研究目标,课题研究的基本理念是否贯穿于教师与幼儿的行为之中,课题研究有哪些值得完善的地方。如果是学习型评课,听课者则不必多谈教育活动中的不足,重点评议其先进的教育思想、高超的教育艺术,以及自己的感悟与启发即可。评课的目的一定要先明确,评课绝不能临时确定目的,或游离于目的之外信口开河。这样,不仅效果不好,而且会破坏自己的形象。

### (二)评课的原则

#### 1. 实话实说原则

评课对于执教者和听课者、评课者都是相互学习、相互借鉴的机会。

评课者只有怀着强烈的责任心，本着客观公正、实事求是的精神，评课才有实在的意义。当然，指出"课"的不足时要注意艺术，在肯定的基础上指出不足，指出不足是对事不对人。

**2. 友好交流原则**

评课的目的是为了相互交流，相互学习，受到启发。因此，为了激励更多的人为大家提供"课"的样板，评课者要让执教者感觉到善意，容易接受意见，这样才有助于执教者反思自己的教育活动，有利于良好交流气氛的营造。

**3. 突出重点原则**

哪些地方需要改进，哪些地方很有特色，评课者要抓住重点并理论联系实际，让执教者进入"豁然感悟"的境界。

**4. 因人而异原则**

根据不同的执教者、不同的教学形式、不同的评价侧重点，评课要有相应的区别和特色。如，对骨干教师的要求可拔高一些，抓住个性特点、挖掘教学特长、激发个人教学风格的形成；而对普通教师，特别是年轻教师，则从幼儿园教育活动的一般规范来评价。

**（三）把握具体的评课内容**

根据现代幼儿教育发展的趋势来看，当今评课应该围绕以下内容进行：

**1. 评价教育活动目标**

评价教育活动目标主要从以下三个方面来评价：

- 目标制订是否完整、具体、适宜？是否能考虑不同层次幼儿的发展现状？
- 目标是否明确，始终围绕目标展开活动？是否能突出活动的重点、难点？是否能根据活动的实际情况灵活、准确地调整预设目标？
- 是否既能考虑本次活动的目标，又能关注其他有价值的目标？

**2. 评价教育活动内容**

评价教育活动内容主要从以下三个方面来评价：

- 活动内容是否贴近幼儿的生活,既使其产生兴趣,又有助于拓展其经验和视野?
- 活动内容安排是否适宜,兼顾群体需要和个体差异,既适合幼儿现有水平又具有一定的挑战性?
- 教育活动是否突出了重点,突破了难点,抓住了关键?

### 3. 评价教育活动准备

评价教育活动准备主要从以下两个方面来评价:

- 教师是否在知识技能和情绪情感上做了充分的准备?
- 学具、教具、环境的准备是否充分并有利于活动目标的达成?

### 4. 评价教育活动过程

评价教育活动过程主要从以下五个方面来评价:

- 教师能否有效地调控幼儿的注意力?是否善于控制教育过程?活动组织是否有条理?
- 教师是否为幼儿自主活动创设了环境、提供了机会和条件?能否结合幼儿的具体情况运用不同的方式与手段引导幼儿去体验、尝试并积极探索,体会知识的形成过程,并让结论由幼儿自悟和发现?
- 教师是否既有全面性的指导,又能考虑有针对性的指导,使二者有机结合?
- 教师是否做到教育方式和手段灵活,有创新,注重综合性、趣味性、活动性,使其为教育目标和内容服务?
- 教师是否注重指导幼儿的活动常规和行为,促使幼儿形成良好的习惯?

### 5. 评价教师角色

评价教师角色主要从以下三个方面来评价:

- 教师是否态度自然、亲切,有情感交流?是否能理解、尊重每个幼儿(如,幼儿能按意愿自选活动、材料、伙伴;允许幼儿提问、发表意见、建议;耐心倾听、理解幼儿的想法和感受等)?
- 在活动中教师是否能敏锐地察觉幼儿的需要,适时、适当地在精神上、策略上给予幼儿支持、帮助、合作和引导？
- 教师是否能够灵活地处理偶发事件，善于发现其中隐含的教育价值，把握时机、积极引导？

### 6. 评价幼儿主体性

评价幼儿主体性主要从以下四个方面来评价：
- 幼儿在活动中是否情绪积极、主动、愉快、稳定，表现出较强的探求欲？
- 幼儿在活动中是否与材料、同伴、教师充分互动？
- 幼儿的原有经验是否与新经验产生相互作用，其身心素质是否受到一定的挑战？
- 幼儿是否获得真正内化的知识经验？

### 7. 评价教育活动效果

评价教育活动效果主要从以下四个方面来评价：
- 该活动是否较好地达成了教育活动目标？
- 活动是否促进了幼儿在自身基础上的发展和提高，并为其进一步发展奠定了基础？
- 幼儿的学习方式是否由单纯接受式的学习方式转变为发挥主体性的学习方式？
- 教育活动费用支出与教育活动成效是否一致？

**典型案例解析**

**案例 3—4　幼儿园小班科学活动：照镜子**

【活动目标】

1. 幼儿在玩"照镜子"的游戏过程中，关注自己身体的各个部位。
2. 幼儿初步认识不同形状的镜子，并尝试按标志将镜子送回家。
3. 幼儿体验照镜子的快乐，能用语言大胆地表达自己的感觉。

【活动准备】

1. 活动前教师请幼儿收集镜子。

2. 教师创设"镜子宝宝的家"的场景,将镜子按形状和大小分类放在盒子里。

【活动过程】

一、认识镜子宝宝的家

1. 认识圆形镜子的家。

请幼儿观察"镜子宝宝的家",教师出示表示"大"的标志,请幼儿猜猜是什么意思。(这是大镜子的家。)同法认识表示"小"的标志,找到小镜子的家。

2. 幼儿用身体动作来表现"大"和"小"的标志。

3. 教师请一位幼儿上来看看圆形镜子宝宝有没有找错家。(镜子宝宝都找对家了。)

4. 认识方形镜子的家。

教师请幼儿观察不同形状的方形镜子,引导幼儿发现有长长的方形和正正方方的方形。老师简单介绍长方形和正方形。

5. 教师请一位幼儿上来看看方形镜子宝宝有没有按大小标志找对家。(镜子宝宝都找对家了。)

二、照镜子

1. 教师请幼儿到"镜子宝宝的家"找一个宝宝,跟它说说话。(提醒幼儿记住镜子宝宝的家的位置。)

2. 教师带领幼儿跟镜子宝宝对话。

3. 一起回忆有关镜子的谜语,教师带领幼儿轻声朗读谜语儿歌:"你哭它也哭,你笑它也笑。只要对着它,喜怒全知道。"

4. 幼儿听教师的口令对着镜子做笑和怒的表情,教师教育幼儿要做个快乐的孩子。

5. 游戏:照镜子。

教师读儿歌:"照镜子,照镜子,照到我的小眼睛(鼻子、嘴巴、耳朵)。"引导幼儿看看自己的眼睛(鼻子、嘴巴、耳朵)的样子。

6. 引导幼儿想办法照到自己的耳朵。请一位幼儿上来示范自己的方法,其他幼儿学一学。

7. 教师：你的镜子除了能看见自己，还能看见谁？（幼儿：看到别人。）怎样才能看到别人？（幼儿交流自己的方法并相互学习。）

三、结束活动

教师引导幼儿和镜子宝宝说再见并把镜子宝宝送回家。

〖活动评析〗

"照镜子"活动是小班主题"镜子里的我"中的一个小活动。这是一个以科学领域内容为主的教育活动。在教师的积极引导和带动下，幼儿参与活动的积极性较高，基本达到预定的教学目的。以下是我对这个教育活动的一些看法和体会：

（1）课前准备充分、环境创设适宜。在主题活动开展前，教师提前让幼儿收集了活动需要的材料——镜子，并且提前用镜子创设了一个美观明了的场景——"镜子宝宝的家"，组织整个活动时都围绕这个场景来进行。充分的前期准备工作和适宜的环境创设为活动的成功开展奠定了物质基础。

（2）活动内容贴近幼儿的生活。教师从幼儿感兴趣的镜子入手，让幼儿在照镜子的过程中，不仅认识了自己的五官，同时也探究了照镜子的方法，为幼儿与同伴交往、合作提供了很好的机会。

（3）活动环节符合小班幼儿的年龄特点。教师结合幼儿刚来园不久的特点，创设了幼儿当镜子宝宝的爸爸妈妈，和镜子宝宝对话、送镜子宝宝上幼儿园等情景，幼儿有了切身体会，参与积极性较高。"镜子宝宝的家"的标志简单明了，让幼儿能够清楚地区分。此外，短小易学的儿歌给幼儿的语言表达以支持，使活动更有趣。

（4）教师的语言生动活泼，方法灵活机动，较好地激发了幼儿的学习兴趣。在活动的每一个环节，教师都很注意发展幼儿的语言表达能力，为幼儿提供了较多的学说机会。在照镜子做表情的时候，教师不失时机地教育孩子要做个快乐的人。善于抓住活动中的教育契机，是一个优秀教师必须具备的能力。

（5）不足的是，整个活动的重点不够突出，内容过多。我们可以把它分为两个活动来开展。如，把照镜子认识自己身体的部位以及探索照镜子的方法作为第一课时来开展，第二课时则着重引导幼儿根据镜子的外形、大小来进行分类。这样目的性就更明确了,在组织活动时每个环节也可以开展得更深入一些,让幼儿有更多的感受、操作机会。

总之,通过这个教育活动可以看出,王老师具备较强的组织教学能力,能结合幼儿的年龄特点和需要适当调整教学策略,善于运用启发性语言引导幼儿,促使幼儿得到全面发展。这些都是我在日后的教学工作中要学习的地方。

(案例及评析由广西玉林市玉州区直属机关第一幼儿园陈剑老师提供)

【解析】

陈剑老师对其在南京学习时观摩过的"幼儿园小班科学活动:照镜子"进行了比较全面的评价,对活动准备、环节、内容、教师的语言都进行了恰到好处的点评,同时又指出了本活动存在的不足。如果能详细点评执教者王老师的可学之处,那就更好了。

另外,虽然我未能亲临现场听课,但我仍然隐约感觉到该活动深得孩子们的喜爱,不过,我担心的是该活动对幼儿而言仅有趣味性而没有挑战性,这样对孩子发展的意义就会大打折扣。

## 第三节  准备公开课的技能

公开课是幼儿园最常见的教研活动之一,它是探讨幼儿园教育教学规律、评价教师业务水平的一个"硬指标",也是幼儿教师专业成长的一种有效途径。

学前教育专业学生必须学会准备公开课,并通过公开课来展现和提高自己的专业水平。

### 一、准备教学内容的基本要求

#### 1. 量力性原则

量力性原则是指教师上公开课考虑"可以教什么""自己能教什么"或者"自己教什么教得最好"。准备公开课的第一步是选择上课内容,要先确定"教什么"，然后才去考虑"怎么教"。

这个原则的基本要求：教师在选择公开课内容的时候主要根据自己的特长与喜好，根据自身的特点确定适合的领域，这样有助于在教学过程中更好地把握整个活动，从而更好地展示自己。比如，自己能歌善舞，那么公开课首选艺术领域的内容；自己喜欢语言、社会领域的东西，对这个方面也把握得比较准，就首选语言或者社会领域的内容。有位老师比较擅长艺术，在全园青年教师上课比赛的时候，她见艺术领域已经有几个老师选了，就觉得自己没有优势，结果选公开课内容的时候，就选了极少有老师选的科学领域，结果她在比赛中没能取得好的成绩。

**2. 适应性原则**

适应性原则是指教师在选择上课内容时要以上课对象的生活经验为基础，要适应上课对象的实际发展水平。公开课毕竟不是教师一个人的表演，公开课成功与否与上课对象密切相关，所以内容必须适应上课对象。

这个原则的基本要求：一方面，教师在选择教育内容时要尽可能从上课对象的直接经验入手，选择幼儿熟悉的、感兴趣的、有愉快情绪体验的内容。而不是从教师的主观愿望出发，自己认为这个内容很有趣，最终上课对象可能不感兴趣，这样公开课就会上得非常艰难和尴尬。如果是以本园的幼儿为上课对象，可以通过访谈和观察等途径了解其已有经验，如果是借园上课，事先应该查找资料，了解当地的情况，以推断出上课对象的已有经验。另一方面，教师要熟悉上课对象的实际发展水平，尤其是在你所选择的上课内容领域孩子们所掌握的已有经验。孩子们的心理、能力发展水平的差异是巨大的，单纯凭借幼儿的年龄特征很可能会过高或过低地估计幼儿的发展水平，很难达到预期的教学目标和效果。

**3. 突出特色性原则**

突出特色性原则是指教师在选择公开课内容时，既要考虑与幼儿园的主题或特色相结合，以展现幼儿园的特有风采，又要考虑活动内容"有新意"。

这个原则的基本要求：特色是人无我有，或者人有我新。人无我有就是找别人不可能有的教学内容，比如当地特色的内容或者用当地特有的材料、形式组织教学内容。从这个方面突出特色有一定的限制，因为大部分公开课的听课者和执教者都是本地人居多，可能并不一定认为这是特色。此外，本地的东西拿来组织教学，没有通过规范化，有一定的难度，可能会导致两个极端：相当成功或彻底失败。做到人有我新相对比较容易，把大家都熟悉的经过规范化的教学内容教出新意即可。你上的课有别于以往同行上过的一些课，那也是特色，比如用一个老的素材，教出新的东西。在公开课的评价中，有新意也是大多数老师在评价内容时所推崇的标准。

## 二、教案设计的基本要求

### 1. 精细化原则

精细化原则指教师把教案设计得既非常详细，又清晰、不啰唆。

设计公开课的教案，教师一般会设计一份详细的教案，除了教案最基本的部分如活动目标、活动材料、教学方法、活动过程、总结、板书等内容，还包括教师的提示语言、图形图表、师生互动中可能出现的情境的描述、环节之间的过渡等内容。也就是说，公开课的教案设计要详细考虑各个方面的因素：什么样的形式能引起幼儿的兴趣，教师的每一句话怎么说，为什么这么说，教师说了或者做了之后幼儿会有什么反应，如何应对幼儿的反应并根据幼儿的反应来进入下一个环节等。甚至详细到教师上课时候的位置怎么站，站在什么地方，用什么动作，配合什么表情等，都要在教案中设计出来。

同时，教案的设计要表达清晰、不啰唆。这要求教师重点把握自己不够熟悉的内容，对自己非常熟悉且应对自如的环节和内容可以简单写，陌生且难把握的内容突出写。比如，教师的语言能力相当强，对幼儿的应答反应比较快的，就可以在教案中精写师生语言对话部分，不需做过多的设计。

### 2. 科学性原则

科学性原则是指教师在设计教案时要认真贯彻《纲要》精神，按幼儿教育的内在规律，结合上课对象的实际来确定教学目标、活动材料、选用方法、设计流程，避免出现知识性错误。脱离教学内容完整性、系统性，单纯求新求异地写教案的做法是绝对不允许的。一个好教案要体现《纲要》精神，教案中的基本概念、基础理论、书面语表达都要科学、严谨、准确、精练。

### 3. 创新性原则

通常公开课的教案来源于这些方面：一是利用各种文献上的教案，经过修改而成；二是教师在其他地方听到的觉得比较好的活动，结合实际加以改造；三是利用自己平时积累的一些素材和内容，整合而成；四是利用幼儿园里已有的一些比较成熟的活动教案。这些教案可以用来作为公开课的教案，但是任何一种都不能照搬照抄，要结合个人教学体会，巧妙构思，精心安排，从而创造出自己的教案。

## 三、试教的基本要求

### 1. 暴露性原则

试教是指正式上课之前，教师用同样的材料、同样的内容给非正式上课的孩子或者模拟对象上课，通过模拟上课的形式来帮助教师发现问题，并解决问题。一次试教相当于一次试验，目的就在于检验活动设计是否存在问题，发现问题并提出解决策略，从而保证最后正式上课的最佳状态。试教中要敢于暴露问题，暴露的问题越多，改正的也就越多，也就能保证正式上课的最佳状态。暴露问题也是一个获取经验的过程，教师在试教的过程中要大胆表现，不要刻意掩饰自身的不足。

### 2. 真实性原则

公开课的试教，要选择真实的环境，以正式上课的形式进行。公开课的试教不像实习生的试教或自己日常课前的试教，基本上是在仿真的或者是无上课对象的情况下进行的，这种试教基本上只能让听者发现教学设计上的问题和试教者本身的问题，难以发现教学内容与教学对象之间、授课者与授课对象之间、授课对象与材料之间的问题。因此，试教要选择部分孩子（"部分孩子"是指正式上课的那个班级中的不能被选出来参加公开课上课的孩子，现实中大量存在，但是本人不主张这样做）或者同年龄班级中不用来上公开课的班级。

## 四、准备活动材料的基本要求

### 1. 合理利用的原则

准备公开课活动材料主要是指公开课中幼儿的操作材料和教师的教具准备。合理利用活动材料能够保证公开课教学的顺利进行，并会给听课者留下美好的印象。公开课的上课者都会非常重视活动材料的准备，准备充足的材料，在恰当的时间加以运用，不仅能吸引住幼儿，还可以让公开课的内容丰富多样。但是，有的时候也会出现这样的情况：活动材料准备得丰富多彩，甚至幼儿园出动一个团队帮助上课者准备材料，又是图片，又是实物，又是制作多媒体课件，大家忙活了好些时间。但是，老师上课时没有合理地利用，比如有的老师上了2/3的课，教具才拿出来，幼儿早就坐不住了，严重影响了公开课的效果。

### 2. 既要合乎标准，又要有创新

公开课的活动材料要精致、大方、美观，合乎幼儿的认知发展规律，比如图片，孩子年龄越小，图片尺寸就要越大一些。同时，材料要有创新，保证能很好地吸引住幼儿，并使幼儿乐于操作，这就要求教师创造性地设计活动材料，尤其是要挖掘材料的全部功能，这样可以避免材料的浪费，节约教师制作材料的时间和成本。

## 五、准备上课对象的基本要求

### 1. 公平性原则

首先，教师要满足所有幼儿参加上公开课的需要。不可为了保证公开课的成功而将某些被认为调皮的幼儿或能力不好的幼儿排除在公开课之外。

其次，教师要照顾幼儿的个别差异。在准备公开课时，要考虑不同幼儿之间的能力差异，设置不同梯度的问题，以供不同层次的幼儿回答，让每位幼儿都能体会到成功的喜悦，这对活跃课堂气氛，提高幼儿的积极性有极大的帮助。

### 2. 为上课的幼儿准备相关知识与经验

幼儿的生活经验直接影响到公开课的效果。教师在选择公开课内容时，要考虑幼儿的已有经验，若需要前期收集资料，应事先安排幼儿的相关活动，让幼儿积累必备的经验。知识和经验准备主要是让幼儿初步熟悉上课内容，一方面要与上课内容相关，另一方面又不能完全相同。

**案例 3-5　大班美术欣赏活动：京剧脸谱**

【设计意图】

京剧并非是我们南方孩子生活中经常遇到和熟悉的事物，但从教育角度来说，是有意义的，通过有关这方面内容的系列活动，让孩子初步接触京剧，了解中国这一特有的戏曲形式，从而从另一个侧面来了解祖国的传统文化，激发起孩子喜爱京剧、热爱祖国的情感。根据孩子的学习特点，为了能够让他们亲眼所见、亲身经历，去更直观地感受体验京剧艺术的魅力，在活动前，请家长们带着孩子一起搜集有关京剧的知识。在活动中，给孩子们观看京剧唱段，让孩子们初步地了解京剧。另外，幼儿的全面发展，需要教师组织多样化的活动，同时还需兼顾多领域与多学科的知识、技能，于是设计京剧脸谱成了我们的一个教学点，从中不仅可让孩子们对京剧脸谱艺术的特点有所了解，也能让他们对"对称""夸张"等的美术表现方式有所了解与尝试。

### 第一次教案

【活动目标】

1. 幼儿学习用鲜艳的色彩和夸张、对称的图案设计京剧脸谱。

2. 幼儿初步了解京剧文化,知道京剧是中国特有的艺术。

【活动准备】

油画棒、垫板、空白脸谱人手一份。

【活动过程】

1. 欣赏京剧唱段:

(1) 教师请幼儿欣赏京剧唱段,引起他们对活动的兴趣。

(2) 请幼儿说一说在唱段里看到了什么、听到了什么。

(3) 幼儿交流后,教师归纳:这是一段京剧唱段,京剧是中国特有的戏剧艺术,在世界上很有影响,人们提到京剧就会想到中国。京剧演员脸上都涂着鲜艳漂亮的油彩,不同的脸谱代表着不同的人物。

2. 讨论京剧脸谱的装饰方法:

(1) 教师与幼儿观察脸谱,讨论:脸谱是由哪些颜色画成的?它的图案都是什么样的?从哪儿开始装饰呢?

(2) 教师归纳大家的发现:京剧脸谱由许多鲜艳的颜色组成,它的图案是对称的,并以鼻子为中心进行装饰。

3. 介绍各种工具和材料:

(1) 教师出示幼儿活动材料:油画棒、空白脸谱。

(2) 教师提醒幼儿在创作过程中应注意的问题:涂色均匀、对称。

4. 创作京剧脸谱:

幼儿学习用鲜艳的色彩和夸张、对称的图案设计京剧脸谱。

5. 展示幼儿作品:

教师请幼儿谈谈自己最喜欢哪幅图,并说说原因。

### 试教后修改的教案

【活动目标】

1. 幼儿学习用线条纹样、色彩对称的方法夸张地表现京剧脸谱特征。

2.幼儿能按照自己的意愿大胆创作,发挥想象力和创造力。

**【活动准备】**

教师材料:实物京剧脸谱、黑白局部脸谱贴磁(一套)、与黑白脸谱纹样相同的彩色完整脸谱一个。供幼儿欣赏、选用的纹样图案两张、京剧唱段电脑幻灯片。

幼儿材料:幼儿操作卡,分三个层次,第一层次是一个椭圆形脸的轮廓(人手一份),第二层次是已经画好一半京剧纹样的脸谱(每组一份),第三层次是已经完全勾勒好的京剧脸谱(每组一份);勾线笔、油画棒、垫板人手一份。

**【活动过程】**

一、导入活动,引起幼儿活动的兴趣

幼儿欣赏京剧唱段。

(1)师:今天,老师带来了一段京剧,我们一起仔细听听这段京剧中唱了什么。

(2)幼儿交流后,教师归纳:京剧是中国特有的戏剧艺术,在世界上很有影响,人们提到京剧就会想到中国。京剧演员脸上都涂着鲜艳、漂亮的油彩。

二、观察和了解脸谱的特点,感受京剧脸谱的独特魅力

1.幼儿观察脸谱,感受脸谱中色彩、纹样的夸张性和对称性。

师:我这儿有许多脸谱,你喜欢哪一个?喜欢它的什么地方?

(1)幼儿说:"我喜欢它的颜色。"

教师提问:"它用了哪些颜色?它们搭配在一起怎么样?我们再看看其他脸谱,它们又用了哪些颜色?"(教师让幼儿关注黑白色的脸谱和其他颜色的脸谱。)

教师小结:脸谱上的颜色看上去都比较夸张,有的很鲜艳,有的色彩对比很强烈。

(2)幼儿说:"我喜欢它的花纹。"

教师提问:"这个纹样装饰在了脸谱的哪里?它是什么样子的?我

们看看其他的脸谱用了哪些纹样？"

教师小结：这些脸谱的纹样很好看，有的装饰在了下巴上，有的装饰在了额头上，还有的纹样让脸谱上的眼睛、鼻子、嘴巴都变得很夸张。

(3) 教师提问："这么多的脸谱，你发现了它们有什么相同的地方？"（若幼儿说不出对称，教师可把一张脸谱沿中间线剪开然后慢慢地合起来，让幼儿感知脸谱的图案、颜色都是对称的。）

2. 教师总结：脸谱的色彩夸张，五官的纹样夸张、特别，很好看，而且脸谱还是左右对称的。

三、幼儿明确要求，并按自己的意愿选择、设计京剧脸谱

1. 幼儿观察教师演示操作方法。

教师提问："这些脸谱是本来就长在演员脸上的吗？怎么弄上去的？"

（教师出示人脸底板，然后将黑白局部脸谱贴磁逐个按对称的方法贴在人脸底板上，形成完整的已勾勒好的黑白脸谱，最后将与黑白脸谱纹样相同的彩色脸谱盖上，让幼儿完整地了解脸谱制作的方法。）

2. 明确操作要求：教师要求幼儿先设计纹样装饰对称的脸谱，再为脸谱涂色。如果想不出纹样的话，可以让幼儿选择教师准备的纹样，也可以画跟示范的脸谱一样的纹样。（教师出示供幼儿欣赏、选用的纹样图案。）

3. 教师组织幼儿分组画脸谱，教师巡回指导，鼓励幼儿大胆设计。（教师观察幼儿的操作情况给予不同的指导，若有的幼儿实在不会画，就给他提供第二层次或者第三层次的操作纸。）

四、展示作品，相互欣赏，体验成功的喜悦

1. 幼儿展示自己的作品，相互欣赏，感受其中的美。

2. 幼儿结合经验进行点评。

师：请你介绍一下自己设计的脸谱。

（教师引导幼儿从颜色、图案和对称性等方面进行讲评。）

【活动延伸】

师幼戴着京剧脸谱共乐。

（摘编自：http://wenku.baidu.com/view/ab1ccc0103d8ce2f0066239d.html）

【解析】

教师准备公开课的技能通过教案体现出来，教案是各项准备工作的成果。教师选择了自己比较擅长的美术为教学领域，准备了美术欣赏活动；在南方不流行京剧脸谱，所以教师一般很少会以此为教学领域，这是比较有特色的活动；同时，京剧脸谱是南方孩子比较陌生的，所以教师在上课之前请家长们带着孩子一起搜集有关京剧的知识，为孩子准备相关的知识经验。在教案的设计上，第一次教案比较简单，通过试教教师发现了一些难以控制的问题，于是第二次设计了比较详细的教案，尽管内容更详细，但是整个活动中教师将了解京剧文化省去，重点放在京剧脸谱的设计和创作上，主题明确，科学合理。活动材料准备得丰富多彩，有实物、有视频材料、幼儿操作的原材料和工具，这些材料准备的难度不高，切合实际，有创造性。

## 第四节 教育教学反思的技能

美国学者波斯纳认为，"教师成长＝经验＋反思"。没有经过反思的经验是狭隘的经验，至多只能形成肤浅的知识。如果一个教师仅仅满足于获得经验而不对其经验进行深入的思考，那么，不管其教学年龄有多长，经验有多么丰富，他也将永远停留在一个"新手型"教师的水准上。目前，反思或反思性实践作为优秀教师的标准及其专业成长的重要途径之一，已为大家所公认。

美国学者布鲁克菲尔德指出："优秀的教学荣誉应该赠予那些教师——他们坦诚地看待自己的失败和错误，并表明自己如何从失败和错误中吸取教训。受欢迎的职业典范将是愿意承认自己在困难中苦苦挣扎的教师，而不是那些看起来能解决一切困难的教师。"（布鲁克菲尔德著，张伟译，2002）幼儿园如果建立这样的报偿系统，必将有利于教师进行教育教学反思，有利于教师的专业成长。

华东师范大学的叶澜教授说："一个老师写一辈子教案不一定能成

为名师,如果一个老师写三年反思,有可能就成为名师。"

教育教学反思是幼儿教师专业成长的有效途径,因为它能促进幼儿教师的思考,使幼儿教师更自觉地把教育理论与实践相结合,更理性地认识自己的教育实践,进而促进自己专业素质的提高。

所以我们主张,幼儿教师应该努力让反思成为自己的一种职业习惯,在反思和写反思的过程中不断地提高自己的专业水平。

## 一、传统的教育教学反思形式

### 1. 教育活动前的反思

在教育活动开始前,我们可以对下述这些问题进行反思:

- 这种教育活动,总共可以有哪些方法和策略?这些策略的优点与不足是什么?
- 它们应用的条件和情境是什么,而我又具备了哪些条件?有哪些经验可以借鉴?

在设计教育活动内容时,教师还应该思考:

- 我对这项教育活动内容有怎样的理解?
- 如果幼儿学习这项内容,可能会有怎样的理解?
- 当幼儿对这项教育活动内容产生自己的观念或经验时,我能提供怎样的帮助,从而使幼儿的观念或经验由低级向高级发展? 我的观念或经验与幼儿的观念或经验如何互动?

### 2. 教育活动过程中的反思

它具有及时性的反馈功能,最明显的表现就是在教育活动过程中,教师根据幼儿的反应随时调整教育活动计划和进程。

### 3. 教育活动后的反思

这是回顾性的反思,它使实践经验得到升华。此外,还有学习性反思和批判性反思。批判性反思是教师运用更合理的教育理念来反思现实中的幼儿教育问题,在批评中开拓教育的新思路,创造教育的新经验,形成幼儿教育的新模式。

在教育活动后反思中,教师可以问自己下列问题:

- 这次教育活动是否如我所期望的发生了什么?
- 怎样用幼儿教育学和幼儿心理学的理论来解释这次教育活动?
- 怎样判断幼儿是否达到了预定的教育目标?
- 教育活动过程中改变了原教育活动计划的哪些内容?为什么?
- 是否用另外的教育方法会更成功?为什么?
- 这次教育活动发生了哪些令我印象深刻、经久难忘的事件?哪些片段值得仔细品味咀嚼?
- 这次教育活动是否有些问题一直困扰着我,使我在这几天中一直苦思冥想?我怎样才能找到答案?

根据这些问题,幼儿教师可以判断自己是成功地完成了教育活动目标,还是需要重新计划或试一试新的教育策略。

三种不同的教育反思,对幼儿教师业务水平的提高,对幼儿教育质量的提高有着不同的作用。

## 二、基于幼儿心理需要满足的教育教学反思

对幼儿教育活动,我们还可以从幼儿心理需要的角度进行反思,这样,会让我们得出许多新的观念与做法。

**1. 教育活动设计过程中的反思**

在设计幼儿园教育活动的过程中,我们可以进行如下问题的思考:

- 本活动如何满足幼儿的各种心理需要?
- 本活动的设计是出于要满足幼儿的哪种(哪些)心理需要而设计的?
- (为了促进幼儿的发展)本活动激发了幼儿的哪些心理需要?
- 本活动是特别考虑(出于)满足幼儿的哪些心理需要而设计的?
- 各个活动环节如何满足幼儿的各种心理需要?

**2. 教育活动过程中的反思**

在组织幼儿园教育活动的过程中,我们可以进行如下问题的思考:

- 幼儿的行为、反应代表着哪些心理需要?教育活动中教师应该如何应对?

- 教育活动过程中如何关注每个孩子的心理需要？
- 如何让每个孩子的心理需要在本活动中都得到一定程度的满足？

**3. 教育活动后的反思**

在教育活动后，教师可以问自己下列问题：

- 本活动满足了幼儿的哪些心理需要？有哪些例子可以说明？
- 哪些环节忽视了哪些幼儿的哪些心理需要？
- 今后如果组织相似的教育活动，应该如何更好地满足幼儿的心理需要？
- 本活动过程中，每个幼儿都快乐吗？为什么？
- 幼儿最快乐或不快乐的时候是什么时候？幼儿最快乐或不快乐的原因是什么？
- 哪些幼儿最快乐或不快乐？原因是什么？

教师必须思考知识技能的"安置"方式：

- 它使幼儿越来越热爱学习还是越来越厌倦学习呢？
- 它是越来越提高幼儿的自我学习能力还是让幼儿越来越依赖教师而懒于思考？
- 幼儿在获得知识的同时体验到自尊、自信，还是变得自卑、消极？
- 幼儿是变得越来越热爱生活，不断增长对社会的爱心和责任，还是变得越来越悲观、退缩、感情冷漠？

教师经常从幼儿心理需要的角度来反思教育活动，久而久之，关照幼儿心理需要就会成为教师在教育活动中的一种习惯，所有的知识技能在教育活动过程中就会以符合幼儿心理需要的方式来"安置"，这样的教育也就变得越来越受幼儿的喜爱。

## 三、记录教育教学反思的技能

**1. 记录反思日记或周记**

幼儿教师进行教育反思的初步成果可以通过写教育反思日记或周记来记录。在一天或一周教育工作结束后，教师要写下自己的经验体会，记录自己一天或一周在课程活动设计和实施过程中的得失，或抓住其中最成功或最失败的一点，从正面或反面阐明自己的教育后收获与体会，并与其他教师共同分享。也可记录"再组织相关活动的设想"——设计、组织完一次教育活动后，坐下来稍做反省回味，得与失大致有所体会，进而思索如果再设计与组织同样或同类的课程活动时，应该怎样做才能比这次设计和组织得更好。如果教师及时把"再教设想"记录下来，则能在今后的教育活动设计与组织中扬长避短，使自己设计、组织教育活动的能力更上一层楼。"再教设想"可包括如下方面：

- 今天或本周保教工作中，我认为最精彩的、感触最深刻的保教工作片段是什么？为什么？
- 今天或本周保教工作中，我认为最糟糕的、感觉最不满意的是什么？为什么？
- 今天或本周保教工作中，我是否意外地发现了某幼儿的闪光点？幼儿对哪些事物有独到的见解，它能说明什么观点，能给我们带来什么启示？
- 今天或本周保教工作中，是否有突发事件，我是如何处理的？此过程蕴含着哪些教育原理？
- 今天或本周保教工作中所做的事情，如果给我重试的机会，哪些地方我会做得更好？
- 今天或本周保教活动中，幼儿有什么言行让我感到不理解？
- 今天或本周保教活动中，有什么事让我感到惊奇？（可以是你对发生事情所产生的情绪反应，可以是别人的所作所为，也可以是发生在你身边的其他任何事情。）

**2. 日积月累的反思**

请大家回顾我们一天所做的事情，然后按照顺序写出你一天中的几点收获。你可以使用如下的词语开头：

- 我学到了……
- 令我惊讶的是……
- 我开始在想……
- 我再次发现……

- 我感到……
- 我想我将……

日积月累，教师定会有大收获。

### 3. 经常性反思

如，某专题反思材料：

- 令我有感触的寻常时刻：……
- 我对这个经历的分析：……
- 下一步的实践计划：……
- 尝试之后我的观点：……

经常就某个专题循环往复地尝试、反思，进一步尝试、反思，持之以恒，总有一天，我们会成为解决某方面教育问题的专家。

## 四、说"活动反思"

在观摩研讨的教研活动中，执教者往往被要求说"活动反思"。为了把说"活动反思"这项工作做好，幼儿教师就必须掌握相应的技能。

活动反思是教研活动的一种重要方式，它是执教者在组织完教育活动后，对自己所组织的教育活动的效果给予评价和定位，它包括活动后的反思，也包括活动前、活动中的反思，但它又不像说课那样面面俱到——对每一环节都去反思，它要求反思本活动中有哪些有价值的东西，反思本活动中有哪些需要调整的地方，反思有哪些创新的举措——努力对本活动的亮点部分进行着重阐述；另外，还要反思本活动中做得不足的地方。

执教者说"活动反思"可以从以下几个方面进行：

- 活动内容的选择——是否适宜，是否适合幼儿年龄特点和其实际发展水平与需要，所选择的教育内容是否建立在幼儿已有的知识水平和生活经验之上，是否符合幼儿的兴趣？
- 活动目标的确定——为什么确定这样的目标，目标是否适当，是否达成？
- 活动情境的创设——创设怎样的情境，为什么这样创设，收到了什么成效?
- 活动过程的设计——活动的思路如何,为什么这样设计?
- 教学方法的选择——采用了什么教学方法,为什么要采用这些方法?
- 教学策略的使用——采用了哪些教学策略,为什么采用这些策略,解决了幼儿学习中的什么困难?
- 资源选择——教具和学具的提供是否科学合理,对幼儿的学习是否最大限度地发挥了其作用?
- 幼儿的学习兴趣——如何调动幼儿的学习兴趣,为什么这样调动幼儿的学习兴趣?
- 原活动方案做了哪些改变,改变的理由是什么,效果如何?
- 本活动存在哪些不足的地方,原因是什么?

  典型案例解析

### 案例3-6  大班绘本故事《美丽梦想》教育活动方案

【活动目标】

1.幼儿通过观察绘本故事《美丽梦想》,了解动物自身的特点与其梦想之间的关系。

2.丰富幼儿有关"温柔、疯狂、坚硬、柔软、慢吞吞、飞快"的词汇。

3.幼儿以乐观的态度认识自己的特点,表达自己的愿望与梦想。

【活动重点】

学习观察绘本故事《美丽梦想》的细节,了解动物自身的特点与其梦想之间的关系。

【活动难点】

幼儿以乐观的态度认识自己的特点,大胆地表达自己的愿望与梦想。

【活动准备】

绘本故事《美丽梦想》PPT,绘本故事书,动物大转盘,玩具乐器,表演道具。

**【活动预设】**

一、教师给幼儿介绍一本关于梦想的书

师：小朋友们，今天老师给你们带来一本非常好看的书。看看，这本书的名字叫什么？你从这本书的封面看到了什么？这是一本特别有趣的绘本故事书。到底梦想是什么？谁又会有美丽的梦想呢？让我们一起慢慢走进这个有趣的绘本故事。

二、幼儿在教师的指导下，边看故事画面，边了解故事内容

(一)观察图：绵羊的梦想。

1. 出示图一，教师提问：(悠扬的音乐起)这是一片绿油油的草原，谁在草原上吃草？这群羊里面，你觉得哪一只是最特别、最让你关注的？为什么？它在想什么呢？这只温柔的小羊有什么梦想？

2. 出示图二，教师提问：看看这是谁？是那只温驯的小绵羊吗？它有什么变化了？它在干什么？它唱歌的样子是怎样的？(原来，绵羊的梦想是……)

小结并出示图片文字卡：绵羊：温柔——疯狂

3. 模仿疯狂的流行歌手，让幼儿感受自信与快乐。

师：小绵羊原本给人的感觉是怎样的？这只温柔的小羊想尝试改变自己，它的梦想是什么？哦，原来绵羊想变成一名疯狂的流行歌手，自信勇敢地在舞台上表现自己。那你们有没有自信和勇气在这里表演啊？好，我们也来做一名疯狂的流行歌手，尽情地表现自己！

(二)观察图：蜗牛的梦想。

1. 观察图四，教师提问：从这幅图中你看到了什么？它们正在干什么？谁跑得快？为什么？谁跑得最慢？你怎么看出蜗牛跑得慢？那么蜗牛会有怎样的梦想呢？

2. 观察图五，教师提问：我们看看，蜗牛正在干什么？它还是慢吞吞的蜗牛吗？(原来，慢吞吞的蜗牛想……)

小结并出示图片文字卡：蜗牛：慢吞吞——飞快

(三)观察图：刺猬的梦想

1. 观察图七，教师提问："啪"的一声，发生什么事情了？气球为

什么破了？小动物们睁大眼睛，有怎样的感觉？此刻，小刺猬的心情怎么样？那么，你们猜小刺猬又会有什么样的梦想呢？

2. 观察图八，教师提问：你们看出来了吗？小刺猬的梦想是什么？（原来，刺猬的梦想是……）

3. 让幼儿在与同伴、老师的拥抱中感受爱和幸福的情感。

师：能够和好朋友抱抱，小刺猬有怎样的感觉？我们也一起抱抱，表达自己的关心和喜爱。莫老师觉得和小朋友们抱一抱真是一件很温暖和幸福的事情，因为我感受到了你们对老师的爱。所以，小朋友们以后可以多和爸爸妈妈、老师、好伙伴，还有爱你的家人热情地抱抱，表达自己的爱，他们心里一定会很温暖、很甜蜜。

小结并出示图片文字卡：刺猬：坚硬——柔软

三、教师与幼儿一起翻阅绘本故事书，激发幼儿阅读图书的兴趣

你看，温柔的小绵羊想让自己变得疯狂，慢吞吞的蜗牛想跑得飞快，小刺猬想让自己坚硬的刺变得柔软。每个人都有不同的特点，有时他们会为了梦想改变一下自己，让自己变得勇敢、自信和能干，也让自己感到快乐！其实，不止是绵羊、蜗牛和刺猬拥有自己的梦想，这本有趣的绘本故事书会告诉我们，许多小动物也有着各种美丽的梦想，你们愿意和老师一起继续阅读这本有趣的绘本故事书吗？

教师小结：小动物们的梦想千奇百怪，是不是很有趣啊？他们觉得拥有梦想是一件美好的事情，也许梦想并不一定能实现，但是，他们会努力去改变自己，努力做得更好！

四、游戏：梦想大转盘

1. 活动通过转动动物转盘，鼓励幼儿大胆地想象各种动物的梦想。

师：如果你是小动物，你的梦想又是什么呢？今天，我们就开启梦想大转盘，看看，如果我是小动物，我的梦想是什么？

2. 情感迁移，让幼儿认识自我，看到自身的特点，大胆地表达自己的梦想。

师：其实，我们每一个人都会有不同的梦想，那你们呢，你们觉得自己在生活上、学习上以及与小朋友交往的过程中，有什么需要改进

的地方,从而去实现自己的梦想呢?和其他小朋友分享一下。

教师小结:小朋友们都说了很多自己的梦想,其实梦想就是自己现在还没能实现,但又很想实现的事情。只要我们努力和坚持,说不定哪一天梦想就会实现呢!所以,让我们每一个小朋友都拥有自己的梦想,并朝着梦想去努力,做一个快乐的自己,好吗?

【活动反思】

绘本故事书有着精美简洁的画面、清晰明朗的主线,富含审美情感内涵,越来越受到家长和孩子的喜欢,以绘本故事进行语言教学也越来越引起幼儿教师的关注和研究。自从我们开始尝试进行绘本故事教学实践和研究以来,一直不断探索让孩子以接受和喜欢的方式走进绘本、理解绘本、喜欢绘本。在本次活动中,孩子们始终保持着高度的兴趣和好奇心积极参与活动,体验欣赏与阅读的乐趣。以下就是执教者对本次活动开展的反思。

(一)活动的优势。

1.从绘本的"特质"入手,引导幼儿学会仔细地观察画面。绘本故事画面的设计不同于一般的图画故事,其人物、背景甚至细微的画面都隐含很多信息,与情节有密切的关联。所以,我根据画面与情节的需要设计开放性的提问,启发幼儿观察和关注每一个细节,引发幼儿对因果关系的联想和猜想。孩子们在老师的引导下,了解了绵羊、蜗牛、刺猬的特点以及心里产生梦想的原因,从而从这一原因找到梦想的答案。掌握了活动的难点。

2.打破传统的"教师讲故事——幼儿听故事——教师提问"的故事教学模式,在分析教材、分析幼儿的基础上,以绘本为载体引导幼儿自主学习。我在把绘本设计成幻灯片的过程中,将每一种动物梦想出现的图画顺序进行了调整,由出现"文字——画面"变为"画面(梦想前)——画面(梦想)——文字",典型的设问形式让幼儿在提问和猜想中发散思维、感受情感体验,从而理解故事的内涵。如,"这群羊里面,你觉得哪一只是最特别、最让你关注的?为什么?""从这幅图中你看到了什么?"等等。

3.挖掘绘本的情感主线,关注幼儿的情感体验和情感迁移。绘本有两条主线:一条是情节主线,另一条是情感主线。故事中温柔的小绵羊梦想变成自信、勇敢、疯狂的歌手,我让孩子们也模仿疯狂的流行歌手,改变自己的不自信;刺猬因为身上坚硬的刺,而得不到朋友的拥抱,我让孩子们与同伴、老师热情拥抱,感受拥抱带来的温馨和幸福;最后,我们通过"梦想大转盘"说说动物的梦想,从而再将情感迁移到自我的身上:自己有什么需要改进的地方,通过实现梦想,让自己更能干、更快乐!

(二)调整策略。

1.教师与幼儿提问互动中,做到有意义的应对、抓住重点、小结简洁到位,让幼儿清晰地理解动物梦想与其特点之间的关系,为"梦想大转盘"中孩子们的畅想打下更好的基础。

2.教师多运用鼓励性的语言,激发幼儿在对绘本的观察和猜想中获得自信和满足,贯彻充分让幼儿自主学习的理念。

(上述活动方案和反思由莫骁莉老师提供)

【解析】

莫骁莉老师能对自己设计和组织的大班绘本故事《美丽梦想》教育活动进行反思,但她的反思主要停留在设计和实施的过程及其原理的阐述上,让人们了解本活动值得今后借鉴、学习的地方。如果能就本次活动存在的问题进行相应的反思,并提出"再次活动建议"的话,其反思将更加完善充实。

## 本章主要参考文献

[1] 布鲁克菲尔德. 批判反思型教师 ABC[M]. 张伟, 译. 北京: 中国轻工业出版社, 2002: 312.

[2] 陈友娟. 幼儿园公开课的研究[D]. 南京师范大学, 2006.

[3] 冉雪梅. 浅谈幼儿园的说课[J]. 学前教育研究, 1996 (4): 50-51.

[4] 沈俊, 严文琪, 宋云梅. 幼儿园研讨型公开课存在的问题及其解决对策[J]. 学前教育研究, 2011 (3): 38-40.

[5] 王莉. 对幼儿园说课活动及其内涵的探析[J]. 广东教育: 教研, 2008 (5): 49-51.

[6] 赵小雅. 我们需要真实的公开课[N]. 中国教育报, 2006-06-02 (5).

[7] 周丛笑. 谈幼儿园的"说课"[J]. 当代教育论坛. 2008 (10): 14-16.

[8] 周东峰. 浅谈幼儿园的说课[J]. 教育导刊, 2010 (7): 61-63.

# 第四章 幼儿园家长工作技能

要想让幼儿园教育工作取得预期的教育效果,家园必须实行有效的合作,教师必须掌握家长工作的技能。由于篇幅限制,本章主要研讨与家长个别沟通的技能、幼儿园亲子活动设计与组织的技能。

## 第一节 与家长个别沟通的技能

幼儿教师与家长的良好沟通,是家园形成有效的教育合力的基础。幼儿教师只有与家长进行有效的沟通,才能和家长建立感情,赢得家长的信任和理解,才能和家长携起手来,共同促进幼儿的发展。因此,幼儿教师必须掌握与家长个别沟通的技能。

### 一、与家长个别沟通其孩子发展情况的技能

**1. 先入为主,通过家长充分了解孩子的情况**

孩子的发展是建立在已有水平的基础上的,而对孩子的已有发展水平最清楚的是父母。因此,教师应从家长那里了解孩子在家里的情况,家里发生的事情及其给孩子带来的影响,然后再比较客观地向家长讲述其孩子在幼儿园的生活和学习情况以及孩子获得的进步。

**2. 学会倾听,熟知家长关于孩子发展的想法**

家长对孩子的教养观念和做法可能确实与教师的想法不太一样,正因为如此,教师更需要加强与家长的沟通。教师有时想让家长的想法与自己的想法一致,这并非易事。有些教师往往通过一定的方式直接告诉家长为什么要这样做,并希望引导父母产生同样的想法,这往

往让家长难以接受并最终导致与家长沟通的困难。

最好的办法是在与家长个别沟通的时候,教师作为一个倾听者,详细倾听家长的想法并在头脑中根据家长的倾诉分析其想法的本质,然后再找合适的时机与家长沟通,让家长明白你的做法是在求同存异,而不是在将你的想法强加于人。

### 3. 掌握孩子的具体发展情况

教师在与家长沟通之前必须通过多种形式(如,注意对每个孩子进行观察并做好记录,为孩子制订个人计划,比较系统地收集和分析孩子完成的作品等)全面准确地掌握其孩子发展的具体情况,这样在与家长进行个别沟通时,教师才会"有话可说",并且言之有据,令家长信服。比如,由于你掌握了孩子发展的具体情况,你会十分具体地对家长说:"今天你的孩子在吃饭的时候用筷子夹菜,你知道他用筷子用得有多好吗?"而不是笼统地说:"你的孩子现在发展得很好。""你的孩子进步了。"经常做这样的沟通,家长会在潜移默化中接受你的想法,认可你的专业水平。

### 4. 与家长分享成功与失败,让家长对你推心置腹

家长在孩子的发展过程中,有成功的喜悦,更有道不尽的艰辛。在这一点上,教师与家长其实是同路人。试想,哪位教师在帮助孩子发展的过程中不是苦乐同在?因此,教师与家长个别沟通时,要让家长分享自己的成功与失败,不介意给家长讲自己教育孩子时的失败之处,这样家长会觉得和你在一起很自然,因为家长更愿意和一个"有相同遭遇"的人交流自己教育孩子时出现的失误和困难。如果家长一直把你作为一位专业人士看待,你与家长的沟通就难以产生共鸣,家长自然不会对你推心置腹。

### 5. 借助证明孩子发展的物化材料,切忌"空"谈

许多教师在与家长谈孩子的发展时,会费尽心思、绞尽脑汁地向家长描述他的孩子各种进步的表现。其实这种比较含糊的或者说相对抽象的语言没有多大的说服力,如果你事先准备或者随手拿出或呈现给家长他的孩子的一些"作品",家长更容易看到孩子的进步和提高。

当然，这需要教师平常的积累，尤其是在孩子活动后自身无法形成物化成果的活动过程中，比如，孩子堆的积木、表演戏剧的场景等。教师必须特别留意，比如随身携带相机，把与孩子有关的事物或活动拍下来，作为与家长沟通时的有力证明材料。俗话说，"一张照片胜过千言万语"。

### 6. 合理选择与家长个别沟通的环境，做好充分的谈话准备

首先，我们要尊重家长和孩子的隐私权，避免与家长在公共场合谈论孩子和他的家庭。因此，无论何时，你与家长个别沟通都要注意周围的环境，要避免孩子和其他家长听到你们的谈话，并且你和家长在沟通时所谈论的任何事情都应该绝对保密，要尽一切努力尊重和保护他人的隐私。

其次，教师在与家长个别沟通之前，务必拟订谈话提纲，仔细斟酌提纲中的内容。因为与家长沟通孩子发展的问题涉及孩子的日常活动、玩伴和家庭生活的事情，有时表示关心和好管闲事很难界定，所以一定要注意不要干涉他人的隐私。比如，你想了解孩子在幼儿园之外的人际关系，可以提出以下问题：他通常和谁一起玩呢？你请保姆帮你照看孩子吗？保姆什么时候来？多久来一次？你们家和孩子的爷爷奶奶以及其他亲戚朋友来往密切吗？

### 7. 不可回避孩子发展存在的问题，但要做好铺垫

教师与家长的沟通不可能只报喜不报忧，告诉家长其孩子发展中存在的问题是不可回避的。但是，在"报忧"前务必考虑周全后再与家长沟通，一定不要太莽撞，要小心谨慎。因为你报的"忧"对于家长而言可能会是不一般的"痛"，对家长来说可能具有较大的打击力度。教师可以先用一段足够长的时间循序渐进地提醒家长，在家长有了充分准备后再与其进行沟通。同时，一定要注意在沟通中不能简单地向家长说出你发现的问题，沟通最关键的内容是，你必须给家长一些建议和专业指导，不能只把问题留给家长。

## 二、与家长个别沟通其孩子的教育问题的技能

### 1. 了解家长对自己孩子的近期教育目标

对于孩子的教育,有时候教师与家长较大的分歧在于教什么和如何教。很多家长希望教师尽可能多地教孩子阅读、书写、英语等知识,如果此时你与家长争论幼儿的主要任务应该是玩,或者告诉家长孩子是在玩中学习的,这是不起任何作用也是完全没有必要的。教师要做的是细听家长认为孩子在一年内要完成哪些任务,不管家长有什么样的想法,教师都应该非常认真地对待,因为家长是在表达自己的想法和愿望。教师要记下家长对孩子的教育目标,这样,家长知道你非常关心他的孩子,并且愿意帮他为教育孩子而努力。当然,教师必须清楚,目标只是一个方向,实际上孩子可能并不能完成家长所定下的目标,在与家长的后续沟通中,教师要尽可能地抛开这个目标,与家长谈孩子近期所取得的积极成果和进步。

### 2. 树立专家形象,专业引领家长

教师作为专业技术工作者,应努力树立专家形象,成为家长心目中的教育专家,从而取得家长的信任,使家长愿意配合、支持你对其孩子的教育。首先,教师的专业知识一定要到位,只有专业过硬,家长才会服你,才会同意你对孩子所实施的教育,并且乐意跟你学习正确的育儿知识。专业知识是通过教师的言行表现出来的,并且是用来解决问题的,对于家长的问题教师必须给出专业的解决策略,而不是含糊其辞。比如说,孩子普遍喜欢吃糖,家长也都明白糖吃多了不好,但是,孩子要吃总不能不给吧。如果教师告诉家长,孩子要吃你完全可以给他吃,你只要记得吃完后马上给孩子喝水就可以了。其次,注意知识的普及策略,有些人的专业知识很过硬,但是不善于把专业知识变成通俗易懂的东西,面对家长出口就是大道理,这样反而拉开了教师与家长之间的距离,不能起到专业引领的作用。

### 3. 做让家长感动的事

教师做什么事情最能让家长感动呢?做本职工作之外的事情。有

些孩子总是喜欢把自己的老师称为"妈妈",当家长听到孩子称老师为妈妈的时候,家长并不嫉妒,反而特别感动。因为幼儿教师做了很多妈妈该做的事情,妈妈该做的事情显然不是幼儿教师分内的事情,但幼儿教师由此能让家长感动。有了这种情感的基础,家长会非常信任教师,教师再与家长谈怎么教育孩子,自然能得到家长的认可。

### 4. 让家长享受教会孩子的成功

孩子的教育是幼儿教师、家长共同作用的结果,这就要求教师与家长对孩子的教育要保持一致。但是,现实中由于很多家长并不懂教育孩子的有效方法,常常使家长对孩子的教育与教师的教育背道而驰,而且家长并不认为教师的教育比他的教育有效。这时,教师应该掌握有效的教育方法并让家长能够成功地教会孩子,这样家长就会信服教师。比如,家长想教孩子说道歉的话,可孩子就是不说,教师可以教家长运用情境法,在孩子面前,爸爸假装不小心把妈妈给碰倒了,然后爸爸向妈妈道歉,之后立即对孩子说:"爸爸假装是你,不小心把妈妈碰倒了,怎么办呀?"家长如果尝试这种操练,很容易获得教育孩子方面的成功。

### 5. 对家长要热情

教师无论在何时何地与家长沟通,一定要热情。热情的表现有很多,比如,与家长约定了沟通的时间一定要守时,切不可让家长等你。注意自己的外在形象,衣着整洁、精神焕发会给家长留下美好的印象,也是对家长的尊重。这样就会使家长明白,你是一个很有修养的老师,从而为彼此间的沟通奠定良好的基础。与家长见面以及在整个沟通过程中面带微笑。在人际交往中,微笑的魅力是无穷的,尤其是教师在面对家长的指责时,不要和家长争执,更不要挖苦讽刺孩子而伤及家长,要微笑面对,这样无论是在多么尴尬或困难的场合,都能赢得家长的好感,从而最终消除误解和矛盾。教师的谈话态度要热情,特别是对那些难以接近的家长,要让家长感到自己是受老师尊重和被老师接受的。

### 6. 主动询问家长在孩子的教育方面所需要的帮助

大多数家长都很关心自己的孩子,但大多数家长不会或不愿主动与老师联系，即使自己知道很需要老师的帮助，也不会对老师提出要求帮助自己如何教育孩子。少数家长认为孩子上了幼儿园以后教育都是老师的事情，但大多数家长则可能认为老师平时工作比较忙，因而不好意思给老师添麻烦。因此，教师要主动询问家长在孩子的教育方面所需要的帮助，与家长接触的时候，不要只是简单地询问孩子在家表现如何等，可以问问家长："您有什么事情需要老师做吗？""您有特别需要我们帮助的事情吗？"这样，教师可以了解到孩子的信息，更重要的是让家长知道你不仅关心他的孩子，还愿意帮助他。

**7. 多给家长提关于教育孩子的建设性意见**

教师在与家长沟通教育孩子的意见时，不要居高临下。尽管教师知道家长采纳自己的方法会很有效，但如果教师在沟通时渺视家长，那么，家长会从心理上不乐意接受教师的方法，也就谈不上方法的效果了。教师要给家长建设性的意见："您是怎么想的，如果我们采用……方法做他的工作，您看行不行啊？"不要使用"你应该"或"你必须"等命令性的口气，而应该说"我认为"或"您认为怎样"这种婉转、协商性质的口气，这样家长才容易接受也乐意接受教师的建议或意见。当然教师也不能过于谦虚，在确定无疑时，语气也要十分肯定，让家长相信你的意见是不容置疑的。

**典型案例解析**

### 案例 4—1 以持之以恒的热情感动家长

凡凡竞选失败，没能参加"六一"节目表演，她的奶奶非常生气。奶奶不仅对老师发脾气，而且到园长那儿投诉说："大班最后一次过'六一'了，为什么不让我们的孩子跳舞，我们的孩子就真的比别人差很多吗？"她不能接受自己的孙女被淘汰的事实，认为自己的孙女是最出色的。对于祖辈的这种心理，老师给予了充分的宽容。

之后，每天接送孩子时，奶奶始终板着脸，而老师依然笑脸相对，主动打招呼说："奶奶早，今天又是您送凡凡，真辛苦。"

有一次，凡凡发烧刚痊愈，来上幼儿园，脸色也不太好，中午吃饭和睡觉，老师特别尽心地照顾她，注意让她远离教室里的电风扇，定时提醒她多喝水，不时摸她的头，给她量体温等。奶奶来接凡凡的时候，老师主动将凡凡今天的身体情况详细地告诉了奶奶："凡凡今天情绪还不错，身体还在恢复，奶奶放心，我们会尽心照顾她的。"奶奶脸上露出了久违的笑容。

直到学期末，老师每天都很热情地对待奶奶，奶奶的情绪也明显转变了。毕业典礼那天，她还组织家长把大礼堂全部打扫了。临走的时候，她还依依不舍地跟老师打招呼说："老师再见，我们走了哦，谢谢你们对孩子的照顾。"

（吴邵萍，2011）

【解析】

教师在与家长个别沟通的过程中，用持续的热情感动家长，坚持既定的目标，不与家长争执，像妈妈一样对孩子悉心照顾，用具体事实与家长交谈，打破了教师与家长之间的冰点，获得了家长的理解，与家长建立了良好的情感。

## 案例 4-2 积极主动地与家长沟通

又到了离园时间，小(1)班的张老师发现孩子们在家长来接后还是迟迟不肯回家。有的在教室里继续玩，有的则在教室外的场地上玩各种器械。有些家长三三两两地聚在一起聊天，有些则特意留下来找自己聊天或是和自己进行育儿知识的沟通，但张老师发现自己有时也没法回应家长的问题。前天，蜩蜩的妈妈在离园时边等待正在玩耍的孩子，边和自己闲聊。蜩蜩的妈妈提到孩子每次洗澡时都不肯起来，总是想留在澡盆里，"不知有什么办法能让孩子乖乖地听话？"小张老师也愣住了，因为她没有做母亲的经验，而平时自己也不关注这样的问题，所以什么也说不出来。

此外，小张老师还注意到，有些家长可能性格比较外向，每次来接孩子都主动和自己聊天，但有些家长可能是因为性格等其他方面的原因,似乎从来都没有在离园时和自己沟通过,他们大多是站在角落里等待孩子。一个学期下来,小张老师发现每次离园时,自己都是在和那几个比较热情、主动找自己的家长沟通,把其他家长给冷落了。

**【解析】**

　　教师与家长的个别沟通是互惠互利的:一方面,家长可以了解孩子在幼儿园的情况并学到一些教育知识与方法;另一方面,教师可以获得孩子在幼儿园之外的信息和一些家长的育儿经验。小张老师在与家长个别沟通时没太注意"双赢"。在与家长沟通时,教师要给家长提供帮助,提出一些建设性的意见,小张老师可以通过自己所学的或所了解的相关知识,针对家长的帮助需求提出一些可以尝试的方法。另外,小张老师没有能够主动地与不主动的家长进行个别沟通,导致这些家长受到冷落,不利于达到教师与家长共同教育孩子的目的。

## 第二节　幼儿园亲子活动设计与组织的技能

　　亲子活动中的"亲"是指家长,"子"是指孩子,顾名思义,我们就可以得出这样的结论:亲子活动是指由家长和孩子共同参与的活动。本书所谈的亲子活动是指由幼儿园设计的孩子和家长共同参与的教育或娱乐活动。幼儿园开展亲子活动的核心价值在于促进亲子间的感情交流,增进亲子间的相互了解和加深亲子间的感情,促进孩子身心的和谐发展。亲子活动是近年来幼儿园正在兴起的一种活动,幼儿教师必须掌握亲子活动设计与组织的技能,以便能更好地增进亲子间的感情,更好地促进幼儿的发展。

### 一、亲子活动的组织应符合幼儿的年龄特点

　　亲子活动的设计和组织首先应符合幼儿的年龄特点、认知特点及心理发展特点,将活动课程生活化、游戏化、音乐化,更多地去关注幼儿的情绪、情感体验,建立一种科学化、趣味化、亲情化和互动化

的课程体系，在多元化平台上为幼儿的潜能开发和个性发展提供全方位的服务，促进幼儿全面素养的提高。

比如，对于新入园的小班幼儿，教师可以推出"幼儿园里朋友多""老师像妈妈""亲亲我吧"等游戏活动及幼儿园生活常规活动，由幼儿和家长共同体验幼儿园的游戏、学习和生活。这类活动能满足小班幼儿的情感需要，减轻低龄新入园幼儿的分离焦虑。而对于各方面能力都比较强的大班幼儿来说，教师则可以组织才艺展示类的亲子活动，展示幼儿表演的相声、小品、歌曲、舞蹈等文艺节目，也可以展示幼儿和家长共同完成的"变废为宝"亲子废旧物品制作活动。

## 二、亲子活动的设计应考虑家长的实际情况

幼儿家长是幼儿园亲子活动的参与主体之一，家长的素养直接影响着幼儿园亲子活动开展的质量。参与幼儿园亲子活动的幼儿家长可以是幼儿的父母或者其他监护人，其个性特征、文化程度、所属职业以及社会经历等都会影响其参与活动的积极性和表现。因此，教师在亲子活动的设计中应分析家长的基本情况，主要应考虑以下两个方面：

**1. 家长的幼儿教育观念**

尽管在当今的家庭教育和学前教育中，幼儿的主体地位在逐步凸显，但部分家长对学前教育的性质、目的、内容等的认识仍具有小学化的倾向，这将直接制约家长参与幼儿园亲子活动的程度，致使他们在知识方面对幼儿的发展提出更高、更多的要求，而忽略幼儿在道德、心理、社会性等方面的发展。与此同时，希望幼儿教育小学化的家长通常也不知道如何与孩子互动，而常常出现亲子沟通互动失衡的现象。实践表明，在亲子活动中，如果出现家长包办代替、亲子冲突严重、家长引导方式不科学等情况，都会降低亲子活动的效果，不利于幼儿积极主动地自我探索与发展。

**2. 家长参与的可行性**

家长无法参加幼儿园组织的亲子活动，很大一部分原因是上班族无法经常请假参加活动。因此，幼儿园在组织亲子活动时要考虑到家

长参加的便利性，多安排在双休日、节假日，这样可以在一定程度上提高家长来园参加活动的几率。

此外，教师应让亲子活动以其本身固有的情趣性和娱乐性，吸引家长和孩子愉快地参与活动，减轻家长的重重顾虑。如在活动准备中，可以将"家长工作"纳入其中，活动过程可利用家长的专业特长扮演"家长教师"的角色，向其他家长说明参与每一环节的具体要求、活动结束时请家长参与评价的具体内容。

## 三、亲子活动的类型应丰富多彩

多主体参与和多向互动是亲子活动的主要特点。亲子活动提供了幼儿、教师、家长共同活动、共同学习、共同成长的环境和氛围，其课程内容应更为广阔，活动形式应更为开放。亲子活动的形式一般包括：

### 1. 亲子调查活动

由家长协助幼儿或与幼儿共同完成对某一话题的调查、记录活动。如，小班"水果"主题中关于"我喜欢吃的水果"的调查，调查的内容包括：喜欢吃的水果叫什么名字，是什么形状、什么颜色、什么味道的，在哪里见过，它们长在哪里，等等。

### 2. 亲子探究活动

幼儿在家长协助下共同进行科学探究活动或科学小实验。如，"钟表"主题中，父母与幼儿一起探究拆装时钟。在拆装的过程中，亲子共同观察、了解齿轮的转动与分针、秒针之间的关系。同时，还可以利用废旧的钟芯共同制作有创意的时钟等。

### 3. 亲子制作活动

家长与幼儿合作共同完成物品或食物的制作活动。如，亲子"包饺子"活动，"服装"主题中亲子共同利用报纸、挂历纸、包装绳、塑料袋等废旧材料制作各种服装，等等。

### 4. 亲子展示活动

家长与幼儿共同进行表演活动。如，大班"我的身体"主题亲子展示会上，父母与幼儿一起表演"大嘴巴工作室""血液的秘密""保护牙齿"等。

5. 亲子郊游活动

在教师或家长的组织下，家长利用节假日带领幼儿到大自然中进行郊游活动。活动中大家一起愉快地交流，互相帮助，共同分享食物、分享快乐。如，大班的挖山芋、爬山等活动。

6. 亲子游戏

通过活泼有趣的游戏，使家长能带着一颗童心走进孩子们的心灵世界，和他们一同嬉笑、玩闹，在游戏过程中增强幼儿与同伴、家长与家长、家庭与幼儿园之间的联系，使幼儿和家长在交流与沟通中体验亲情，感受游戏的愉悦。如，亲子运动会、亲子碰碰碰、网上游戏积分大赛等。

幼儿园可根据季节、节日和本园的便利条件定期开展丰富多彩、快乐有趣的亲子活动，促进亲子感情，沟通家园合作。

## 四、亲子活动中应发挥教师的指导作用

在亲子活动中，教师不仅是活动材料的提供者、活动组织的引导者，还应是家长和孩子们的合作者。教师必须尊重家长，以平等合作的态度对待家长，与家长共同商量，形成良好的亲子氛围。无论是对家长还是对幼儿，教师都应该多给予帮助和指导。

1. 活动前的家园沟通

通过活动前的小型亲子会，或发"活动通知"的形式，向家长介绍亲子活动的目的、意义，以及在活动中家长应承担的角色，需要家长配合和注意的事项等内容。通过讲解，教师让家长了解活动中指导孩子的一些具体方法。还可请家长与幼儿做好活动资料的收集与准备工作。

2. 活动中的互动指导

在亲子活动中，教师必须加强对家长和幼儿的随机指导，具体方法有：

(1)直接性指导。

开展亲子活动时,家长可直接观摩教师指导孩子,教师也可直接告诉家长该怎样引导孩子完成游戏。

(2)个别性指导。

在父母指导孩子游戏的过程中,教师可个别指导父母应该怎样去做。

(3)点拨式指导。

在父母指导孩子活动遇到困难时,教师应帮助父母提供解决问题的方法,并告诉他为什么要这样做。这样家长以后再碰到此类问题时就有了可以借鉴的经验。

(4)评价性指导。

在每次活动的结束部分,教师可将活动中观察到的家长指导孩子的一些好的例子介绍给大家,然后分析其中一些科学的观念及方法,以此带给大家一些启发。

### 3.活动后的评价交流

在每次活动结束后,教师要与家长一起对活动进行总结、评价和反思,有时不妨让幼儿也参与讨论。

## 五、应恰当处理教师、家长、幼儿三者之间的关系

教师作为活动的组织者和引导者,应该和家长、幼儿共同参与亲子活动,但实践中常出现教师、家长缺位或越位的情况。处于弱势地位的幼儿,或者不能在活动中充分发展其情感、智力、体能,或者由于家长的包办代替而被动放弃参与活动的资格,家长也不能充分发挥自身的主体性,以推动亲子活动的有效开展。教师、家长和幼儿三者之间关系的失衡必然会影响幼儿园亲子活动的质量,难以对幼儿产生积极的影响。

亲子活动是多主体的,即教师、家长和幼儿共同有效地互动,才能更好地促进亲子间的沟通,促进幼儿各方面能力的发展。其中,教师在亲子活动的实际筹备与开展过程中起主要的发起者与组织者的作用,家长在亲子活动中扮演的是支持者、协助者、参与者和观察者的角色,而教师和家长为亲子活动所做的努力都是为了满足幼

儿的发展需要，为幼儿的发展创造适宜的条件。因此，幼儿的发展需要是引发亲子活动开展的重要原因和落脚点，教师与家长都要仔细观察幼儿，了解幼儿在各阶段和各时期实际的、主要的发展需要，根据幼儿的发展需要决定是否开展幼儿园亲子活动、怎样开展亲子活动。在亲子活动中应恰当地协调教师、家长、幼儿三方面的主体关系，避免互动的单向性和幼儿主体地位的缺失，这是实现亲子活动有效性的重要保证。

 典型案例解析

### 案例4—3 幼儿园小班"三八节"亲子活动方案

【设计意图】

"三八"妇女节，最让妈妈感动的莫过于幼儿送上一句"妈妈辛苦了"。为了让妈妈和幼儿感受到浓浓的亲子情，也让幼儿学会感恩，我特意设计了"幼儿园小班'三八节'亲子活动方案"。

本次"幼儿园小班'三八节'亲子活动方案"，通过"世上只有妈妈好""爱心捧花""找妈妈""和妈妈一起跳舞"四大系列活动，让我们感受浓浓的亲子之情，让孩子懂得爱妈妈，同时体验节日活动的快乐。

【活动目标】

1. 幼儿知道三月八日是妈妈的节日，懂得要爱自己的妈妈。

2. 家长与幼儿在亲子活动中充分感受母子之间的亲情，体验集体活动的快乐。

【活动准备】

背景音乐《世上只有妈妈好》，彩纸，绘画工具材料及固体胶，苹果贴纸，护手霜。

【活动过程】

一、气氛烘托

活动目的：体验浓浓亲情。

活动准备：背景音乐《世上只有妈妈好》。

活动过程：教师播放背景音乐，幼儿和妈妈哼唱歌曲，感受爱妈妈的浓浓情意。

## 二、跟妈妈一起完成爱心捧花

活动目的：

1. 幼儿知道三月八日是妇女节，在共同制作捧花的过程中表达关爱妈妈的情感。

2. 幼儿乐意大胆表达，对妈妈说一句节日祝福的话。

活动准备：画有花朵的彩纸、绘画工具材料及固体胶。

活动过程：

1. 教师出示已完成的捧花，引起幼儿和妈妈的制作愿望。

2. 亲子制作捧花，妈妈画花朵，宝宝涂颜色。

3. 幼儿送捧花给妈妈，说一句祝福的话。

## 三、游戏：找妈妈

活动目的：

1. 幼儿体验与妈妈一起游戏的快乐。

2. 幼儿在游戏中感受妈妈平时关爱自己的情感。

活动准备：布条若干、护手霜1瓶。

活动过程：

1. 教师讲解游戏玩法：妈妈站成一排，让蒙上眼睛的宝宝们去抱一抱、摸一摸、猜一猜哪一位是自己的妈妈。猜中的幼儿与妈妈每人得一张大苹果贴纸。

2. 亲子游戏：分三批进行。

3. 给妈妈涂护手霜。

## 四、和妈妈一起跳舞

活动目的：

1. 鼓励幼儿大胆表现。

2. 幼儿体验和妈妈一起跳舞的快乐。

活动准备：新编的节目《唐诗联唱音乐》。

活动过程：

1. 教师介绍我园的园本特色是古诗词教学。
2. 幼儿展示新编的早操节目。
3. 幼儿和家长一起表演。

**【活动反思】**

通过以上活动，小朋友们和自己的妈妈度过了愉快的半天时间，同时也度过了一个富有意义的"三八"妇女节。宝宝和妈妈一起合作完成了爱心捧花，并且送给了自己的妈妈，让妈妈笑逐颜开！随后的游戏环节更是活动的高潮，孩子们蒙上双眼，通过摸摸脸颊、摸摸双手，不同程度地感受着妈妈的辛劳，找到了自己的妈妈以后，很细心地为她们抹上护手霜，并送上一句关怀的话："妈妈辛苦了！"之后的表演环节，孩子们很卖力地在那里唱啊跳啊，想让妈妈看看自己多棒。

孩子们和妈妈们都积极参与互动，玩得非常开心。此次活动的开展，增进了母子感情，对幼儿身心的和谐发展起到了积极推动作用，同时为家园共育奠定了良好的基础。有的妈妈说："我觉得这是自己过的最有意义的一个'三八节'了！"通过这次活动，我真的觉得孩子们长大了！

（摘编自：http://www.baby-edu.com/2012/0301/9789.html）

## 案例4-4 幼儿园中班"三八节"亲子活动方案

**【活动目标】**

1. 幼儿通过表演节目和与妈妈、奶奶做游戏以及送红花的方式来祝贺妈妈、奶奶的节日。
2. 幼儿体验给妈妈、奶奶过节是一件很有意义的事，增进孩子与妈妈、奶奶之间的亲情，共享天伦之乐。

**【活动准备】**

1. 在活动前，每班排练两个节目，制作好红花，在活动中送给妈妈、奶奶。
2. 发放"告家长书"，并请家长填好参加游戏的表格。
3. 地点安排在三楼，布置好活动场地、家长座位以及横幅标语。
4. 音乐磁带、小椅子20把、口袋8个、心形数字卡每人1份、礼物若干。

【活动过程】

1. 歌曲表演:《妈妈,不再麻烦你》。(中班组全体幼儿表演。)

2. 手语表演:《感恩的心》。(中班组全体幼儿表演。)

3. 游戏环节。

(1) 游戏"抢椅子":宝宝和妈妈听着音乐围着小椅子转,音乐停就抢椅子,没有抢到就淘汰,取最后2名优胜者。人数:12人。

(2) 游戏"袋鼠妈妈":妈妈坐在椅子上,宝宝穿上妈妈的大鞋,从起点走到终点拿口袋给妈妈,然后妈妈穿上鞋,套上口袋再跳到终点。人数:8人。

(3) 游戏"心心相映":宝宝和妈妈把心形数字卡任意贴在身体上,听音乐随意找朋友,音乐停就碰一碰好朋友的"心"。人数:20人。

4. 活动结束:幼儿给妈妈、奶奶送红花,对妈妈、奶奶说句悄悄话。

附:亲子活动串联词

开场白:小朋友们,今天是什么节日呀?对了,今天是"三八妇女节",是妈妈、奶奶、外婆、阿姨们的节日。今天,她们来和我们一起过节了,你们高兴吗?现在我宣布:心心相映——中班组庆"三八"家园同乐活动正式开始。

主持人:首先请欣赏由中班全体孩子演唱的歌曲《妈妈,不再麻烦你》。

(歌曲表演:《妈妈,不再麻烦你》。)

主持人:小朋友们,你们爱自己的妈妈吗?今天是妈妈的节日,你们想为妈妈庆祝节日吗?那下面就请你们用手语来表达对妈妈的爱,好吗?

(中班组全体幼儿进行手语表演:《感恩的心》。)

主持人:小朋友们,你们想和妈妈一起做游戏吗?我们准备了三个游戏"抢椅子""袋鼠妈妈""心心相映"。因为人数比较多，所以，我们将分组进行，请各位家长听清楚游戏规则和游戏顺序。

主持人：妈妈们，你们玩得高兴吗？小朋友们，你们玩得高兴吗？妈妈、奶奶平时照顾小宝宝很辛苦，小朋友们应该怎样感谢她们呢？我们送一朵大红花给她们，好不好呀？送的时候可以说一句什么话呢？

主持人：我们今天的"心心相映——中班组庆'三八'家园同乐活动"到此结束，谢谢各位家长的参与，再见！

（摘编自：http://www.baby-edu.com）

## 案例4—5　幼儿园大班"三八节"亲子活动方案

【活动目标】

1.幼儿通过活动了解"三八妇女节"是妈妈和老师的节日，知道她们平时工作很辛苦，自己长大了，愿意帮助妈妈和老师做一些力所能及的事情。

2.妈妈和宝宝在亲子活动中充分感受母子之间的亲情，体验集体活动的快乐。

【活动过程】

一、来园活动

1.接待：教师热情地接待幼儿和家长，与家长亲切交谈。

2.室内活动：

(1)智力迷宫。

(2)小小建筑工。

(3)智力大嘴巴。

(4)美工区——剪纸。

(5)智力区——数学游戏。

(6)巧手屋——拼图。

重点指导：智力大嘴巴。

要求：

1.幼儿能用正确的记录方法记录操作结果。

2.通过操作活动发展幼儿的数理逻辑能力。

二、集体活动

1.歌曲表演：《我的好妈妈》。大班组集体表演，幼儿和妈妈共同表演，感受母子之间的亲情。

2.游戏（一）：大象走。幼儿和家长用鼻子顶住纸棍子一起向前侧走，先走完回来的一组为胜。

3.游戏（二）：漂亮妈妈。幼儿和家长分班级坐好，请幼儿给妈妈打扮。其他家长可以帮忙，时间到，打扮好的家长，站到前面，大家评选出"漂亮妈妈"。

4.游戏（三）：抢椅子。游戏分为家长一组、孩子一组，两组同时进行，音乐声停止，没有椅子的就输了，要退出比赛。谁坚持到最后，谁就是胜利者。

5.游戏（四）：你做我猜。出示动物字卡，家长用身体动作表现，幼儿猜出动物名称，猜对多者为胜。

6.游戏（五）：排球对抗赛。教师请家长拉一根线为界，三个班的家长代表分为两组进行对抗比赛，谁的球先落地谁就输了。

7.游戏（六）：百变宝宝。家长蒙住眼睛，其他家长帮忙给孩子换装、换打扮，家长可以用手摸，找自己的孩子，找到者为胜。

8.游戏（七）：请没有参加过游戏的幼儿参加比赛，评选出胜利者。

三、活动结束

小结活动，家长和教师听音乐退场。

(摘编自：http://www.baby-edu.com)

【解析】

以节日为主题是幼儿园常见的亲子活动类型，能够帮助幼儿体会不同节日的特点和意义，增长社会性知识。同样是关于"三八节"的亲子活动，针对不同年龄班的活动设计重点是不一样的，小班重在情感的体验和表达，中、大班更多的是操作和展示。活动的形式也比较丰富，有亲子游戏、亲子制作、亲子展示等，其中亲子游戏提供了多种选择，可以满足不同幼儿和家长的需要。

## 本章主要参考文献

[1] 比蒂. 学前教师技能[M]. 嵇珺，译. 南京：江苏教育出版社，2011.

[2] 蔡伟忠. 跳出传统思维的幼儿园教师实用手册[M]. 北京：农村读物出版社，2010.

[3] 邓子红. 幼儿园亲子活动存在的问题与解决对策[J]. 学前教育研究．2011(9)：66-68.

[4] 科特曼. 幼儿教师88个成功的教育细节[M]. 李旭晴，译. 上海：华东师范大学出版社，2010.

[5] 匡莉. 田野亲子活动浅谈[J]. 学前教育研究，2007(1)：60-62.

[6] 李丹. 关于幼儿园亲子活动现状分析及思考[J]. 新西部，2008(8)：168-172.

[7] 李玉莲，张文芳. 用陈鹤琴幼儿教育思想指导家园共育[J]. 学前教育研究，2006(3)：38-40.

[8] 吴邵萍. 家园共同体的建构——幼儿园家长工作的方法与策略[M]. 北京：教育科学出版社，2010.

# 万千教育 学前教育书目

| 书号 | 书名 | 著、译者 | 定价(元) |
|---|---|---|---|
| **幼儿心理与发展指导** | | | |
| 9496 | 透视幼儿心理世界——给幼儿教师和家长的心理学建议 | 冯夏婷 主编 | 36.00 |
| 0783 | 透视0—3岁婴幼儿心理世界——给教师和家长的心理学建议 | 冯夏婷 主编 | 38.00 |
| 1779 | 幼儿情绪管理的方法与策略——给幼儿教师和家长的教育建议 | 莫源秋 著 | 48.00 |
| 0183 | 幼儿常见心理行为问题——诊断与教育 | 莫源秋 著 | 38.00 |
| 6608 | 幼儿心理健康教育 | 刘文 编著 | 25.00 |
| 幼儿心理与发展指导合计 | | | 185.00 |
| **幼儿园班级管理指导** | | | |
| 1802 | 幼儿园班级管理问题预防与应对（25周年版） | 曹宇 译 | 56.00 |
| 1789 | 做富有洞察力的幼儿教师——有效管理你的班级 | 王玲艳 等译 | 36.00 |
| 9556 | 打造幼儿园魅力班级的64个策略 | 莫源秋 等著 | 32.00 |
| 7936 | 幼儿园班级管理技巧150 | 曹宇 译 | 34.00 |
| 1595 | 接手幼儿园小班：帮助孩子快乐入园 | 王翠霞 等著 | 38.00 |

| 9357 | 幼儿常规教育指导手册 | 莫源秋 等 编著 | 36.00 |
| --- | --- | --- | --- |
| 9437 | 幼儿园班级安全管理 | 陶金玲 许映建 著 | 32.00 |
| 8832 | 幼儿园教师治班之道 | 李麦浪 著 | 32.00 |
| 幼儿园班级管理指导合计 | | | 296.00 |
| **幼儿园教师教学技能与活动指导** | | | |
| 2253 | 理解儿童心理从绘画开始（全彩） | 陈侃 著 | 38.00 |
| 0760 | 幼儿园备课·说课·听课·评课 | 俞春晓 等 著 | 42.00 |
| 8598 | 幼儿园集体教学活动设计方法与实例 | 俞春晓 著 | 28.00 |
| 9499 | 幼儿教师必须修炼的10项教学技能 | 俞春晓 著 | 25.00 |
| 9454 | 幼儿园教学诊断技巧与对策58例 | 王春燕 等 著 | 38.00 |
| 1799 | 幼儿园电影主题活动创意设计（全彩） | 王微丽 等 主编 | 72.00 |
| 9612 | 幼儿园综合主题活动——设计技巧与优秀案例 | 赵旭莹 等 主编 | 42.00 |
| 1235 | 幼儿园绘本美术活动创意设计（全彩） | 郭莉萍 赵福云 主编 | 68.00 |
| 9323 | 幼儿园美术活动创意设计（全彩） | 罗梅 赵福云 主编 | 56.00 |
| 0180 | 给幼儿教师和家长的81条美术教育建议（全彩） | 李力加 著 | 62.00 |
| 9150 | 幼儿园节日活动精彩设计方案 | 刘洪霞 主编 | 35.00 |
| 9590 | 幼儿园语言活动创新设计 | 郭咏梅 著 | 32.00 |

……
欲了解更多图书信息，请登录：www.wqedu.com
联系地址：北京市西城区三里河路6号院2号楼213室　万千教育
咨询电话：010-65181109，65262933
*本目录定价如有错误或变动，以实际出书为准。